한국인에게 막걸리는 무엇인가

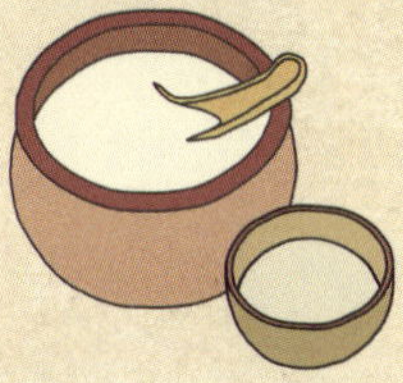

정혜경 · 김미혜 지음

(주)교문사

머리말

PREFACE

막걸리는 이름이 없는 술이다. 백 가지 꽃의 향기가 난다고 해서 '백화주', 몸에 약이 되는 술이라고 해서 '약주', 백 세까지 살기를 기원 하는 술로 최근에 명명된 '백세주' 등 우리나라 술에는 아름다운 이름들이 널려 있다. 물론 막걸리는 탁주, 백주, 박주, 심지어 국민의 술이라는 의미로 국민주라고까지 불리기도 한다. 그런데 왜 이름이 없다고 하는가? 이름 그대로 '막 걸러 만들어서 얻게 된 이름'이라 하니 막걸리를 제대로 된 이름이라고 할 수 있을까 하는 생각에서이다. 그런데 그 많은 술 이름 중에서도 지금 우리들이 즐겨 부르는 것은 그 어느 것도 아닌 바로 '막걸리'이다.

막걸리는 우리 국민뿐만 아니라 세계인의 사랑을 받기 시작하고 있다. 오히려 일본에서 시작된 막걸리의 인기가 한국에 상륙하였다고까지 한다. 요새는 막걸리의 맛이나 느낌, 지역 등을 알아야 하고 마치 와인을 품평하듯이 막걸리도 그 맛을 음미한다. 실제로 막걸리의 톡 쏘는 맛과 뿌연 우유 빛깔의 투명한 색에 매료되어 막걸리를 즐기는 외국인들이 늘어나고 있다.2011년 막걸리 총 수출액은 5,000만 달러에 이른 성과를 올리기도 하였으니 이미 막걸리는 세계인의 입맛을 사로잡고 있는 셈이다.

막걸리의 인기에 제동을 거는 이들도 많다. 멀리 고려시대에 올라가면 유명한 주당이신 이규보 선생도《동국이상국집》에서 돈이 없어 할 수 없을 때 막 거른 백주, 즉 막걸리를 마신다고 하였다. 물론 이규보 선생도 나중에는 막걸리의 가치를 재평가한다. 흔히 깨끗하게 용수로 박아낸 약주로 분류되는 청주, 그리고 이를 증류하여 만든 소주가 최상의 술이라면, 막걸리는 가장 손쉽게 마실 수 있는 서민의 술이었다. 그래서 막걸리는 고급 전통주에 못 미치는 천민의 술로서 곧 그 인기가 곧 사라지리라고 예견하는 사람들도 있다.

그러나 시대는 변했다. 막걸리는 패션이 아니라 트렌드이다. 현대는 유산균의 가치에 주목하고 유산균이 풍부한 요구르트를 최상의 건강장수식품으로 생각하고 마신다. 바로 그 유산균이 가장 풍부한 것이 막걸리이다. 냉장 보관이 어려웠던 시대에 막걸리는 쉽게 상하여 좋은 술이 되기 어려웠다. 그냥 더 두었다가 막걸리 식초를 만들기도 했다. 산업화과정에서 막걸리는 푸대접을 받고, 오히려 막걸리를 오래 보관하기 위해 취한 방법으로 살균처리를 하고 화학물질을 섞는 등 고난의 세월을 겪었다. 그러니 막걸리가 제맛을 내기 어려웠다.

냉장 보관이 가능해진 현대에는 생(生)막걸리로도 유통이 가능하고, 기능성 막걸리가 탄생하는 등 예전과는 다르다. 우유를 발효시킨 요구르트나 채소를 발효시킨 김치, 곡물인 쌀을 발효시켜 만든 막걸리는 다 유산균이 필요한 현대인의 우수한 건강식품이다. 그리고 강한 도수의 술을 꺼리고 문화로서 술을 받아들이기 시작하는 현대인들, 특히 여성에게 가장 인기 있게 부상한 술이 바로 막걸리이다. 즉, 새로운 시대가 만들어낸 술이다. 우리는 새로운 시대에 맞게 새롭게 탄생한 막걸리에 주목하여야 한다. 역사와 전통이 담겨 있는 막걸리를 세계인과 함께 나누기 위해서는 막걸리에 대해 더 많이 연구하고 생각해 보아야 한다.

그런데 현재 전통주에 대한 연구와 책은 많지만 막걸리 자체에 관한 책은 많지 않다. 막걸리기행이나 전통주로 또는 술의 범주 속에서 주로 막걸리를 다루고 있다. 반대로 외국의 술인 사케나 와인에 대해서는 수많은 책이 검색된다. 이미 막걸리 열풍은 시작되었고 지금쯤이면 우리 민족의 술 막걸리에 대한 역사나 종류, 문화 그리고 건강성을 함께 다룬 책이 필요하다고 생각한다. 한국인이라면 자랑스러워하는 우리 술 막걸리에 대한 최소한의 교양서는 있어야 한다는 절박한 마음으로 이 책을 집필하게 되었다.

현대인의 술, 막걸리는 더 이상 과거의 유물이 아니다. 과거의 유물로만 인식한다면 이 막걸리 열풍은 금방 사라질 것이다. 과거의 전통 속에서 현대과학의 기술력으로 만들어낸 술이 막걸리이고 현대인의 마음을 움직이고 있다. 그러나 이를 우리 역사와 문화 속에서 복원하고 철저하게 규명하지 않는다면 앞으로 '기무치'의 신세를 면하기 어렵다. 우리나라의 막걸리 수출이 늘고 있다고는 하지만 일본 사케의 세계 점유율과 비교하면 큰 규모는 아니다. 그렇기 때문에 오히려 수출이 늘어날 가능성이 더 높다. 독일의 맥주나 프랑스의 와인, 영국의 위스키 등은 지금도 세계인이 즐기는 술이지만, 과거에는 한 지역의 전통주였다는 사실을 상기해야 한다. 맛은 기본이고 엄격한 품질관리와 표시제도, 클러스터형 네트워크 등이 뒷받침되면 세계적인 술로 성장할 수 있다.

현재 농림수산식품부는 막걸리를 상품화하기 위해 노력하고 있다. 실제로 국세청에서 주관하던 막걸리정책을 농림수산식품부로 이관하고 관련 법까지 제정하여 2010년 8월 시행에 들어갔다. 막걸리의 소비량이 증가하면 쌀 소비량도 늘어나 농민을 살리는 방안도 된다. 무엇보다 와인과 같은 외국 술 수입량을 줄여 외화낭비도 막을 수 있다. 또한 '한식 세계화'에서도 한식에 어울리는 우리 술이 함께 갖춰줘야 실속이 있다. 막걸리를 즐기고 마시는 것이 진부하지만 애국하는 길이기도 하다. 실제로 간만에 정부와 국민이 한마음이 되어 밀고 있는 술이 바로 막걸리라고 생각된다.

이 책은 막걸리의 역사, 문화 그리고 막걸리의 영양 기능성까지 다루었다. 막걸리에 관한 딱딱한 개론서가 아닌 막걸리 속의 살아있는 유산균처럼 생생한 이야기를 쓰고 싶었다. 그래서 무엇보다 중요하게 생각한 것은 막걸리를 문화로 본다면 과연 필요한 게 무엇일까?라는 점이다. 바로 다양한 종류의 막걸리의 제시와 이에 어울리는 안주라고 생각하였다. 그래서 미숙하지만 막걸리와 어울리는 안주까지 이 책을 통해 소개한다. 막걸리 안주는 역사 속에서 발견한 스토리텔링을 통하여 직접 음식을 만들고 사진을 찍는 작업을 하였다.

이 책은 총 5부로 구성되어 있다. 1부에서는 우리 역사 속의 술 이야기를 통하여 막걸리의 역사적 뿌리를 찾아보고자 하였다. 이를 위해 고대, 삼국시대, 고려시대, 조선시대 그리고 일본 강점기와 현대까지의 우리 술의 역사를 간략히 짚어보았다. 2부에서는 한국인에게 막걸리가 가지는 의미를 찾아보고자 우리 역사

속의 그림과 문학 속에 나타나는 막걸리 풍경을 통한 문화적 해석을 시도하였다. 3부에서는 막걸리의 스토리텔링을 통한 막걸리의 탄생과 안주 이야기를 다루었다. 주몽의 막걸리부터 시작해 현대의 막걸리칵테일까지 제시하고 각각 어울리는 안주를 골라 이에 얽힌 이야기로 스토리를 만들었다. 만약 막걸리가 세계인들에게 알려지기를 원한다면 스토리를 가미한 문화상품이 되어야 한다는 생각으로 만들어 보았다. 그리고 4부에서는 최근 막걸리의 장점으로 부각되고 있는 건강상의 효능이 과연 얼마나 과학적인지를 꼼꼼하게 따져 보았다. 마지막으로 5부에서는 이 시대를 살아가는 전통세대들의 삶 속 막걸리 이야기를 심층 면접을 통해 풀어 보았고, 지역 내 한 양조장의 사례를 통하여 앞으로 지역 양조장들의 미래의 방향성을 짚어 보고자 하였다.

이 책을 쓰면서 무엇보다 가치 있게 생각한 것은 선생과 제자와의 공동작업을 통해 이 책이 세상에 나올 수 있었다는 점이다. '한식 세계화'를 외치고 누구나 한국 음식문화의 중요성을 이야기하지만, 우리나라에서 '음식학'이라는 학문자체도 정립되어 있지 않고 학문영역에서 음식문화를 제대로 가르치고 공부하기는 어려운 것이 현실이다. 선생과 제자관계인 필자 정혜경과 김미혜는 이러한 어려운 학문적 풍토에서 뜻을 모아 함께 한국 음식문화를 공부해 왔고 이제 첫 결과물로 막걸리에 대한 책을 내놓게 되어 감사한 마음이다. 앞으로도 개별 한국음식에 대한 문화사를 끊임없이 함께 토론하고 연구하여 계속해서 연구물을 세상에 내놓고 싶다.

마지막으로 어려운 한국 출판계 현실에도 불구하고 음식학 관련 책의 중요성을 인식하여 기꺼이 이 책의 출판을 맡아주어 좋은 책이 되도록 애써주신 교문사 식구들에게 무한한 감사를 드린다. 그리고 사랑하는 가족들에게도 감사의 마음을 전한다.

2012년 2월 호서대 동산에서

정혜경, 김미혜 씀

차 례
CONTENTS

1부

막걸리의 역사적 뿌리를 찾아서

고대, 신화 속 술 이야기
삼국시대, 고문헌 속 술 이야기
고려시대, 문학작품 속 술 이야기
조선시대, 고조리서 속 청주, 막걸리, 소주 삼총사
일본 강점기, 막걸리의 수난시대

고대부터 근대까지로 이어지는
우리 음식의 역사는 곧 우리 술의 역사이기도 하였다.

고대의 중요한 축제 때마다 빠지지 않고 등장하는 것은 음식과 술이었다. 여성이 자유로웠던 고대에서의 술의 주인공은 여성이었으며, 이후 삼국시대를 거쳐 고려에 이르면 수많은 남성 유학자들이 술을 문학과 그림 속에서 노래한다. 조선시대에는 우리나라 식문화의 완성과 함께 우리 가양주 문화도 화려한 꽃을 피운다. 그래서 남성 사대부들이 집필한 고 조리서에는 가양주家釀酒 제조법이 많이 등장한다. 각종 연회와 봉제사의 주인공도 술이었다. 그러다 조선 말 이후 외세의 압력으로 쇠락하기 시작한 우리 전통주 문화는 일본 강점기에 이르러 그 맥이 끊어져버렸다. 그러고도 한동안 우리 술은 제대로 대접 받지 못하였다. 그런데 지금 우리의 전통주가 다시 부상하고 있다.

고대, 신화 속 술 이야기

고구려 주몽신화 속 술

우리 민족은 지극히 술을 사랑하고 좋아하였다. 그러나 술에 관한 기록이 많지 않아 언제부터 마셨는지 확실하지 않다. 단지 우리나라 문헌 가운데 술 이야기가 최초로 등장하는 것은 고려시대 문인인 이규보가 지은《동명왕편東明王篇》이다. 고구려 시조인 동명성왕의 건국담이 술에 얽힌 이야기로 시작한다는 것은 진부하지만 널리 알려져 있다. 동명성왕은 우리가 익히 알고 있는 주몽이고, 이 주몽의 탄생설화에 바로 술이 등장한다.

하백에게는 세 딸이 있었다. 천제天帝의 아들 해모수가 압록강에서 놀고 있던 하백의 세 딸들을 보고 그 아름다움에 반했으나 그들이 도망가 버리고 응하지 않자 새로 웅장한 궁궐을 지어 그들을 초대하였다. 초대에 응한 세 처녀가 술대접을 받고 만취한다. 천하의 해모수도 술로써 여자를 유혹한 것이다. 그때의 기록에 의하면 "향기로운 술을 금 술잔에 차렸더니 세 처녀가 스스로 들어와 술 마시고 크게 취했다[1]"고 하니, 그 당시 남녀 모두가 술을 스스럼없이 즐겼음을 알 수 있다.

해모수는 세 여자가 술에 취한 틈을 타 방문을 닫고 막았는데 큰 딸 유화는 해모수에게 잡혀 정이 들고 말았다[2]. 결국 유화는 술에 얽힌 하룻밤의 인연으로 아이를 잉태하여 낳게 되는데 이가 바로 주몽朱蒙이다. 이 신화에 나오는 술은 마시고 즐기기보다 자기의 목적을 달성하기 위한 방편으로 이용했던 것으로 보인다. 술은 한 여자가 사랑에 빠지게 하는 데에 결정적인 역할을 하였고, 이는 한 국가의 건국으로 이어진다. 그러니 우리가 음주가무의 민족이라고 하는 것도 무리는 아니다.

술이 등장하는 슬픈 옛 이야기도 있다. 〈공후인〉 혹은 〈공무도하가〉로 알려진 고대가요가 그것이다[3]. 〈공후인〉은 조선 땅의 뱃사공 곽리자고의 아내 여옥이 지은 것이다.

어느 날 곽리자고가 새벽에 일어나서 배를 손질하고 있었다. 그때 흰머리의 미친 사람이 머리를 풀어헤친 채 술병을 끼고 거센 물결 속으로 뛰어들어가는 것이었다. 그 뒤에 이 미친 남자의 아내가 쫓아오면서 그를 붙잡으려 했으나 결국 미치지 못해서 남편은 물에 빠져 죽고 말았다. 이때 그의 아내는 공후라는 악기를 타며 공무도하公無渡河의 노래를 불렀고 그 노래는 매우 구슬펐다. 노래를 마친 아내는 남편을 따라서 물에 몸을 던져 자결하였다.

이러한 비극을 직접 목격한 뱃사공 곽리자고는 이 사실과 노래를 아내인 여옥에게 전했다. 여옥도 감격하여 공후를 끌어안고 그 노래를 불렀고, 이를 친구인 여용은 〈공후인〉이라고 불렀다. 술에 미친 남편을 둔 슬픈 아내의 노래이다. 그렇지만 술은 슬픈 이야기뿐만 아니라 고대의 축제에도 빠짐없이 등장한다.

고대 축제에 등장하는 술

우리 민족은 지금도 술을 즐기지만 옛날부터 유난히 술을 좋아했다는 증거는 역사문헌에도 많이 나온다. 고대국가인 부여에서는 해마다 정월에 날을 기리어 하늘에 제사를 드렸다. 이 날을 전후하여 나라에서는 큰 모임을 열고 좋은 음식을 만들어 마음대로 먹고 마시고 노래 부르고 춤을 추며 노는데 이를 '영고迎鼓'라 하였다[4]. 예濊에서는 해마다 10월에 하늘에 제사를 드렸다. 이때는 온 나라 사람들이 한데 모여 밤낮을 가리지 않고 술을 마시고 노래 부르고 춤을 추었는데 이를 '무천舞天'이라 하였다[5]. 또한 고구려에서는 해마다 10월에 하늘에 제사를 드리는데 이는 국가적으로 실시하는 큰 행사로 이를 '동맹東盟'이라 하였다[6]. 또 마한馬韓에서는 5월에 씨앗을 뿌리는 큰 모임이 있어 춤과 노래와 술을 즐겼고, 10월에 추수를 끝내면 역시 이러한 모임을 가졌다[7]. 또한 변진弁辰에서도 백성의 풍속이 노래하고 춤추며 술 마시기를 좋아했다는 기록이 있다[8].

그렇다면 우리나라 고대의 술에는 어떠한 종류가 있었을까? 확실하지는 않지만 막걸리와 비슷한 술이었을 것으로 짐작할 수 있다. 우리나라에서는 부족국가의 형성이 이루어졌던 상고시대에 이미 농업의 기틀이 마련되었고, 고구려 건국담에 나오는 술의 재료도 곡류였을 것이 분명하여 그 술도 곡주였을 것으로 짐작된다.

간추린 인류의 술 역사

전 세계적으로 보면 인류 최초의 술은 과일주에서 시작한 것으로 추정된다. 과일은 그냥 내버려두어도 술로 바뀔 수 있기 때문이다. 과일에 상처가 나면 과즙이 생기고 이것이 껍질에 있는 천연 효모와 작용하여 과즙의 당분이 알코올과 이산화탄소로 분해되기 때문이다.

이렇게 발효된 과일을 먹고 코끼리가 휘청거리며 날뛰었다는 에피소드가 아프리카 탐험대의 기록에 나온다. 모든 과일은 기본적으로 다 과일주를 만들 수 있으나 그중에서도 특히 포도는 당이 많은 반면 신맛은 적어 과일주에 가장 적합하다. 당이 많은 것도 중요하지만 신맛이 적어야 술을 만들기가 쉽기 때문이다. 우리나라의 포도는 당도가 떨어져 술을 만드는 데 적합하지 않지만 유럽의 포도는 그렇지 않아 유럽에서는 포도주가 크게 발전했다. 메소포타미아나 이집트에서는 그보다도 훨씬 빠른 기원전 5000년부터 포도주를 빚었다고 한다.

그러다가 농경시대로 바뀌어 곡류가 본격적으로 생산되면서 곡식으로 빚은 곡물 양조주가 생겨난다. 우리나라의 경우는 포도주와 같은 과일주보다는 곡물을 이용한 곡물주의 전통을 가진 나라였다. 그런데 이 곡물은 과일처럼 가만히 두어서는 발효가 되지 않는다. 곡물주를 만들기 위해서는 우선 그 안에 들어있는 전분을 당화糖化해야 한다. 그런 다음 알코올 발효과정을 거쳐야 술이 되는, 조금은 복잡한 과정을 거쳐야 한다.

전분을 당화하기 위해 넣는 것이 바로 누룩이다. 누룩이라는 것은 밀 같은 곡물을 반죽해 놓으면 곰팡이의 포자가 붙어 발효되어 만들어지는 것이다. 고대 중국 문헌인 《서경書經》에서는 술을 만들 때 국얼麴蘖을 쓴다고 하는데 이것은 누룩을 지칭하는 것으로 볼 수 있다[9]. 또 누룩麴, 국은 술의 어머니라는 표현도 있다. 중국의 한나라 때는 밀로 누룩을 만들어 사용했다는 기록이 있고, 6세기 무렵에 쓰인 《제민요술齊民要術》에도 밀을 사용해서 누룩을 만드는 방법이 자세하게 나온다.

왜 술을 먹었을까? 접신하기 위한 술

술은 고대로부터 인류와 함께 해 왔다. 그럼 술은 왜 만들어졌을까? 여러 가지 이유가 있겠지만, 접신接神하기 위해서였다고도 한다. 즉, 신과 만나기 위한 접신의 행사는 고대 사회의 중요한 일이었으며, 이때 접신용으로 최음제를 사용했다고 한다. 오히려 최음제 대신에 술을 사용하는 곳들이 훨씬 많이 보고되어 있으며, 이러한 지역이 아직도 있다[10].

발효에 의해 술이 만들어지면 그 술로 조상과 천신을 위로하는 제사를 지내는 것이 동아시아 사회의 일반적인 접신방법인 셈이다. 부족의 조상신을 불러내는 몽골의 무당들은 끊임없이 술을 마신다. 흑룡강아모르강 유역에 거주하는 오룬첸이나 허전족의 무당들도 접신을 위한 의례 시에 끊임없이 술을 마신다. 술이 신과 인간을 매개하는 역할을 하는 것으로 이해된다.

그런데 발효된 술을 뜻하는 '주酒'나 '발醱', '효酵' 자를 살펴 보면 다 '유酉'가 들어간다. 유酉는 닭, 익을, 술을 담는 그릇이라는 의미로 밑이 뾰족한 항아리에서 나온 글자인데 이 항아리에서 발효시켰을 것이다. 그래서 '유酉'를 가진 글자는 대개 '주酒' 또는 발효물과 관계가 있으며, '취醉', '작酌', '예醴', '순醇', '초酢', '장醬' 들이 그렇다[11].

중국의 초기 술 형태, 막걸리

초기 인류는 식품저장에 실패한 대가로 발효식품에 대해 알게 되었다. 고고학의 최근 연구에서는, 중국 고대인은 지금으로부터 약 8600년 전에 이미 쌀, 꿀, 과일 등의 원료를 이용하여 술을 만들기 시작하였다고 발표하였다. 미국 〈사이언스〉지에는 미국과 중국의 고고학자들이 하남 무양현의 가호 유적지의 유물을 토대로 이러한 연구결과를 발표한 자료가 실렸다(2009. 11).

초기의 술은 엄밀히 말해 '미량의 알콜을 포함한 반죽 형태 또는 유동식 형태의 음식'이라 할 수 있으며, 오늘날과 같은 액체 형태의 술은 아니라고 본다. 초기의 술은 반죽 형태로 중국 남방지역에서 지금까지 음용하는 단술 '지우냥酒釀'과 매우 비슷하다. 굴원屈原기원전 340년~기원전 278년은 어부와 모두 취했는데 "어찌 지게미는 먹지 않고 박주薄酒를 마시겠는가?"[12]라는 질문을 하였다고 한다. 박주薄酒는 윗면이 상대적으로 맑고 술맛이 가벼운 액체이고, 지게미糟는 아래 침전해 있는 걸쭉한 것이다. 지게미는 중국의 자전인《설문해자說文解字》에서 '술 찌꺼기'라고 해석하고 있다. 즉, 걸러 마시기보다 박주와 지게미를 함께 마셨다는 의미이다.

기나긴 중국인의 음주 역사에서 대부분은 거른 술과 찌꺼기를 함께 먹었고, 예외가 있다면 제사를 지낼 때나 귀족의 연회에는 거른 술만 취했을 것이다. 그러나 이런 경우에도 찌꺼기를 버리지는 않았을 것이다.《주례周禮》에서는 강인의 직책을 "부인에게 건네 손님을 접대하는 예를 갖추도록 하는 것"이라 하였다[13]. 여기서 보면, 맑은 술淸酒이 아닌 거른 술酒淸이라고 표현하고 있다.

이를 통해 다음 사항을 알 수 있다. 첫째, 맑은 술은 훗날 생겨난 개념으로 보아야 한다는 점이다. 둘째, 중국 역사에서 본 뜻은 '거른 술' 또는 술 '찌꺼기'는 한 항아리로 거른 술과 찌꺼기는 술을 구성하는 두 가지 구성 성분이다. 셋째, 거른 술과 '찌꺼기'의 소비과정은 일반적으로 엄격히 분리되지 않았다. 즉, 찌꺼기를 먹고 거른 술을 마시는 것이 동시에 진행된 것이다. 중국 고대의 거른 술을 단순히 현대의 맑은 술로 이해해서는 안

된다고 본다면, 거른 술과 지게미를 함께 먹는 형태로 이는 바로 현대 막걸리의 원조라고도 볼 수 있다.

여성이 주도했던 선사시대 발효작업 인류의 발효식품은 바로 여성과 중요한 관계가 있다. 오랜 역사에서 발효식품을 주로 탐구하는 데 있어서 중요한 역할은 여성의 몫이었다. 선사시대 초기에 인류가 성취한 가장 위대한 화학 지식은 양조기술이다. 하夏대 · 상商대 · 주周대 삼대 시기에 왕궁 안에 발효와 연관된 모든 직 · 간접적인 일은 여성이 도맡았다.

주나라 왕궁에서는 여주女酒 30명 · 노예女 300명 · 궁녀 10명이 술을, 여장女浆 15명 · 노예 150명 · 궁녀 5명이 장浆: 저알콜 음료을, 여선女酰 20명 · 노예 40명 · 궁녀 2명이 선酰: 신맛이 강한 조미료을 제조하였다[14].

기타 음식과 관련된 것도 정도의 차이는 있지만 여성이 발효와 관련된 일을 맡았다. 왕 이하 제후국이나 사대부의 가문 역시 규모만 작았을 뿐 상황은 비슷했다. 고대사 기록에서 최초의 양조사였던 의적은 우왕과 동시대 인물로 여성이었다.

여성이 술이나 발효식품과 특별한 인연을 맺게 된 이유를 살펴보면, 첫째, 원시사회의 여성은 정착지에서 음식을 도맡았다. 둘째, 신비로움으로 자연과 사람의 모든 현상을 해석하던 선사시대에 사람들은 여성의 월경현상에 대하여 무지하였기 때문에 이를 맹목적으로 숭배했다. 성숙한 여성들에서 매월 나오는 붉은 빛 액체와 수유기 여성에게서 수시로 나오는 유백색 액체는 모두 남자에게 없는 능력이다. 여성만이 가지는 이 두 가지 특유의 액체는 장류의 즙과 그것의 발효주, 이후 출현하는 곡주와 오묘한 유사성을 가지는 것으로 보였을 것이다. 무지에서 비롯된 신비함, 선망에서 나온 공경심이 처음엔 여권을 강화시킨 요소로 작용했다는 것이다. 이해하기 어려운 음식의 발효변화 역시 초기 인류에겐 마찬가지로 신비한 현상이다. 그래서 사람의 이러한 생리현상과 발효현상의 신비함은 성을 창조하는 천지신명이 부여하는 것으로 결론지었다. 이것은 남자들의 성 분업을 엄격히 제한하는 요소로 작용했다. 이로써 신비로운 양조 업무는 남자들에겐 금기되는 일이었다[15].

미인주 그럼, 우리나라 경우는 어떤가? 우리나라의 경우를 보면 이수광李睟光, 1563~1628이 17세기 초에 쓴 《지봉유설芝峰類說》에 재미있는 술 이야기가 나온다[16]. 이른바 미인주美人酒라는 건데 삼국시대에 마시던 술이다. 이 술은 만드는 과정이 특이하다. 이름에 나온 그대로 여성 미인이 입 안에서 곡물을 씹어서 뱉으면 그것을 발효시켜 만드는 것이다. 그래서 미인주라 명명한 것이다. 그런데 왜 씹는가? 곡물을 입 안에 넣고 씹으면 곡물의 전분이 침 속에 있는 '프티알린ptyalin'이라는 전분분해효소에 의해서 당화되기 때문이다. 당시 사람들은 이렇게 당화된 것을 발효시키면 술이 된다는 것까지는 알았던 것이다. 이 미인주는 가장 원시적인 당화법에 의한 곡물술, 즉 막걸리의 원조라고 할 수 있다.

삼국시대, 고문헌 속 술 이야기

술의 양조기술은 삼국시대에 크게 향상된다. 전기에는 귀족 중심으로 자체적으로 술을 만들어 소비하는 형태였으나, 후기에는 귀족들을 대상으로 술을 판매하는 업소도 생겨나고 일반 서민들도 술을 마셨을 것으로 보인다. 그런데 삼국시대의 술에 관한 기록은 많지 않다. 오히려 중국의 문헌 중에서 우리나라의 술 빚는 기술을 최고라고 칭찬하는 기록들을 발견할 수 있다. 다양한 음식의 천국이라는 중국에서 우리의 술을 최고라고 하였으니 삼국시대 우리 술의 수준은 상당하였다고 할 수 있다.

술을 잘 빚었던 고구려 삼국시대에는 이미 술누룩酒麴과 곡아穀芽로 빚는 술이 만들어졌고 다른 나라에서도 크게 인정을 받았다. 고구려의 술은 일찍부터 주목 받아 중국의 《삼국지三國志: 위지魏志》 '동이전東夷傳'에는 "고구려 사람은 장양藏釀: 발효식품의 총칭을 잘한다"고 하였다. 송나라 때 이방李昉이 983년에 편찬한 백과사서인 《태평어람太平御覽》에 중국 강소성江蘇省의 명주名酒인 곡아주曲阿酒에는 고구려의 전설이 담겨 있다.

단도지금의 江蘇省 丹陽에 고려산高驪山이 있는데 옛날 고구려 여인이 이곳에 왔을 때 동해신이 술을 가지고 와서 맞으려 하였지만 응하지 않았다. 화가 치민 신은 술동이를 엎어버리니 술은 곡아호曲阿湖에 흘러 들어갔다. 즉, 곡아주 운운하는 고구려 여인의 사연은 고구려 여인이 빚은 술이 동해신의 그것보다 맛이 뛰어나서 경쟁이 되지 못했다는 것을 뜻하는 것으로, 고구려가 전통 있는 술빚기의 나라인 것을 보여준다.

고구려인들이 만든 술은 차좁쌀로 만든 것으로 추정된다. 고구려인들은 평소에 차좁쌀로 밥을 지어먹기도 했지만, 술을 만드는 데도 차좁쌀은 좋은 재료가 되었다. 먼저 차좁쌀을 디딜방아에서 곱게 빻아 가루를 내어 미지근한 물에 반죽을 한 후 시루에 안쳐서 떡이 되게 찐다. 이렇게 만든 차좁쌀 떡을 식힌 후 손으로 다시 반죽을 한다. 충분히 치댄 후 그 위에 말린 메주에서 떼어낸 가루를 넣고 물을 간간이 부어가며 손으로 반죽을 하며 이리저리 잘 섞는다. 이것을 항아리에 넣고 우물에서 떠온 깨끗한 물을 부어 뚜껑을 꼭 덮고 화로 옆에 한 달쯤 두면 술독 맨 위로 맑은 청주가 떠오른다.

이러한 비슷한 방법으로 빚은 술을 중국의 기록에는 곡아주라 칭하고 있다. 이러한 것들은 우리의 삼국시대 문헌에서는 찾기 어렵다. 오히려 중국의 고문헌과 고구려 벽화에서 볼 수 있다.

고구려 벽화는 오늘날 우리에게 당시의 의복, 음식, 주거의 중요한 자료를 제공하고 있다. 각저총 벽화에는 두 명의 여자가 방바닥에 앉아 소반을 받고, 주인공 남자는 의자 위에 앉아 음식상과 술상을 받고 있다. 남자가 받은 음식상은 잘 보이지 않지만 음식상은 네모인데 술상만은 세발 달린 둥근상으로 주전자가 놓여 있다.

무용총은 각저총과 같은 장소에 있는데 벽화를 보면 방 안에 남자 손님과 남자 주인 두 명이 의자에 마주 걸터앉아 있고 각자의 음식상과 2개의 곁상인 술상과 과일상이 놓여 있다. 바로 이 술상의 술병에 담겨 있는 술이 바로 중국의 고문헌에 기록되어 있는 유명한 곡아주라고 추정할 수 있다. 술병이 있는 상의 왼쪽에 놓인 상에는 오늘날의 고임음식과 닮은 것이 놓였다. 아마도 강정, 산자, 밤 따위를 고인 것으로 곡아주의 안주로 여겨진다. 일본의 고대 기록에 이런 고임음식을 고구려병高句麗餠이라 불렀다고 적혀 있다. 실제로 일본에서는 제사에는 음식을 쌓는 고임유식의 전통이 아직 있는데 이는 고구려의 전통이라고도 할 수 있다.

각저총의 벽화

무용총의 벽화

또한《삼국사기三國史記》에 의하면 서기 28년 한漢나라 요동 태수의 침입을 받은 대무신왕은 위나암성尉那巖城으로 들어간다. 이때 성 안에는 물이 많이 있어 안전하다는 것을 적에게 알리기 위하여 못 속의 잉어를 수초에 싸서 맛 좋은 술지주, 旨酒과 함께 보내자는 신하의 말을 따랐더니 과연 적이 물러갔다고 한다. 좋은 술이 나라를 구한 것이다.

중국에서도 유명했던 신라주

조선시대의《해동역사海東繹史》와 이수광이 쓴《지봉유설》에서는 중국 당나라의 시인인 이상은李商隱의〈공자시公子時〉를 소개하고 있다.

> 한 잔 신라주의 기운이 一盞新羅酒
> 새벽바람에 사라질까 두렵구나. 凌晨恐易鎬

이 시로 보아 당나라의 문인들 사이에 신라주는 매우 인기있는 술로 술기운이 사라지는 것까지 두려워했음을 알 수 있다.

또 중국의 문헌인《유양잡조酉陽雜俎》에 '낙랑주법樂浪酒法'이란 말이 나온다. 그러나 낙랑주를 만드는 주법은 나와있지 않지만 이미 낙랑시대에 술 빚는 법이 있었던 것으로 보인다. 이수광은《지봉유설》에서 앞서 설명한 이상은의 시를 인용하여 설명에 덧붙여서 신라주 또한 낙랑의 주법에 따라 빚었을 것이라고 보고 있다. 또《해동역사》에서도 "고려에서는 멥쌀로 술을 빚었는데 신라주는 바로 이것이다"라고 하였다.

이후 고려시대에 송나라 사신 서긍徐兢이 쓴《고려도경高麗圖經》에서도

"고려국에서는 찹쌀이 없어서 누룩과 멥쌀로 술을 빚는다"라고 하고 있다[17]. 이로 미루어 이미 신라에서는 멥쌀을 원료로 하고 또 누룩을 써서 독특하면서도 좋은 술을 빚고 있었다는 것을 짐작할 수 있다.

한편, 신라인들은 특히 연회를 자주 베풀었으며 술을 숭상했던 것으로 보인다. 유리왕24~57년 때 경주의 여자들은 두 패로 갈라 베 짜기 경기를 하여 진 편이 술과 음식을 장만해서 함께 춤추고 노래하며 즐겼다고 한다. 이렇듯 신라 초기부터 술은 남녀 가릴 것 없이 온 국민이 마셨으며,[18] 지금보다 여성들이 오히려 술에 관해 자유로웠던 것을 알 수 있다.

또한 신라는 왕족과 귀족들 사이에 술의 멋과 흥을 즐기는 문화가 널리 보급되었던 기록이 남아 있다. 《삼국사기》에는 지마왕祗摩王 원년서기 112년에 열린 주연酒宴이 왕과 왕비가 결혼을 하게 된 계기가 되었음을 기록하고 있다[19]. 또한 진흥왕540~576년 때에는 화랑들과 어울려 산수 간을 돌아다니던 원화源花인 준정俊貞은 심한 질투 끝에 남모南毛에게 독한 술을 먹인 후 죽였다고 한다[20].

왕과 신하가 자리를 함께한 연회가 베풀어진 기록은 내물왕柰勿王, 356~402년 때에도 볼 수 있다. 《삼국유사三國遺事》에는 "왕이 여러 신하와 나라 안의 호협豪俠들을 불러 어연御宴을 베풀고 술이 세 번 행함에 모든 음악이 시작되었다"라고 하였다. 또 태수 제상이 왕의 명을 받고 고구려로 떠날 때 "술잔을 나눠 마시고 손을 잡아 작별해 보냈다"라고 하여 술이 각종 의례에서 얼마나 중요했는지 알 수 있다.

한편, 신라의 설총은 신문왕에게 《화왕계花王戒》에서 "예로부터 나라를 다스리는 자는 차와 술로써 정신을 맑게 한다"라고 하였다 즉, 술을 차와 더불어 정신을 맑게 하는 음료로 사용하였음을 짐작할 수 있다.

통일신라시대의 결혼 예물, 술

통일신라시대에는 삼국시대 후기에 발달된 주류 문화의 바탕 위에서 다양한 곡주들이 개발되기 시작하였다. 특히 상류층에서는 주로 청주를 많이 마신 것으로 보인다.

신문왕 3년683년에는 폐백음식으로 쌀, 술, 기름, 꿀, 장, 메주, 포, 초가 등장한다. 술, 장, 메주, 초와 같은 발효음식이 이미 발달하였음을 알 수 있다[21].

일본에 전해진 백제 술

고구려, 신라와 마찬가지로 백제에서도 술을 빚는 기술이 상당히 발달되었다. 중국 문헌인 《주서周書, 627~649년》에서 백제 후기의 양조기술이 중국과 대등할 정도로 안정된 틀을 이루고 있었다고 한다. 이때 누룩을 이용한 양조기술인 주국酒繼은 물론 맥아엿기름를 이용한 감주 발효법도 정착되었던 것으로 보인다. 또한 백제에서는 다루왕多婁王 11년서기 38년에 곡식이 잘 여물지 않아 흉작이었으므로 왕이 백성들의 술 빚어 마시는 것을 금하였다는 기록이 있다. 이는 당시 백제에서는 일반 백성들 사이에 평소 술을 빚어 마시는 것이 거의 일반화되어 있었다는 알 수 있는 사실이다.

백제가 일본 문화에 상당한 영향을 끼친 것은 잘 알려져 있다. 현재 일본의 사께는 세계적으로 유명한 술이지만, 옛날에 일본에 술 빚는 기술을 알려준 것은 백제라고 하는 것은 잘 알려진 사실이다. 물론 이를 부정하는 일본인도 있지만 백제의 술 빚는 기술이 일본에 건너갔다는 구체적인 기록도 있다. 일본의 《고지끼古事記》에 의하면 오오진 천황應神天皇, 270~312년 때 백제에서 니호仁番, 須須許理: 수수코리, 曾曾保利, 須讀保利, 須保利 등 다양함란 사람이 와서 누룩을 써서 술을 빚는 새로운 법을 가르치고 그는 일본의 주신酒神이 되었다는 것이다. 오오진 천황은 코리가 빚은 술에 취하여 홍겨운 가운데 다음과 같은 노래를 불렀다고 한다.

> 수수코리가 빚은 향기로운 술에 나는 완전히 취해 버렸네.
> 재앙을 물리치는 술, 웃음을 자아내게 하는 술에 나는 완전히 취해 버렸네.

일본 교토에는 사가신사가 있는데 이 신사의 제신은 수수보리라고 한다. 한국에서 건너간 술 잘 만드는 사람이 제신까지 된 것을 볼 수 있다. 그리고 이 신사에는 다음과 같은 기록도 전해져 내려온다.

> 인덕천황 재위 시에 가라구니로부터 온 사람이 있어 그 이름이 수호리다이(曾保利弟)라는 이와 수수보리(曾曾保利)라는 두 사람이었다. 천황이 불러 니희는 이떤 재능을 가지고 있느냐고 묻자 이들은 대답해 말하기를 술을 만드는 일을 할 수 있다고 했다. 곧 이들은 …… 술 단지를 만들고 그 안에 술을 넣어 천황에게 헌사했다.

사가신사의 북쪽에 사카이신사가 있고 이곳에 주전酒殿을 세웠는데 여기가 술을 만들었던 장소라고 한다. 또 근처에는 10개의 고분이 있었는데 그 중 두 개의 고분은 술을 만들었던 사람으로 수호리와 수수보리의 무덤이라고 전해지고 있다. 그런데 1945년 이 지역의 농지 개발로 인해 현재 무덤은 찾기 어렵다.

그러나 일본의 학자 가운데는 수수보리가 일본에 처음으로 누룩으로 술 빚는 방법을 전했다는 것을 부정하는 사람도 있다. 수수보리가 일본에 전했다는 누룩은 우리나라에서 많이 쓰이고 있는 막누룩인 것 같은데 이에 대해 일본의 술학자인 사카구찌는 "일본에는 막누룩을 사용했다는 흔적이 없고 쌀로 만든 흩임누룩을 쓰고 있다. 이로써 일본의 술 빚기는 귀화인에 의하여 전해진 것이 아니고 일본의 독자적인 것이며, 수수보리의 전설은 인정할 수 없다"라고 하였다.

그러나 수수보리 시대의 누룩이 흩임누룩이라고 하는 기록은 없고, 또 일단 도입되었던 막누룩이 도중에 사라져버리는 경우도 있을 수 있다. 또 수수보리가 일본에 전한 것은 남방 계통의 흩임누룩일 수도 있고 신라 계통의 막누룩과 백제계의 흩임누룩이 함께 일본에 전해졌을 수도 있다. 이후 일본의 고온 다습한 기후와 쌀이 흔한 탓에 막누룩은 사라지고 흩임누룩이 일본술의 주를 이루게 되었을 수도 있다.

수수보리의 존재를 뒷받침하는 것이 또 한 가지가 있다. 대본산 증상사라는 절의 달맞이연주회의 노래 가운데 '소리고蘇利古의 춤'이란 것이 있다. 이 노래에 대하여 이 사찰에서는 다음과 같이 해설하고 있다.

> 소리고(蘇利古)는 고려악(高麗樂)으로 조선 반도에서 전래된 우무(右舞)에 속한다. 별명으로 진소리고(進蘇利古), 가마도마쓰리마이(かまど祭舞)라고도 한다. 오오진 천황 때에 백제인 수수보리가 귀화해서 술을 빚어 바쳤다는데서 악명이 생겼다고 한다.

이 '소리고의 춤'은 오오사카의 사천왕사四天王寺의 새해 춤으로 잘 알려져 있다. 이 설명에서도 확실히 수수보리의 춤으로 되어 있다. 이와 같은 몇 가지의 사실만으로도 《고지끼古事記》에 기록된 수수보리란 인물이 명백히 실재했던 인물임을 알 수 있다.

또 일본의 청주를 '사케Sake'라고 하는데 이 사케란 말의 어원에 대하여 흥미 있는 주장이 있다. 즉 사케의 고어는 사까 또는 사가인데 사가라는 말은 한국어의 '삭았다발효되었다'라는 말에 해당한다는 것이다. 일본 각지에 사기佐牙, 사가佐香라는 이름을 붙인 신사가 모두 술과 관계되는 신사라는 것도 흥미롭다. 일본식 청주의 제조법이 우리나라에 그 뿌리를 두고 있다는 보아도 될 것이다.

고려시대, 문학작품 속 술 이야기
(주신들의 술 이야기)

고려시대에는 삼국시대와 상고시대와는 다르게 역사적인 기록이나 민속적인 기록, 그리고 선비들의 시문詩文 중에 술에 관한 내용들이 많이 전해지고 있다. 고려시대에는 중국의 송나라와 빈번한 교류가 있었고 중기 이후 약 100년 동안 몽고족인 원나라의 지배를 받았기 때문에 이들 두 나라의 다양한 양조법이 도입되어 이를 계기로 우리나라 술의 새로운 발전기를 맞이하게 된다.

우리의 기본적인 술: 탁주, 청주(약주), 소주 우리 조상들이 마시던 술은 크게 나누어서 기본적으로 세 가지이다. 탁주와 청주약주와 소주가 그것인데, 이는 아마도 고려시대에 원나라로부터 소주가 들어오면서 이루어진 것으로 추정된다.

청주와 탁주 이야기

고려 사람들이 마셨던 청주라는 술은《동국이상국집東國李相國集》과 같은 당시 책에 멥쌀과 누룩을 섞어 발효시키면 나오는 '술밑'을 눌러서 짜낸 것이다라고 묘사되어 있다. 이 술은 알코올 도수도 12~18%나 되고 맑아서 좋긴 하지만 한 번에 겨우 4~5병밖에는 얻지 못하므로 서민들은 쉽게 접할 수가 없었다. 한편 서민들은 이 술밑에서 청주를 떠내지 않고 그대로 체로 받쳐 걸러내면 나오는 탁주를 마셨다. 탁주는 백주白酒라고도 하는데 막걸리가 바로 이것이다[22].

그 다음에 나오는 소주는 지금 우리가 음식점에서 먹는 소주인 '참이슬'이니 '산'이니 하는 것들과는 다른 증류주이다. 이는 지금으로 보면 안동소주와 비슷한 것으로 실제로 고려 말에 원나라로부터 도입된 술이라고 볼 수 있다. 이때 먹던 소주는 매우 비싼 것이라 상류층 귀족들만 먹었던 것으로 추정된다.

물론 이런 술 외에도 다른 술이 많이 있었다. 가령 고려시대의 시문을 보면 이화주[23], 화주花酒[24], 백주[25], 송주松酒[26], 춘주春酒[27], 천일주千日酒[28], 천금주, 녹파주綠波酒[29], 죽엽주竹葉酒[30], 오가피주五加皮酒[31] 등 수없이 많은 술이 등장하고 있어 매우 다양한 종류의 술이 빚어졌음을 알 수 있다. 이 중 중국의 시문에 등장하는 술의 이름을 차용한 것일 수도 있지만 다양한 술이 있었으리라는 것을 부정하기는 어렵다. 그러나 이 술들의 정확한 제조법에 대해서 확실하게 아는 것은 아니다.

불교는 엄격히 술을 금하고 있지만 지금도 곡차라는 말로 술을 칭하기도 하는데 이에는 역사가 있다. 고려시대의 사원은 여행자의 숙박지로 이용되었을 뿐 아니라 술을 판매하는 풍속이 있어 사찰을 중심으로 다양한 술들이 발달되었을 것으로 짐작된다. 그러나 순종1140년 때에는 그 폐단이

심하여 사찰에서 술을 빚고 마시는 것을 금하게 되었다.

인종 1년1123년에 고려에 왔던 송나라 사신 서긍이 개성에 머무르면서 널리 수집한 우리나라의 풍물을 그림과 글로 설명한《고려도경》을 고려를 다녀간 지 1년 만에 지었는데, 이 책을 통해서도 고려의 술 문화가 보편화되고 있었음을 확인할 수 있다.

《고려도경》에서는 "고려에서는 찹쌀이 없어서 멥쌀과 누룩으로 술을 빚는다"라고 설명하고 있다[32]. 송·원대의 중국에서는 찹쌀로 술을 빚었으나 고려 때는 중국 강남의 영향을 받아 쌀로 술을 빚되 멥쌀을 쓰는 것이 서긍의 눈에 특이하게 비친 것 같다. 또 "술의 맛이 독하여 쉽게 취하고 빨리 깬다"라고 하였으니 고려의 술에 대한 구체적 제조법에 관한 문헌은 없으나 중국의 덧술법을 배워서 한층 도수가 높았던 것으로 생각된다. 또 "일반적으로 고려 사람들은 술을 즐긴다. 그러나 서민들은 양온서良醞署: 국가의 의식용 술을 빚는 궁중의 한 부서에서 빚는 그러한 좋은 술은 얻기 어려워서 맛이 박하고 빛깔이 짙은 것을 마신다"라고 하였다[33]. 바로 이 술이 지금의 막걸리라고 볼 수 있다.

《고려사高麗史》에는 고려 문종1046~1083년 때 비로소 양온서를 두고 "왕이 마시는 술은 양온서에서 다스리는데 청주와 법주의 두 가지가 있고, 질항아리에 넣어 명주로 봉해서 저장해 둔다"라고 하였고,《고려사》태묘조太廟條에는 "호준壺尊들은 모두 제사의 법주를 채운다"라고 하였으니 법주는 종묘 제사에 쓰는 관용의 술이었던 것으로 보인다.

고려의 문헌에는 술에 대한 정확한 제조법이나 특성을 밝힌 기록은 없으나 고려의 문학작품 속에는 멋있는 술 이름이 많이 나온다. 혹자는 이러한 수백 가지의 술을 다 빚어 마셨다고 하기도 하지만 이러한 술들을 다

만들어 마셨다고는 볼 수는 없다. 일단 중복되는 이름의 술이 많으며 중국의 고사를 빌어 술 이름을 노래한 대목도 물론 있으니 어디까지가 그들이 직접 만들어 즐겨 마신 술인지 알기 어렵다. 문자로 기록되어 있다고 해서 다 마신 술은 아닌 것이다.

그러나 분명한 것은 고려시대 문인들에게 있어 술은 하나의 문화적 취향과 소양을 나타내는 중요한 메타포metaphor였다고 생각된다. 마치 현대의 문화예술인들이 와인에 대한 해박한 지식으로 자신을 교양을 뽐내듯이 말이다. 시문 속에 나오는 술 이름은 다음과 같다.

고려시대 문헌에 등장하는 술의 종류

- 한림별곡輪林別曲: 황금주黃金酒, 백자주柏子酒, 송주松酒, 죽엽주竹葉酒, 이화주梨花酒, 오가피주五加皮酒
- 동국이상국집東國李相國集: 이화주, 화주花酒, 백주白酒, 춘주春酒, 천일주千日酉, 천금주千金酒, 자주煮酒, 초화주椒花酒, 파파주波把酒, 방문주方文酒, 녹파주緣波酒
- 파한집破閑集: 녹주綠酒, 청주淸酒, 국화주菊花酒
- 목은집牧隱集: 부의주浮蟻酒, 창포주菖蒲酒
- 포은집圖隱集: 창포주
- 동문선東文選: 유하주流霞酒
- 근재집謹齋集: 포도주葡萄酒, 도소주屠蘇酒
- 도은집陶隱集: 도소주, 탁주濁酒, 황봉주黃封酒
- 고려사高麗史: 죽엽주, 오가피주, 이화주, 예주醴酒, 황금주, 백자주, 송주

또 고려에서는 술을 사람의 인격체로 의인화한 해학 · 풍자적인 두 편의 한문소설, 즉 임춘(林椿)의《국순전麴醇傳》[42]과 이규보의《국선생전麴先生傳》[43]이 발간되어 술을 사랑하는 선비와 학자들 사이에서 널리 읽혔으니 이는 술을 살아있는 생명체로 본 것으로 생각된다.

한편, 술을 좋아했던 고려인들은 많은 외래주를 유입하여 마셨던 것으로 보인다. 양주羊酒도 기록에 많이 등장하여 양젖술로 해석하기도 하고 또는 양羊과 술酒로 해석하기도 한다. 이외에도 많은 술들이 유입되었을 가능성도 있으며, 이로서 고려와 외국과의 음식문화 교류가 활발했음을 짐작하게 한다.

다음은 고려시대 기록에 등장하는 외래주이다.

- 행인자법주杏仁煮法酒[44]: 문종 32년
- 계향어주桂香御酒[45]: 예종 12년
- 화주花酒[46]: 고려사, 숙종년간
- 마유주馬乳酒[47]: 고종18년
- 포도주葡萄酒[48]: 충렬왕 4년
- 상존주上尊酒[49]: 충렬왕 때
- 중산주中山酒: 고려 중엽
- 증류주蒸溜酒, 아라키주: 고려 후반기

고려 후기에 들어서면서 증류주 문화가 유입되는데 이는 몽고의 침입 1274년으로 소줏고리의 이용방법이 도입되면서 급속하게 발전하였다. 이에 이르러 마침내 고려사회에서는 전래의 곡주 양조 문화에 증류주 문화를 추가하게 되었고, 따라서 고려 후기에 들어서는 청주 · 탁주 · 소주의 3대 주종이 완성되었다.

조선시대 고조리서 속 청주, 막걸리, 소주 삼총사

조선시대는 고려 때의 청주, 탁주, 소주의 세 가지 전통주 체계가 정착되었고 이를 빚는 방법과 기술이 더욱 발전하고 다양해졌다. 조선시대에는 음식과 관련된 많은 문헌들이 발간되었는데, 고조리서는 특히 술 조리서라고 해도 될 만큼 술에 관한 기록이 많다. 이는 각 가정마다 독특한 가양주 문화가 있었기 때문에 가능한 일이었다. 각 책마다 다양한 술의 종류와 만드는 법이 소개되었다.

우리나라의 술 문화 중 가장 두드러진 특징의 하나는 가양주家釀酒 문화의 발달에 따른 술 종류의 다양성이다. 종래 전해 내려오는 구전이나 문헌상의 기록을 살펴보면 우리나라 술의 종류는 그 수를 헤아릴 수 없을 정도로 많다. 조선 후기 유중림柳重臨이 출간한 《증보산림경제增補山林經濟》[50]에는 수십 종의 주조법이 실려 있고, 19세기 초1827년에 서유구徐有榘, 1764~1845가 편찬한 《임원경제지林援經濟志》[51]의 단 한 책에 실린 술의 종류만 183종에 이른다. 또 1500년대 초엽1541년 김유金綏, 1491~1555의 《수운잡방需雲雜方》[52]을 시작으로 조선시대 여러 문헌에 보이는 술 이름은 무려 300~400여 종이나 된다. 여기에 외래주를 합치면 그 수는 훨씬 늘어나게 된다.

한편 1670년 무렵에 석계부인石溪夫人 안동 장씨安東張氏가 편찬한《음식디미방飮食知味方》[53]은 저자가 스스로 개발한 음식요리법을 적은 책인데 술 빚는 내용이 49가지나 된다. 이것을 보면 당시의 술에 대한 관심이 어느 정도로 깊었던가를 알 수 있게 한다. 물론 기록 속의 술을 다 빚었다고는 볼 수 없더라도 조선시대에는 아주 다양한 종류의 술이 빚어졌을 것을 짐작된다.

이들 문헌을 바탕으로 조선 500년 동안의 양조법과 술의 종류 등에 관한 내용을 체계적으로 알아볼 수 있을 것이다. 술의 제조법과 종류를 전해 주는 조선시대 대표적인 문헌은 다음과 같다.

조선시대 술에 관한 문헌들

- 산가요록山家要錄: 1400년대
- 수운잡방需雲雜方: 1500년대 무렵
- 고사촬요攷事撮要: 1554년 10여 회 개찬
- 주방문酒方文: 1600년대 말엽
- 지봉유설芝峯類說: 1614년
- 음식디미방규곤시의방, 閨壼是議方: 1670년 무렵
- 요록要錄: 1680년 무렵
- 산림경제山林經濟: 1715년 무렵
- 증보산림경제增補山林經濟: 1766년
- 규합총서閨閤叢書: 1809년

- 임원십육지林園十六志 중 경제지經濟志: 1827년
- 양주방醸酒方: 1837년 무렵
- 동국세시기東國歲時記: 1849년
- 김승지댁 주방문金承旨宅酒方文: 1860년
- 주찬酒饌: 1800년대
- 온주법蘊酒法: 1800년대
- 우음제방禹飮諸方: 1800년대

문헌 중에는 각종 술을 만드는 방법을 상세히 기록하고 있어 술을 빚는 요령뿐만 아니라 주의사항까지 상세히 기록되어 있다. 예를 들면 주조미酒造米를 씻는 방법, 찌는 방법, 담그는 방법, 양조경과 확인법, 술을 담그는 길일吉日뿐만 아니라 술맛을 좋게 하는 방법까지 기록하고 있다.

조선시대 전기에는 양조기술면에서 점차 고급화 추세를 보였다. 이처럼 새로운 기술이 개발되고 재료가 다양해지면 빚는 술의 맛과 성상, 기능이 다양해지고 술의 종류도 많아질 수밖에 없다. 현존하는 문헌에 등장하는 술 이름만 헤아려도 무려 700종류가 넘고 이들 중 제조법이 중복된 것이 많은 점을 감안하더라도 술의 나라라는 이름이 무색하지 않다.

이렇게 엄청난 술에 관한 문헌이 있으니 다 다루는 것은 불가능하다. 그 가운데에서도 서유구가 쓴《임원십육지》를 살펴보면 170여 가지의 술 종류가 나온다.《임원십육지》의 분류에 따라 술의 종류를 정리한 것은 다음과 같다.

- 상용약주: 청주, 약주, 백하주白霞酒 등
- 특수약주: 호산춘壺山春, 백일주百日酒, 약산춘藥山春, 법주法酒 등
- 속성주류: 일일주一日酒, 삼일주, 칠일주 등
- 탁주: 이화주, 막걸리 등
- 홍주紅酒와 백주白酒: 중국과 일본의 문헌을 인용해 설명
- 감주甘酒: 누룩 대신 엿기름을 사용해 달게 만든 술
- 이양주異釀酒: 숙성과정에 다른 것을 사용하는 술: 와송주臥松酒, 죽통주竹筒酒 등
- 가향주류加香酒類: 꽃잎이나 향료를 이용하는 술: 송화주松花酒, 두견주진달래술 등
- 과실주: 포도주, 송자주松子酒 등
- 소주: 찹쌀소주, 밀소주 등
- 혼양주混釀酒: 소주와 약주의 중간형 술: 과하주過夏酒 등
- 약용소주: 진도의 홍주 등
- 약용약주: 구기주枸杞酒, 오가피주 등

이렇게 다양한 전통주가 등장하지만 이 가운데 현재 한국인들이 마시는 술의 종류는 매우 적다. 하지만 요즘 많은 전통주가 살아나고 있어 다행이다. 전통주는 이렇게 여러 종류가 되지만 기본적으로는 약주, 탁주, 소주가 주류를 이루었다. 특히 평안도나 함경도 같은 북쪽에서는 소주를 많이 마셨고, 중부 지방의 상류층들은 약주를 선호한 반면 남부에서는 탁주를 선호했다. 지금 막걸리 붐은 결국 남부 지방의 전통주의 부활인 셈이다.

조선시대, 금주령의 비밀

조선시대 동안 금주령[54]이 계속 내렸지만 영조 때를 제외하고는 그다지 지켜지지 않았던 것으로 보인다. 영조는 밀주 단속에 대한 의지가 강해 친히 술단지를 검사하는 경우도 있었다. 영조 이전에는 그래도 군인이나 농민들이 마시는 막걸리는 허용했는데 영조는 이것마저 금지하였다. 물론 제사를 지낼 때에도 술을 안 쓴 것은 당연한 일이었다. 그런 영조의 의지를 잘 받들었던 사람 가운데 홍대용洪大容, 1731~1783이라는 실학자가 있었다. 이 사람은 중국에 갔을 때에도 본국의 금주 방침을 따른다고 술을 전혀 안 마셨다고 한다.

그러나 영조대를 제외하고는 그리 밀주 단속이 효과가 있었던 것은 아니었다. 특히 귀족들은 소주를 약으로 속여 마셨다. 게다가 잡혀왔던 사람들의 대부분은 탁주 먹는 서민들이었고 약주나 소주 먹는 양반들은 단속에서 잘 빠져나갔다고 한다.

청주와 약주는 같은 술인가

청주와 약주 이 두 가지는 같은 술이다. 그럼 왜 청주를 약주라고 불렀을까? 여기에는 몇 가지 설이 있다. 처음 설은 금주령과 관계된다. 태종대이니까 조선 초이다. 큰 가뭄이 들자 임금은 약양주藥釀酒, 그러니까 약재를 넣은 술을 제외하고 다른 술들은 모두 금지하였다. 그러나 특권계급인 양반들은 청주를 약양주藥釀酒인양 사칭하면서 먹었다. 그래서 그때부터 양반들이 먹는 술을 백성들은 모두 약주라 부르게 되었고, 청주가 약주로 불리게 된 데에는 이런 사연이 있었다고 한다.

또 다른 설은 조선시대 중종 때 술을 잘 빚는 이씨 부인이 서울의 약현이라는 동네에 살고 있었기 때문에 그녀가 만드는 청주를 그 동네 이름을 따서 약주라고 부르게 되었다는 것이다.

또한 앞에서 보았던《임원십육지》의 한 장인 '정조지'에 나오는 내용이 있다. 인조 때의 정치가인 서성이라는 사람이 좋은 청주를 빚었는데 그의 집이 약현에 있었기 때문에 그 집 술을 약산춘이라고 불렀다는 것이다.

그런데 어찌됐든간에 지금은 술에 대한 높인 말로 약주를 쓰고 있는데 이것이야말로 원래의 의미와는 상관이 없는 것으로 보인다.

약재를 넣어 만드는 약용주 약재의 성분이 우러나게 하여 만드는 술은 대개 소주를 이용하는데 청주를 사용하는 경우가 가끔 있다. 가장 흔한 방법은 물론 소주에다가 약재를 침지浸漬시키는 것이다. 평양의 명주로 알려진 감홍로甘紅露, 紺紅露가 그런 경우이다.《임원십육지》에 나와 있는 이 술의 제조법을 보면, 소주를 고아서 받는 그릇 바닥에 꿀을 바르고 지치자초, 紫草를 넣으면 맛이 달고 빛깔이 연지와 같다고 설명하고 있다. 그러나 때로는 약재를 섞은 술밑을 고아서 소주를 얻는 경우도 있다. 가령 전주를 중심으로 한 지역에서 생산되는 이강고梨薑膏는 배와 생강의 즙을 꿀과 잘 섞어 소주에 넣고 중탕重湯하는데 이것이 그런 방법이다.

반면 진도의 명주인 홍주紅酒는 조금 다르다. 이 경우에는 증류된 소주를 받는 항아리 위에 지치 뿌리를 삼베에 싸서 올려놓는다. 그러면 소주가 그곳을 통과하면서 빨간 빛과 독특한 맛을 갖게 되는 것이다.

술집의 유래, 목로주점

술 하면 술집을 빼놓을 수가 없는데, 서민들을 위한 대표적인 술집은 아무래도 주막酒幕과 목로주점木壚酒店이다. 주막의 유래는 이능화李能和, 1869~1943가 쓴《조선해어화사朝鮮解語花史》[55]를 통해 살펴보면 그리 역사가 긴 것 같지는 않다. 조선 내내 화폐경제가 발달하지 않았을 때에는 주막이 없었다. 그러나 효종대에 이르러 화폐경제가 발달하기 시작하자 이에 힘입어 비로소 주막이 생겨났다. 그리고 요즘 주막이라는 단어보다 더 친숙한 게 목로주점이라는 것이다.

이연실이라는 가수의 노래에도 '목로주점'이라는 게 있다. 이 주점은 요즘 말로 하면 선술집을 말한다. 목로라는 것은 술집에 있는 긴 탁자를 의미한다. 원래 이 술집에서는 안주 값을 받지 않았다. 술 한 잔 시키면 무조건 안주 하나는 나왔는데 안주로는 너비아니나 술국 같은 게 나왔다. 메뉴가 이러니까 빨리 마시고 가라는 의미에서였는지 의자가 없었다. 한 사발 죽 들이키고 가라는 것이다. 그런 뜻에서 목로주점을 사발 막걸리집이나 대폿집이라고도 부른다.

이상으로 볼 때 조선시대의 술 역시 발효주와 증류주로 크게 나눌 수 있고 기본적으로 고려시대의 청주와 탁주, 소주의 틀을 벗어나지 않고 있다. 그리고 이 세 가지 술을 기본으로 하여 여러 가지 술을 만들었는데, 약재·식물·감미료·꽃향기 등을 첨가한 술이 많았으며 발효주와 증류주를 혼합한 술도 만들었다. 이때 약주로 손꼽혔던 술로는 삼해주三亥酒, 백로주白露酒, 이화주, 부의주, 하향주荷香酒, 춘주, 국화주 등이 있었다. 특히 증류주는 국제화 단계로 발달하여 대마도를 통하여 일본, 중국 등에 수출이 빈번하였다. 그 당시 우리나라는 자가 제조가 허용되었기 때문에 수출을 용이하게 할 수 있었기 때문이었다.

조선 후기에 접어들어서는 지방주地方酒가 크게 발전하여 명성을 펼치게 되었는데 이때의 명주로는 서울의 약산춘藥山春, 여산의 호산춘壺山春, 충청의 노산춘魯山春, 평안의 벽향주碧香酒, 김천의 청명주淸明酒 등이 있었다. 한편 소주에 각종 약재를 응용한 술들이 개발되었는데 전라도, 황해도의 이강주梨薑酒, 전라도의 죽력고竹瀝膏가 유명하였다. 이 밖에 양조주와 증류주를 혼합한 혼성주인 과하주過夏酒 등이 여름에도 마실 수 있는 술로 개발되었는데 그중에는 김천의 과하주가 유명하였다.

조선시대의 외래주[56] 조선시대에는 우리의 청주, 막걸리, 소주가 주종이었다. 그러나 이미 그 이전부터 외국으로부터 다양한 외래주들이 유입되기 시작한다. 음식문화라는 것도 알고 보면 각 나라 간의 문화의 교류과정의 산물이지만 술도 마찬가지이다. 즉, 우리가 알고 있는 우리나라 전통주들도 실은 중국의 술에 그 뿌리가 있는 술들이 많다. 이는 외래주들의 이름만 보아도 알 수 있다. 천축주天竺酒, 미인주, 황주黃酒, 섬라주暹羅酒, 홍국주紅麴酒, 동양주東陽酒, 금화주金華酒, 녹두주綠豆酒, 무술주戊戌酒, 계명주鷄鳴酒, 정향주程鄕酒 등이다. 이 중 미인주, 녹두주, 무술주 등의 술은 우리의 전통주로 등록되어 있다.

이외에도 서역의 포도주, 인도 동부에 자리 잡고 있던 구루국拘褸國, 지금의 베트남 지역의 유명주인 선약주仙藥酒, 중국의 야자주椰子酒, 남만계의 과실주인 안석류주安石榴酒가 유입되었으며, 약용주인 구기자주枸杞子酒, 인동주忍冬酒, 복분자주覆盆子酒, 화란산 적포도주 등이 있었다.

그런데 지금 우리나라는 주요 와인 수입국 중의 하나이다. 와인도 결국 유럽의 전통주이다. 와인이 유행한 것은 극히 최근이지만 우리나라에 외래포도주가 유입되기 시작한 것은 역사가 오래되었다. 이미 고려 충렬왕 28년1302년부터이며 이때에 유입된 서역식 중국포도주가 최초라고 할 수 있다. 조선시대 이수광이 쓴《지봉유설》에서도 서역산 포도주의 유입을 확인할 수 있다. 뒤이어 인조 14년1636년에는 김세렴金世濂, 1593~1646의《해사록海槎錄》에서 서구산 포도주의 정보를 접할 수 있다. 그 후 효종 4년1653년에는 네덜란드 상인 헨드릭 하멜Hendrick Hamel이 제주도에 표착함으로써 네덜란드산 포도주가 상륙한 바 있었고, 이어서 고종 3년1866년에는 독일 상인 오페르트Ernst Oppert의 방한을 계기로 독일산 적포도주가 유입되었다. 또 고종 3년에는 독일산 적포도주와 함께 스페인산의 백포도주sherry와 체리재제주cherry cordial도 함께 유입되었다. 조선의 개항 이면에는 포도주의 진출도 함께 있었음을 알 수 있다.

우리나라에 양주가 유입된 것은 한말 때이다. 또 브랜디brandy와 위스키whisky는 고종 13년1876년에 공식 경로를 거쳐 최초로 상륙되었는데 이는 우리나라와 일본 사이에 맺어진 한일수호통상조약이 간접적인 계기가 되었다고 생각된다. 한국인으로서 처음으로 양주를 접한 것은 언제 누구이냐 하는 것은 확실하지 않다. 그런데 1882년 조미수호통상조약을 체결했을 때 미국 군함 '콜로라도'호에 승선한 인천읍의 관리 김진성 일행이 양주를 마셨다는 기록이 있다.

맥주가 우리나라에 들어온 것은 한 말이었다. 1876년 개항 이후 서울과 개항지에 일본인들의 거주지가 늘어나면서 일본 맥주가 흘러 들어왔다. 초기에 들어온 것이 '삿뽀로' 맥주였고 그 후 1900년을 전후하여 '에비스 맥주'와 '기린 맥주'가 들어왔다. 그러나 이 당시 맥주를 마실 수 있는 사

개화기의 조선인이 가슴에 빈 맥주병을 한아름 안고 찍은 사진

람은 일부 부유층과 상류층에 한정되어 있었다. 이 시대 빈 맥주병을 잔뜩 안고 찍은 사진은 맥주가 얼마나 조선인들에게 진기한 물건이었는지를 보여주며 웃음을 자아내게 한다.

일본 강점기, 막걸리의 수난시대

19세기 조선 말에 선각자들은 술의 질을 향상시키고 새로운 술을 개발하고자 하였다. 그래서 1909년 '주세법'이 생기기 이전에는 자가 제조 및 판매가 자유로웠던 관계로 술도 다양하였으며, 제조하는 장소도 매우 많았다. 즉, 주세법 제정 당시 제조장 수는 155,832장場이나 되었다.

그러나 대한제국이 종말을 고하고 조선총독부에 의한 정치로 대체되면서 일본의 수탈작업이 시작되었다. 국권이 일본으로 넘어가 총독의 정치로 이어지면서 일본 수탈의 일환으로 주세가 세금원으로 이용된다. 최근까지 전통주의 주무부처가 국세청이었고, 지금도 전통주의 주세를 국세청이 관리하는 것은 이때 이후의 전통이다. 그러나 일본 강점기 이후 전통향토주는 그 자취를 감추게 되고 신식 술이라는 획일적인 술들이 일본의 통제하에 제조되는 술의 암흑기가 시작된다.

1909년에 발표된 주세법은 집에서 담가 먹었던 가양주를 완전히 말살하는 결과를 가져왔다. 이 법의 내용을 보면 술의 양조를 자가용 · 판매용을 가리지 않고 무제한 면허제로 하여 해마다 12월까지 다음 해에 양조할 생산량을 소속 세무서에 신고하면 그 생산량에 따라 각 종별로 과세를 했다.

내용을 보면 자가용 술의 제조를 무제한 허가하고 있었던 것을 '제한면허제'로 고치는 동시에 자가용 술의 과세율을 영업용 술보다 높여서 술 제조업자를 보호하고 자가용 술의 제조자는 억압한 법이었다.

전통 가양주의 제조비법은 상속인에게 끊이지 않고 전수되어야 하는데, 우습게도 법의 내용을 보면 자가용 술의 제조자가 사망했을 경우 상속인이 절대로 주류를 제조할 수 없다고 하였으니 얼마나 어이가 없는 법인지 알 수 있다. 반면에 판매용 술의 제조자는 그 영업의 상속이 인정되었다.

결국 자가용 술의 면허제를 극도로 억제하여 1932년에는 자가용 술 면허자가 단 1명 남았고, 1934년에는 그것마저 완전히 없어졌다. 이에 따라 주조업자의 힘이 커지고 술의 품질이 규격화됨으로써 우리의 전통 명주는 완전히 맥이 끊기게 되었다. 그러니까 양조업자들만 융성해가고 각 지방에 있었던 명주들은 자취를 감추게 된 것이다. 아울러 밀주에 대한 단속이 계속 있었기 때문에 우리나라에는 그 많던 술들이 모두 사라지게 된다.

한편 심한 주세에 대하여 백성들의 원성이 높아졌으며 밀주의 성행과 일본의 악질적 단속의 악순환이 되풀이되기에 이른다. 을사늑약이 체결되었을 때 〈시일야방성대곡是日也放聲大哭〉이란 사설을 썼던 장지연張志淵은 이 무렵의 술과 관련된 심정을 다음과 같이 읊고 있다.

> 주세(酒稅)가 오르니 마시는 세(稅)도 오르리
> 이제는 행화촌(杏花村)의 봄술도 적어지네.
> 저 유령(劉伶)과 원적(阮籍) 등도 흥미를 잃으니
> 쓸쓸한 가을밤에 이소경(離騷經)이나 읽세.

그리하여 정성들여 빚어서 조상에 올리는 제주祭酒나 절기마다 빚어 마셨던 계절주도 만들 수 없게 되면서 각 가정에서의 술 빚는 비법도 사라지게 되었다. 이로써 광복이 되기까지 우리나라의 전래 주류 문화는 침몰되는 비운을 맞기에 이른다.

이와 같이 일본 강점기는 술 수난의 역사였다. 일본의 통치하에서 개인의 술 빚기는 금지된 일이었다. 그러나 술 빚기의 기술을 몸에 익혀 온 당시 사람들은 법을 무시하고 이른바 밀주를 만들었다. 약주나 소주류는 시간이 걸리고 도구도 필요하므로 숨어서 만드는 것은 어려웠다. 그렇지만 약주나 소주에 비해 만들기가 간단하고 양도 많은 막걸리는 계속 만들 수 있었고, 생활 속에서 애음했다.

심지어 막걸리를 거르고 난 다음에 술지게미는 약용으로 사용하기도 했다. 〈홍부전〉에 보면 술 찌꺼기술지게미는 풀독이나 채독을 없애 준다고 하였다. 그리고 타박상을 입었을 때에는 민간요법으로 다친 환부에 붙이기도 했다. 이와 같이 막걸리는 우리 한국인에게 가장 중요한 민족주였다. 한말에 서울에 와 살았던 미국인 헐버트가 조선 막걸리를 두고 식물성 음식을 주로 먹는 초식 민족에게 이처럼 발달된 술이 없다고 격찬을 했다고 한다. 그러나 일본 강점기에 막걸리는 계속 수난이었다.

해방 후, 한국 술의 수난사

이런 사정은 해방 뒤에도 그리 달라지지 않았다. 해방이 되었지만 각 가정에서 임의로 술을 만들 수 없었던 것은 물론이고 곡식이 부족했기 때문에 쌀로 술을 빚는 것은 아예 생각할 수도 없었다. 소주는 잡곡을 원료로 했는데 비곡주정책이 강화되면서 그나마 쓰던 잡곡도 못 쓰고 고구마와 당밀을 이용하게 된다. 그렇게 되니 술의 질이 뚝 떨어져서 서민들은 어느새 소주를 외면하게 되었다. 그런데 막걸리와 약주는 상황이 소주보다 더 나쁘게 되었다.

1965년에 순곡주 제조 금지령이 내려지면서 쌀 대신 외국서 도입된 밀가루나 옥수수를 쓰게 되는데 그 결과 술의 질이 대폭 떨어지게 되었다. 그 결과 서민들은 막걸리를 외면하게 되고 하는 수 없이 발효과정도 없이 주조한 희석식 소주 쪽으로 술 선호도를 바꿨다. 한편 그러는 가운데 중산층은 맥주와 양주로 술 선호 방향을 옮겼다.

이렇게 되어 한국은 술에 관한 한 국적이 없는 아주 이상한 나라가 되었다. 그럴 수밖에 없는 게 전통주는 밀주로 간주해 철저히 단속했기 때문이다. 현재 성인이라면 어렸을 때 어른들이 시골서 담근 술이라며 몰래 가져와 마시던 기억들이 있다. 그러다 1980년대로 들어가면서 정부 관계자들

그때 오늘

대한제국기의 술도가. 마당 가득 술을 만들기 위한 지에밥이 널려 있다. 증류주 한 되를 만드는 데에는 대략 쌀 한 되가 든다. 여기에 시간과 노력, 정성이 추가되니 증류주 값은 비쌀 수밖에 없었다. 1890년대 말부터 희석식 소주가 생산되기 시작했지만, 그래도 소주 값은 비쌌다. 희석식 소주 값이 크게 떨어진 것은 1920년대 화학적인 주정(酒精) 추출법이 개발된 이후였다. (출처:『사진으로 본 서울의 어제와 오늘』)

이 우리나라 고유의 술이 정부의 지나친 간섭으로 사라진 현실을 뒤늦게 깨닫고 일도一道 일민속주—한 도에 술 한 가지씩—개발정책을 실시하게 된다. 이것은 물론 1986년의 아시안 게임과 1988년의 올림픽 게임을 염두에 둔 것이었다. 그 결과 안동소주 같은 재래 명주가 다시 세상에 나오게 되었다. 그런데 이처럼 한 지역에 한 가지 술만 문화재로 지정하고 시판하게 하는 정책은 많은 부작용도 낳았다.

불행한 막걸리의 역사

막걸리는 한때 문제의 술로 오명을 쓰기도 했다. 이는 급격한 경제개발로 인해 온갖 불량식품이 제조되어 사회를 온통 점령했을 때 일어난 일이다. 막걸리도 예외는 아니었다. 심지어는 불량 제조된 밀주나 막걸리를 마시고 숨지는 사건도 있었다. 1968년 조선일보 기사에 의하면 무엇보다 빨리 막걸리를 숙성시키기 위해 카바이트를 사용하는 등 불량 막걸리 제조업자들이 구속되는 일이 신문을 장식하는 경우가 많았다. 이는 결국 막걸리가 몸에 좋지 않은 술로 자리 잡게 하는 계기가 되었다. 지금도 막걸리를 마시면 머리가 아프다는 사람들이 많은데 실제로 이때부터 잘못 심어진 막걸리에 대한 인식 때문이다. 그 당시 불법으로 사용되던 카바이트는 심각한 숙취 유발 물질이었다. 제대로 잘 빚어진 막걸리는 숙취가 없는 술이다.

카바이드섞어 釀造 六명 拘束

1968년 조선일보 기사

또한 해방 이후 부정선거의 대표 이미지로 막걸리가 대두하기도 하였다. 선거에 출마한 정치인들은 선거에서 이기기 위해 술을 돌리는 일이 많았는데 그 당시 가장 대중적인 술이었던 막걸리를 주민들에게 먹이고 돌렸다. 그래서 오염된 부정선거는 막걸리선거로 불리기도 하였으니 그야말로 우리 민족의 애환을 함께 한 것이 막걸리라고 할 수 있다.

다시 부활하는 전통주 시장, 밝은 막걸리의 미래

최근 들어 전통주의 시대가 다시 도래한 느낌이다. 우리나라 주류 시장은 2008년 기준으로 7조 5천억 원 규모, 수입산을 제외한 출고금액 기준이다. 맥주와 소주가 각각 47.7%와 38.5%를 차지하고 있다. 전통주 시장 규모는 1조 원 이상이라고 보고 있다. 엄청난 규모로 늘어난 것이다. 그런 면에서 전통과 술을 사랑하는 입장에서는 매우 환영할만한 일이다. 더욱이 요즘 사람들이 가장 많이 찾는 전통주는 단연 막걸리이다. 이 막걸리가 대박을 터트리고 있다.

이제 막걸리는 유행이 아니라 하나의 추세로 자리 잡고 있다. 실제로 막걸리 시장은 2.3%밖에 안 됐는데 최근 들어 급격히 소비량이 늘고 있다. 실제로 막걸리는 1986년까지만 해도 국내 최대 소비주종이었다. 1981년 출고량 기준으로 막걸리의 점유율은 46.1%로 맥주27.4%와 소주24.3%보다 압도적으로 높았다가 한동안 침체되었던 것이다. 그러니 지금 늘고 있는 막걸리 소비는 지난 시절의 막걸리 소비수준으로의 복귀이다.

농림수산식품부와 관련업계에 따르면 막걸리 시장의 규모는 지난 2008년 3,000억 원에서 출발해 2009년 4,200억 원, 2010년 5,500억 원, 2011년 7,500억 원으로 꾸준히 증가해, 오는 2012년에는 1조 원대 시장으로 커질 것으로 분석했다. 이같은 증가 규모는 연평균 35.1%의 신장세다. 2008년 이후 맥주시장이 정체돼 있는 가운데 소주시장은 저도주화가 진행되면서 꾸준히 성장하고 있지만 막걸리시장의 성장속도는 놀라울 정도이다. 즉, 주류 시장의 판도가 바뀌고 있다.

여기서 막걸리가 한때의 붐이 아니라 새로운 트렌드라고 보는 이유는 첫째, 막걸리가 알코올 도수 6~7% 정도로 저도주를 선호하는 최근 트렌드에 부합하고, 둘째, 유산균과 단백질 등이 풍부한데다 암세포 성장을 억제하고 고혈압과 당뇨에도 효능이 있는 등 건강에 좋은 술로 인식되고 있고, 셋째, 소비자들의 취향이 다양해지고 있고, 넷째, 싸구려 술이라는 인식을 벗고 있으며, 다섯째, 정부가 제도적 지원을 하고 있어 판매가 더욱 늘어날 것으로 보이기 때문이다.

이러한 막걸리의 장점을 살린다면 많은 사람들이 우려하듯이 막걸리가 한때의 유행이 아니라 중요한 한국의 전통주로, 세계인들이 즐기는 한국주로 자리 잡을 수 있을 것이다.

주註

1/《동국이상국전집》 제3권. 고율시(古律詩). 동명왕편(東明王篇) 병서(幷序).

비단 자리를 눈부시게 깔아 놓고 / 錦席鋪絢明

금술잔에 맛있는 술 차려 놓았다 / 金罇置淳旨

과연 스스로 돌아들어와서 / 蹁躚果自入

서로 마시고 이내 곧 취하였다 / 對酌還徑醉

2/《동국이상국전집》 제3권. 고율시(古律詩). 동명왕편(東明王篇) 병서(幷序).

왕이 그때 나가 가로막으니 / 王時出橫遮

놀라 달아나다 미끄러져 자빠졌다 / 驚走僅顚躓

맏딸이 유화인데 / 長女曰柳花

이 여자가 왕에게 붙잡혔다 / 是爲王所止

3/《해동역사》 제47권. 예문지(藝文志) 6. 우리나라 시(詩) 1 기자조선(箕子朝鮮), 공후인(箜篌引) 《고금주(古今注)》에 이르기를, "공후인은 조선의 진졸(津卒)인 곽리자고(霍里子高)의 처 여옥이 지은 것이다." 하였다. ○ 악지(樂志)에 상세히 나온다. 《고시기(古詩紀)》 [여옥(麗玉)]

님이시여 그 강물을 건너지 마소 / 公無渡河

막무가내 뿌리치고 건너더니만 / 公竟渡河

강물에 휩쓸려서 돌아가시니 / 墮河而死

어즈버 우리 님을 어이할꺼나 / 當奈公何

4/《해동역사》 제22권. 악지(樂志)

부여(夫餘)는 납월(臘月)에 하늘에 제사 지내기 위해 대회를 연다. 날마다 모여서 먹고 마시며 노래하고 춤추는데, 그를 이름하여 영고(迎鼓)라고 한다. 《후한서》

5/《해동역사》 제22권. 악지(樂志)

예(濊)에서는 항상 10월에 하늘에 제사 지낸다. 밤낮으로 술 마시고 노래하고 춤추는데, 이를 무천(儛天)이라고 부른다. 그 음악은 부여와 대략 같으며, 단지 하는 달만 다를 뿐이다. 《문헌통고》

6/《고려도경》 선화봉사고려도경 제17권. 사우(祠宇)

전대의 역사에 이르기를 '그 풍속이 음란해서 저녁이 되면 으레 남녀가 떼지어 노래하고 즐기며 귀신·사직·영성(靈星)을 제사하고, 10월에 하늘을 제사하기 위해 큰 모임을 갖는데 그것을 동맹(東盟)이라 부른다. 그 나라 동쪽에 굴이 있는데 수신(襚神)이라 부르고, 역시 10월에 맞아다가 제사한다.' 하였다. 이상은 《삼국지(三國志)》 위서(魏書) 동이전 고구려 조의 기사를 추린 것이다. 영성(靈星)은 천전성(天田星)이라고도 하는데 농사를 맡아 보는 것으로 되어 있다. 중국에서도 한초(漢初)에 영성을 제사한 기록이 《사기(史記)》 봉선서(封禪書)에 보인다.

7/《해동역사》 제22권. 악지(樂志)

마한(馬韓)은 해마다 5월이면 씨뿌리기를 마치고 귀신에게 제사를 지낸다. 떼를 지어 노래하고 춤추는데, 춤을 출 때면 수십 명이 한꺼번에 일어나서 앞사람의 뒤를 밟으면서 굽혔다 일어났다 한다. 손발을 가지고 장단을 맞추는데, 그 가락과 율동이 탁무(鐸舞)와 비슷하다.《삼국지》

8.《해동역사》 제22권. 악지(樂志)

- 진한(辰韓)의 풍속은 노래하고 춤추며, 술 마시고 비파 타기를 좋아한다.《후한서》
- 변한(弁韓)에는 비파가 있는데, 그 모양이 축(筑)과 비슷하다. 그것을 타는 데는 음곡(音曲)이 있으며, 호금(胡琴)과 비슷하다.《문헌통고》

9.《국역 조선왕조실록》 숙종 20년 갑술(1694, 강희 33). 1월22일(경신)
이주천이 부르기를 "상(商) 왕가(王家)의 국얼(麴蘖)로 선상(宣觴)을 축하하옵니다" 하였다. 《서경(書經)》 열명편(說命篇)에 은 고종(殷高宗)이 재상(宰相) 부열(傅說)에게 명하기를 '만약 술을 만들려면 그대가 누룩[麴蘖]이 될 것이다.'라는 말이 있다.

10. 전경수, 〈保存과 接神의 醱酵文化論: 통합과학의 시행모델을 지향하며〉. 2009.

- 중국의 《齋書》에는 '酵'에 대한 설명으로 '祭天太廟起麪餠'라는 문구가 나온다. 즉, 酵에 대한 설명으로 酵에 의해 술을 만들어 술로 조상과 천신을 위로하는 제사를 지내는 것이다.
- 잉카시대부터 옥수수는 종교적 · 주술적 의미를 지녔다. 이는 옥수수가 치차(Chicha: 도수 2~12% 막걸리와 유사술)의 원료이기 때문이다. 안데스 산자락[예: 페루 뿌노(Puno) 우로스(uros)]에서 치차는 접신용의 술로 이해되며, 피에스타(축제) 절정의 과정에서 술에 취해 성인의 영혼들과 함께 마귀들을 쫓아내는 축귀주술을 행한다.
- 페루의 아마존 밀림지대에 거주하는 과라니(Guarani) 말을 하는 원주민들이 조상제례와 손님접대용으로 만드는 술은 마사도(masado)라고 한다. 유카(매니억)를 원료로 하며, 부인들이 유카를 씹어서 독에 모아 두면 술이 된다.

11. 중국 최초의 사전인《설문해자》는 후한(後漢)의 허신(許愼: 30?~101?)이 그때까지의 상형문자를 소전(小篆)에 근거하여 해설한 것인데 여기에 수록된 9,353의 글자 가운데 유편(酉篇)의 글자는 67자가 수록되어 있다.《시경(詩經)》에는 14자가 보인다.

12. 송 · 홍흥조〈楚辭補注 · 漁父第七〉· 백화문 등 교정본. 중화서국 1983년 3월 제1판.

13. 〈周禮注疏 · 天官〉'浆人' 청 · 왕원〈十三經注疏〉중화서국 1980년 10월 제1판.

14. 자오롱광 〈중국 술문화 연구에서 주의해야 할 몇 가지 문제〉, 일본양조학회 〈제5회 국제 식문화 학술세미나 논문집〉 2004년 4월 도쿄 〈중국 음식문화 연구〉 동방미식출판사(홍콩), 2003

15. 자오롱광 〈중국 술문화 연구에서 주의해야 할 몇 가지 문제〉, 일본양조학회 〈제5회 국제 식문화 학술세미나 논문집〉 2004년 4월 도쿄 〈중국 음식문화 연구〉 동방미식출판사(홍콩), 2003

16.《지봉유설》芝峯類說卷十九. 食物部. 酒. '又眞臘美人酒° 美人口中含而造之° 一宿而成'

17.《해동역사》제26권. 물산지(物産志). 술[酒].

- 고구려(高句麗)는 술을 잘 빚는다.《삼국지》
- 고려국에는 찹쌀이 없어서 멥쌀[秔]을 누룩[麴]과 섞어서 술을 만든다.《계림유사》에는, "고

려에는 찹쌀이 없어서 멥쌀[粳米]로 술을 만든다." 하였다.

• 대개 고려 사람들은 술을 좋아하지만 좋은 술을 얻기는 어렵다. 일반 서민의 집에서 마시는 술은, 맛은 싱겁고 빛깔은 짙은데, 아무렇지도 않은 듯이 마시면서 모두들 맛있게 여긴다. 《고려도경》 ○ 옥계생(玉溪生)의 시(詩)에 "신라의 술 한 잔 마시니, 차가운 서리 기운 녹는 듯하네.[一盞新羅酒 凌霜恐易銷]"라 하였다.

18. 《동문선(東文選)》속동문선 제4권. 칠언고시(七言古詩). 동도악부 칠수(東都樂府七首). 회소곡(會蘇曲)

유리왕(儒理王) 9년에 육부(六部)의 이름을 정하고 둘로 갈라 왕녀 두 사람으로 하여금 각기 부내(部內)의 여자들을 거느리고 패를 나누어 7월 보름날부터 매일 일찍 대부(大部)의 뜰에 모여 삼나이[績麻]를 하여 깊은 밤에 파하게 하고 8월 보름날에 이르러 그 일한 것의 많고 적음을 비교하여 진 편에서 술과 음식을 내어 이긴 편에게 사례하기로 하니, 그때에 노래와 춤과 놀이를 다 하는데, 그것을 '가비(嘉俳)'라 이른다. 그때 진 편의 한 여자가 일어나 춤추며 탄식하되 "회소, 회소(會蘇)"라 하니 그 소리가 애처럽고 아담했다. 뒷사람이 그 소리를 본떠 노래를 지으니, 그 이름이 '회소곡'이다.

19. 《동사강목(東史綱目)》동사강목 제1하. 임자년 신라 파사왕 33년.

처음 파사왕이 사냥을 나갈 때 태자가 시종하였더니, 한기부(漢岐部)를 지날 때 이찬 허루(許婁)가 향연을 베풀었다. 술자리가 무르익었을 때 허루의 아내가 어린 딸을 데리고 나와 춤을 추게 하니 마제의 아내도 또한 그 딸을 끌고 나왔다. 태자가 보고 기뻐하자 허루가 기뻐하지 않으므로 왕이 허루에게 이르기를, "이곳 지명이 대포(大庖)인데, 공이 이곳에 푸짐한 음식과 아름나운 술을 베풀어 연락히게 하였으니, 마땅히 주다(酒多) 벼슬을 주어 이찬 위에 두리라." 하고, 마제의 딸을 태자의 배필로 삼았다. '주다'는 뒤에 각간(角干)이라 하였다

20. 《동사강목(東史綱目)》동사강목 부록 상권 상. 고이(考異).

《삼국유사》에는 "진흥왕이 즉위하여 신선(神仙)을 많이 숭상하였다. 용모가 아름다운 민가의 낭자(娘子)를 택하여 원화로 받들고 무리를 모으고 선비를 뽑아 효제 충신(孝悌忠信)을 가르치게 하였다. 그리하여 곧 남모랑(南毛娘)과 준정랑(俊貞娘)을 취하였는데, 이들 두 원화는 300~400명의 무리를 모았다. 그런데 준정이 모랑을 질투하여 술을 먹여 취하게 한 다음 북천(北川)에 끌고 가 묻어 죽였다."라고 기록 되어 있다.

21. 《동사강목(東史綱目)》동사강목 제4하. 계미년 신문왕 3년.

• 하5월 김씨를 책립하여 부인(夫人)으로 삼았다.
• 폐백(幣帛)이 15수레[輿], 쌀 · 술 · 기름 · 꿀 · 장 · 메주 · 포 · 초가 1백 35수레[轝], 벼 1백 50수레[車]였다.

22. 《동국이상국집》동국이상국후집 제3권. 고율시(古律詩). 백주시(白酒詩)

我昔浪遊時 /所飮惟賢耳/ 時或値聖者 / 無奈易昏醉/ 及涉地位高/ 飮濁無是理/ 今者作退翁/ 俸少家屢匱

綠醑斷復連 / 篘飮亦多矣/ 滯在胷隔間/ 始覺督郵鄙/ 濁醪稱有妙/ 未會杜公意/ 迺知人之性/ 與

習自漸潰
飮食地使然/ 何有嗜不嗜/ 爲報中饋人/ 有入愼輕費/ 無使樽中酒/ 不作澄淸水

23/《사가집》사가시집 제31권. 시류(詩類).
人情三刖足/ 世事九回腸/ 滿意梨花酒/ 薰心柏子香/ 少年迷出處/ 晩節半閑忙/ 春服今方試/ 猶存點也狂

24/《고려사절요(高麗史節要)》고려사절요 제5권. 문종 인효대왕 2(文宗仁孝大王二).
나이가 80세 이상 된 공부상서 홍개(洪揩)와 상장군(上將軍) 하홍휴(何興休)에게 합문에서 잔치를 베풀어 주며, 왕이 친히 화주(花酒)를 권하고 종일토록 즐기고 이어 의복을 내려주었다.

25/《계곡집(谿谷集)》계곡선생집(谿谷先生集) 제30권. 칠언율(七言律).
七月南來九月歸/ 北風淅淅吹征衣/ 人生汨汨半行役/ 世事悠悠多是非/ 山際平田雁鶩下/ 路傍短草鶺鴒飛 /還家喜近重陽節/ 白酒黃花興不違

26/《간이집(簡易集)》간이집(簡易集) 제7권. 갑오행록(甲午行錄)
銀界卽知遙接漢/ 客槎何待去尋嚴/ 山行抵雀應皆玉/ 海賦超人可欠鹽/ 松酒三丸誰饋藥/ 梅花一笑獨巡簷/ 奚奴不解憐淸夜/ 鼾睡眞堪踢倒尖

27/《다산시문집(茶山詩文集)》다산시문집 제1권. 시(詩).
어린 기생 차를 들고 대사립에 이르르자 小妓傳茶到竹扉/ 패옥소리 글 읽는 방 들어오지 않게 하네 不敎環珮入書幃
이화원 그 안에는 봄술이 많이 있어 梨花院裏饒春酒/ 이따금 홍안으로 취기 띠어 돌아오네 時見紅顔帶醉歸

28/《고봉집(高峯集)》고봉속집 제1권. 유거잡영[幽居雜詠]
心與事相反/ 長嗟手撲簾/ 人窮天畀逸/ 居僻樹連簷/ 塵裏英雄老 愁中歲月添/ 何當千日酒/ 醉破兩眉尖

29/《동국이상국집》동국이상국후집 제1권. 고율시(古律詩).
除却作勞時/ 何人餉汝厚/ 所要賭其力/ 非必愛爾口/ 粲粲白玉飯/ 澄澄綠波酒/ 是汝力所生/ 天亦不之咎

30/《목은집(牧隱集)》목은시고(牧隱詩藁) 제25권.
拓地功臣後/ 逢辰入相初/ 邀賓竹葉酒/ 戀主秋山圖/ 樹密鳥聲寂/ 天高人意舒/ 一樽風日靜/ 物外得淸娛

31/《산림경제》산림경제 제1권. 복식(服食).
오가피주(五加皮酒)는, 4~5월에 외피(外皮) 벗긴 것으로 1근, 말린 것이면 10냥. 겨울에는 외피채로 두 배를 넣는다. 물 10병(甁)을 붓고 5병이 되도록 달여 둔다. 그 다음 백미(白米) 1말을 여러 번 씻어 가루를 만들어서, 오가피 달인 물 3병(지주(旨酒)를 만들려면 2병 반을 쓴다)을 끓일 적에 쌀가루에 이것을 타서 완전히 식힌 다음 국말(麴末 누룩가루) 5홉, 진말(眞末 밀가루) 5홉, 부본(腐本) 1되를 고루 섞어 항아리에 넣어서 푹 익힌다.

32/《해동역사》 제26권. 물산지(物産志).

• 《고려도경》《송사》에, "고려에는 메벼[秔], 기장[黍], 삼[麻], 보리[麥]는 있으나 차조[秫]가 없다." 하였다.

• 고려는 쌀 가운데 메벼는 있으나 찰벼[稬]는 없으며, 쌀알이 매우 크고 맛이 달다. 《고려도경》 삼가 살펴보건대, 쌀 가운데 차지지 않은 것을 갱(秔)이라 하고, 차진 것을 나(稬)라 한다.

33/《고려도경》선화봉사고려도경 제32권. 기명(器皿).

고려에는 찹쌀은 없고 멥쌀에 누룩을 섞어서 술을 만드는데, 빛깔이 짙고 맛이 독해 쉽게 취하고 속히 깬다. 왕이 마시는 것을 양온(良醞)이라고 하는데 좌고(左庫)의 맑은 법주(法酒)이다. 거기에도 두 가지 종류가 있는데, 와준(瓦尊)에 담아서 황견(黃絹)으로 봉해 둔다. 대체로 고려인들은 술을 좋아하지만 좋은 술은 얻기가 어렵다. 서민의 집에서 마시는 것은 맛은 싱겁고 빛깔은 진한데, 아무렇지도 않은 듯이 마시고 다들 맛있게 여긴다.

34/ 고려 고종 때에 한림의 여러 선비들이 지은 경기체가(景幾體歌)이다. 모두 8장에 걸쳐서 팔경(八景)을 노래했는데, 그 주제는 각기 문인(文人), 서적(書籍), 명필(名筆), 명화(名畫), 화훼(花卉), 음악(音樂), 누각(樓閣), 추천(鞦韆)이다. 현존 경기체가 중에서 최초의 작품이다.

35/《동국이상국집》이규보(李奎報). 年譜 · 全集 41권 · 後集 12권 합 14책. 서울대학교 규장각.

36/ 고려 말의 학자 이색(李穡)의 유고집.활자본. 55권 25책. 손자 계전(季甸)이 시(詩)만을 뽑아 6권으로 편찬했던 것을 1626년(인조 4)에 10대손 덕수(德洙)가 증보 간행하였다. 시고(詩稿) 35권, 문고(文稿) 20권으로 되어 있다.

37/ 고려 말의 충신이며 성리학자(性理學者)인 정몽주(鄭夢周)의 시문집. 목판본. 7권 4책. 1439년(세종 21) 간행. 초간본은 저자의 아들 종성(宗誠)이 흩어진 시문 중 저자가 일본에 사신으로 갔을 때 지은 한시 13편을 비롯하여 여러 사람의 소장(所藏) 및 제자들의 기록 등에서 수집하여 편찬 · 간행하였고, 1533년(중종 28) 현손(玄孫) 세신(世臣)이 교정(校正), 1584년(선조 17) 유성룡(柳成龍)이 교정을 하였다.

38/ 조선 전기의 문신 서거정(徐居正) 등이 시문을 모아 편찬한 시문선집. 활자본, 130권 45책. 1478년(성종 9)에 성종의 명을 받아 서거정(徐居正), 노사신(盧思愼), 강희맹(姜希孟), 양성지(梁誠之) 등 23인의 찬집관이 참여하여 편찬한 우리나라 역대 시문선집이다.

39/ 고려 말기의 문인 안축(安軸)의 시문집. 활자본. 3권 2책. 현존하는 간행본은 1740년(영조 16)에 펴낸 것이다. 권1에는 시 108수와 치통(齒痛) · 인삼(人蔘) · 염호(鹽戶) 등 잡저(雜著) 3편이 수록되고, 권2에는 시가 28수와 기(記) 2편 및 저자의 대표작인 《관동별곡(關東別曲)》《죽계별곡(竹溪別曲)》이 실려 있어 이 문집의 가장 중요한 부분을 이루고 있다.

40/ 고려 말기의 학자 이숭인(李崇仁, 1349~1392)의 시문집. 목판본. 5권 2책. 조선 전기 권근(權近)이 왕명을 받아 편집하여 1404년(태종 4)에 간행하였다.

41/ 조선 초기 김종서(金宗瑞, 1390~1453) · 정인지(鄭麟趾, 1396~1478) 등이 세종의 교지를 받

아 만든 고려시대의 역사책. 세가(世家) 46권, 지(志) 39권, 연표 2권, 열전 50권, 목록 2권 총 139권으로 되어 있다.

42/ 고려 고종(高宗) 때 문인 서하(西河) 임춘(林椿)이 지은 가전체 설화(假傳體說話). 술을 의인화(擬人化)하여 교훈적으로 풍자한 작품. 《동문선(東文選)》 권100에 실려 있음.

43/ 고려 고종(高宗) 때 지헌(止軒) 이규보(李奎報: 1168~1241)가 지은 가전체 설화(假傳體說話). [麴] 등을 의인화하여 당시의 문란한 정치 · 사회상을 비판. 《동문선(東文選)》 제100권에 실려 있는 설화.

44/ 《해동역사》 제37권. 교빙지(交聘志) 5. 상국사(上國使) 1
문종(文宗) 32년 6월 갑인에 송나라 사신 안도(安燾)와 진목(陳睦) 등이 와서 조서를 반포하고 물품을 하사하였는데 그 물품은 다음과 같다. 임금이 마시는 행인자법주(杏仁煮法酒)는 10병으로, 각각 금도은삽화병(金鍍銀鈒花瓶)에 넣어 명금오채장요화판주칠록자(明金五綵裝腰花版朱漆盝子)에 담은 다음 홍화라협파로 쌌다.

45/ 《고려사절요(高麗史節要)》고려사절요 제8권. 예종 문효대왕 2(睿宗文孝大王二). 정유 12년(1117).
여러 왕족과 양부(兩府)를 청연각에서 잔치하였는데, 송나라 황제가 보내 준 계향어주(桂香御酒)와 용봉명단(龍鳳茗團 송나라 때에 좋은 차[茗]를 덩어리로 뭉친 것) · 진귀한 과실 보배로운 그릇을 사용하고, 각각 서대(犀帶)와 의복을 하사하였다. 문하평장사 김연에게 명하여 〈청연각기〉를 짓게 하고, 보문각 학사 홍관(洪灌)에게 명하여 돌에 쓰게 하였다.

46/ 《고려사》 권 95, 列傳 卷 第8 邵臺輔條

47/ 《오주연문장전산고(五洲衍文長箋散稿)》 人事篇. 服食類. 酒麵.
故九日賜百僚飲/ 蓋桑落河出馬乳酒/ 羌人兼葡萄來獻°

48/ 《고려사절요(高麗史節要)》고려사절요 제22권. 충렬왕 4(忠烈王四). 무술 24년(1298)
원나라에서 평장사 활활출(濶濶出)과 좌승(左丞) 합산(哈散)을 보내어 왕에게 포도주를 주고, 또 활활춤과 합산 등으로 하여금 국사를 다스리게 하였는데, 활활출은 곧 북으로 돌아갔다.

49/ 《고려사절요(高麗史節要)》고려사절요 제23권. 충선왕(忠宣王). 기유 원년(1309)
12월에 이공세(李公世)를 원 나라에 보내어 수유(酥油)를 바쳤다. 공세도 역시 대순(大順)의 아우이다. 과거에 충렬왕이 황제를 뵈러 갔을 때, 대순이 황제에게 왕에게 조서를 내려 공세를 별장으로 삼으라고 할 것을 황제에게 청하였더니, 황제가 이르기를, "사람을 벼슬시키는 데는 법이 있고, 나라를 다시리는 데는 왕이 있으니 짐이 어찌 간여하겠느냐." 하였다. 인하여 대관(大官) 황제의 음식을 공급하는 주방(廚房)의 양(羊)과 상존주(上尊酒)를 주어 대순으로 하여금 스스로 왕에게 아뢰게 하였는데, 왕이 이르기를, "공세는 교위(校尉)일 뿐인데, 산원(散員)을 뛰어넘어서 별장으로 제수하는 것은 옛 관례가 아니다." 하였다.

50/ 1766년(영조 42) 유중림(柳重臨)이 홍만선(洪萬選)의 《산림경제》를 증보하여 간행한 농사요결서(農事要訣書). 필사본, 16권 12책

51/ 조선 후기에 농업정책과 자급자족의 경제론을 편 실학적 농촌경제 정책서. 규장각도서. 16부분으로 나뉘어 있어《임원십육지(林園十六志)》 또는《임원경제십육지》라고도 한다.

52/ 조선 초기 1540년 무렵에 탁청공 김유에 의해 저술된 조리서. 경상북도 안동지방 121가지 조리법 수록.

53/ 1670년(현종 11년) 무렵 정부인 안동 장씨(貞夫人 安東 張氏)가 쓴 조리서. 한글로 쓴 최초의 조리서. 표지에는 '규곤시의방'이라 이름 붙여졌다.

54/《조선왕조실록》 영조 19년 계해(1743, 건륭 8).
형조 참의 유복명(柳復明)이 금주(禁酒)에 관한 일 때문에 특별히 추고(推考)를 받자, 상소하여 사직하고 이어 주폐(酒弊) 다섯 조항을 논하였다. 또 말하기를, "신이 삼가 국조(國朝)의 금양(禁釀)에 대한 율(律)을 상고해 보았더니,

- 태종대왕(太宗大王)께서는 즉위하신 초년(初年)에 주금(酒禁)을 거듭 엄하게 하시고, 이어서 하교하시기를, '비록 금주령을 내리기는 했지만 술을 마시는 자가 그치지 아니하니, 이것은 내가 술을 끊지 아니하여 그렇게 만든 것이다.'라고 하셨습니다. 그리고 술을 올리지 말라고 명하시자, 나랏 사람들 중에 감히 마시는 자가 없었습니다.
- 세종대왕(世宗大王)께서는 일찍이 신(臣) 김극핍(金克愊)에게 계주문(戒酒文)을 지으라 명하시고 대소 신민(臣民)들에게 효유(曉諭)하셨는데, 곧《서경(書經)》의 주고(酒誥)와 표리(表裏)를 이루었습니다.
- 숙종대왕(肅宗大王)께서는 일찍이 계해년에 숭상하여 마시는 것을 아주 없애라는 뜻으로써 신료들을 계칙(戒飭)하셨으며, 또 세종의 계주문을 경외(京外)에 반포하셨으니, 전후의 영갑(令甲)이 지극히 엄절(嚴截)하였던 것입니다.
- 우리 성상께서 임어(臨御)하시자 누차 비망기(備忘記)를 내온(內醞)에 내리시어 특별히 무신년의 '술을 크게 빚는 자는 형배(刑配)한다.'는 법을 감하셨습니다. 기유년에는 '여러 궁가(宮家)나 세가(勢家)의 행랑 아래서 술을 파는 자를 먼 곳으로 유배시키고 주인(主人)을 입계(入啓)하여 무겁게 감율(勘律)하라.'는 법이 있었으며, 임자년에는 또 '술을 크게 빚으면 3차 형추(刑推)하고, 중간 정도는 2차 형추하며, 조금 빚은 자는 형추하거나 태형(笞刑)으로 다스리되, 수십 석(石) 이상 크게 빚은 자는 무신년의 수교(受敎)에 의해 형배(刑配)하라.'는 법이 있었습니다. 우리 성상께서 백성의 고통을 깊이 염려하시어 시폐(時弊)를 통렬히 혁파하고자 하시는 뜻이 보통의 정도를 훨씬 뛰어넘었건만, 명령과 분부를 받들어 행하는 신이 능히 한마음으로 우러러 깊이 유념하지 못한 나머지 혹은 금했다가 혹은 금하지 않았고 잠시 동안은 느슨하게 했다가 잠시 동안은 팽팽하게 하곤 하였던 것입니다. 하지만 신이 원망과 비방을 불러일으키며 노고를 꺼리지 않았던 것은 오로지 나라를 위하고 백성을 위하는 데서 나왔습니다."

55/ 1927년 이능화(李能和)가 역대 기생들의 역사와 실상을 밝힌 책.《삼국사기》와《삼국유사》·《고려사》·《조선왕조실록》 등의 정사는 물론 야사나 각종 문집을 참고하였다. 여기에서 해어화(解語花)란 '말을 이해할 줄 아는 꽃'이란 말로 기생을 뜻한다.

56/ 장지현,《한국외래주유입사 연구》, 수학사, 1996에서 정리하여 재인용

2부

한국인에게 막걸리는 무엇인가

막걸리는 무엇일까?

그림과 문학 속 막걸리 풍경

막걸리 제대로 즐기기

막걸리 문화의 장(場), 사랑방과 주막

한국인은 누구보다 술을 사랑한 민족이다.

오랜 세월 한국인은 한국 술의 삼총사인 청주, 소주, 막걸리를 즐겨 마셨다. 그러나 경제수준이 올라가면서 전통주는 외국 술에게 점령당했다. 한국은 현재 위스키, 포도주, 그리고 일본 술인 사케 등과 같은 외국 술의 소비량에 있어서는 부끄럽지만 세계 최고이다. 처음 막걸리 열풍이 시작되었을 때는 한동안의 유행으로 생각했다. 그러나 점차 막걸리를 진정으로 즐기는 애호가들이 늘어나고 수출도 크게 늘고 있어 막걸리의 잠재력을 새삼 느낀다. 이러한 막걸리 열풍에는 막걸리의 건강기능성 부각이나 전통문화의 부활이라는 측면 등 다양한 이유가 존재한다. 그렇지만 무엇보다 중요한 것은 한국인들의 유전자에 각인되어 수천 년 이어내려 온 막걸리의 존재일 것이다.

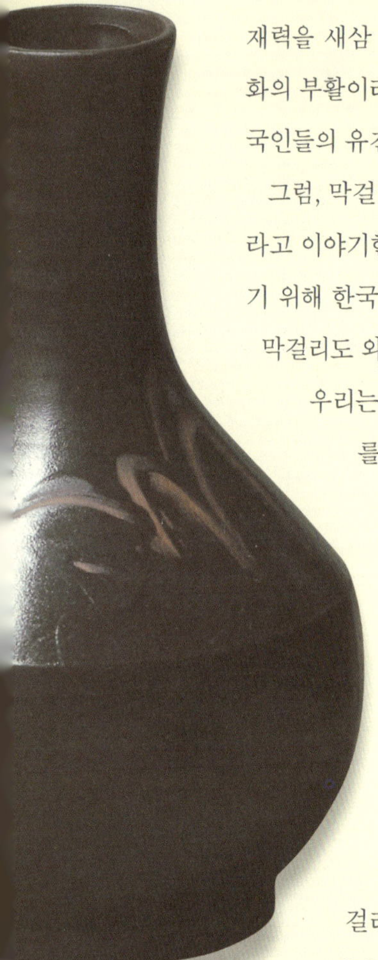

그럼, 막걸리는 한국인에게 무엇인가? 막걸리는 한국인의 정신이자 혼과 같은 술이라고 이야기한다. 그러나 사실 우리는 막걸리에 대해 아는 것이 많지 않다. 와인을 팔기 위해 한국을 방문하는 외국의 와인업자들은 막걸리가 명품이 될 수 있기 위해서는 막걸리도 와인처럼 이야기를 입힌 문화상품으로 팔아야 한다는 충고를 한다. 그런데 우리는 그동안 막걸리의 역사나 문화적 이해에 주목하지 않았기 때문에 막걸리를 위한 스토리텔링이 발굴되지 않았다. 오랜 세월 막걸리는 한국인의 소박한 삶 그 자체로 우리 민족과 함께 해왔다. 늘 고단했던 삶과 농사일 속에서 막걸리는 항상 동반자였으며, 에너지의 원천이었다. 이는 많은 풍속화와 문학 속에 고스란히 담겨 있다. 늘 함께 술을 나누고 즐기는 풍류 문화가 있었고 우리나라의 음식점은 원래 그 태생이 막걸리를 주로 팔던 주막에서 출발한다. 이는 다 스토리텔링의 소재라고 할 수 있다.

이 장에서는 막걸리를 문화로써 풀어내고자 하였다. 각 민족의 문화를 잘 표현하는 것 중의 하나는 그 민족이 즐기는 술이다. 한국인에게 막걸리는 삶 그 자체였고 문화였다. 앞으로 막걸리가 문화스토리텔링의 힘으로 세계인들의 마음을 사로잡기를 바라며 막걸리 문화를 살펴보려 한다.

막걸리는 무엇일까?

우리나라의 막걸리가 언제부터 빚어졌는지는 확실하지 않다. 삼국시대 이전 벼농사가 이루어진 시기에 빚어졌을 것으로 추정할 뿐이다. 막걸리는 멥쌀, 찹쌀, 보리쌀 같은 곡물을 주원료로 하기 때문에 주 원료들이 우리나라에서 재배되는 것과 함께 막걸리가 만들어졌으리라고 보는 것이다. 삼국시대를 기록한 《삼국사기》나 《삼국유사》에는 좋은 술을 뜻하는 '미온美醞', '지주旨酒' 등의 말이 나오고 막걸리와 단술을 뜻하는 것으로 보이는 '료례醪醴'라는 말이 나오는 것으로 미루어 삼국시대에 이미 막걸리와 비슷한 술을 만들었음을 짐작할 뿐이다.

막걸리의 명칭 막걸리란 이름은 고유한 우리 술의 명칭이다. 막걸리란 말에서 '막'은 '마구', '함부로' 또는 '조잡하다'는 뜻을 지니고 있고 '걸리'는 '거르다'는 뜻이다. 즉, 막걸리란 조잡하게 거른 술을 뜻하는 용어이다. 한국인의 술 역사에서 막걸리는 평민의 술로 인식되었지만, 고문헌 특히 한시漢詩에서는 막걸리로 추정되는 술의 이름들이 다양하게 나타난다. 즉,

양반들도 막걸리를 즐겨 마시고 자신의 시 속에서 막걸리를 즐겨 불렀던 것이다.

막걸리는 우선, 색깔이 하얗다는 의미로 백주白酒, 백료白醪, 유백乳白 등으로 불렸다. 고려시대 문인인 이규보李奎報, 1168~1241는 그의 《목은시고牧隱詩藁》에서 막걸리를 백주라 칭하며, 불러와서 회를 먹으며 거나하게 취하자고 노래한다.

칼 끝에 바람 일어라 눈발처럼 잘게 회 치고 / 斫膾風生縷如雪
또 막걸리 불러와 함께 거나하게 취하여 / 且呼白酒共沈酣
손뼉 치며 곡산 달 아래 길이 노래하노라 / 拍手長歌鵠山月

1776년에 이덕무, 유득공, 이서구, 박제가 같은 유명한 문인들이 펴낸 《사가시집四家詩集》에는 다양한 명칭의 막걸리가 등장한다. 제21권에는 죽도록 애정을 느낀다고 고백한 막걸리를 '백료'로 표현하고 있다.

국화를 워낙 사랑함은 다생의 버릇이지만 / 愛鍾黃菊多生癖
막걸리 맛에 이르면 죽도록 애정을 느끼네 / 味到白醪抵死憐

막걸리는 현재 탁주로도 많이 불리지만, 과거에도 탁하고 흐리다는 의미로 탁주濁酒, 탁료濁醪, 혼돈주渾沌酒, 도미酴醾 등으로 많이 불렸다. 역시 《사가시집》 제12권에서는 사람 얼굴처럼 하얀 막걸리를 탁주로 표현하고 있다.

동이 가득 막걸리는 사람 얼굴처럼 하얗고 / 濁酒盈樽人面白
문 앞에 임한 종남산은 불두같이 푸르른 데 / 終山當戶佛頭青

또한《사가시집》제21권에서도 속을 풀어 주는 해장술이라는 의미의 해정술로 마시는 막걸리를 '탁료'로 표현하고 있다.

> 계집애 시켜 붙들어 일으켜 앉히게 하고는 / 爲倩小娃扶起坐
> 막걸리 가져다가 다시 해정술을 마시노라 / 濁醪聊復解酲斟

1518년에 편찬한 시문집인《속동문선續東文選》제5권에는 조선시대 방랑시인 정희량鄭希良이 노래하는 혼돈주가渾沌酒歌가 나온다. 즉, '귀양살이 이래로 술을 집에서 빚어 마시는데, 거르지도 않고 짜지도 않고 그대로 마셔 이름을 '혼돈주'라 하니, 이것은 옛 법을 숭상함이다. 취하면 문득 "어어" 하며 하는 노래에, 내가 스승으로 삼는 술이 바로 막걸리'라는 것이다.

> 내 막걸리 내 마시고 / 我飮我濁
> 내 전성을 내 보진하네 / 我全我天
> 내가 스승 삼는 술은 / 我酒師酒
> 성인도 아니, 현인도 아니 / 非聖非賢

막걸리는 그 시큼한 맛 때문에 산료酸醪 또는 탁참濁醶으로 불리기도 하였다. 그러면서도 향기가 나는 술이라는 의미로 향료香醪 혹은 방료芳醪로까지 불렀다. 조선 성종 때 서거정이 엮은 시문집인《동문선東文選》제9권에 나오는 정포鄭誧의〈동래잡시東萊雜詩〉에 의하면 호박빛 나는 막걸리는 구수한 맛을 풍기는 방료로 표현되고 있다.

> 다니고 다니면서 몇 고을 지나 / 行行閱數郡

여기에 이르러서 마음 다시 흐뭇 / 到此意尤長
향기로운 흰 쌀은 진주알 같고 / 香稻眞珠顆
구수한 막걸리는 호박빛 일세 / 芳醪琥珀光

그리고 막걸리는 소박한 서민의 술을 상징하는 의미로 촌료村醪, 박료, 촌주村酒, 박주薄酒, 촌양村釀으로까지 불렸다. 특히 한말의 유학자이자 정의로운 의병장인 최익현崔益鉉, 1833~1906의 시문집 《면암선생문집勉菴先生文集》에는 한가로이 마시는 소박한 술로 박주가 등장한다. 막걸리는 대표적인 서민의 술이었기 때문에 좋은 술로 대접받지는 못했고 그래서 '박주薄酒'라고 한다. 박주는 술맛이 좋지 못하다는 뜻에서 붙여진 말이기도 하고 자신이 내는 술을 겸손하게 말하는 겸칭謙稱으로 사용되기도 한다. 막걸리는 소박한 삶, 소박한 술상을 대표하는 술이다.

일 없어 문 닫고 혼자 앉았으니 / 獨居無事戶常關
이렇게 한가한 줄 누가 알랴 / 誰識箇中日月閑
한 책상 가득 찬 글 보기 좋고 / 一榻全書堪寓目
석 잔 막걸리에 웃어나 볼까 / 三杯薄酒强怡顔

그밖에도 탁주나 막걸리를 뜻하는 앙醠으로 쓰기도 하고, 진한 술 순醇자를 써서 순료醇醪: 젖내기 술, 좁쌀로 담근 막걸리란 의미로 서주黍酒로 부르기도 했다. 막걸리는 이렇게 서민의 술로 천대받기는 했지만 그래도 전 국민이 사랑한다는 의미로 '국주國酒'라고도 불렀다. 또한 집집마다 담근다고 하여 '가주家酒'라고 하였고, 농가에서는 없어서는 안 되는 술이라고 하여 '농주農酒'라고 불렀다. 제주도에서는 막걸리를 '모주母酒'라고 하였는데

'술의 어머니'라는 뜻이 담겨 있다. 특히 《세종실록世宗實錄》에는 '사주事酒'라는 용어가 나오는데 이는 곧 탁주를 가리키는 말이다. 즉, 사주는 일하는 사람들이 마시는 술이라는 의미로 비천한 사람들이 마신다는 데서 온 말이다.

그러다가 근세에 들어오면 1924년에 쓰여진 《조선무쌍신식조리제법》이라는 책에 정식으로 한글 명칭인 〈막걸리 담그는 법〉이 등장한다. 여기서 막걸리는 '탁백이'라고 하고 '막자'라고도 하고 '큰 술'이라고도 부른다고 하였다.

현대에 들어와서도 막걸리는 많은 이들이 사랑하는 술이었다. 시인인 조지훈은 막걸리를 '삼도주三道酒'라 불렀는데, 그가 1941년 오대산 월정사에서 승려들과 함께 빚어 마신 술로 스스로 삼도주에 대한 글을 남겼다.

> 나는 항상 삼도주를 마신다. 삼도주란 이름은 어디에서 왔는가. 중니(仲尼) 선생이 애써 가꾸신 쌀과 노담옹(老聃翁)이 손수 만드신 누룩과 실달다상인(悉達多上人)이 길어 오신 샘물로 빚는 까닭이다.
>
> –〈나무사바사(南無沙婆詞)〉

막걸리를 쌀과 누룩, 물 세 가지로 빚었다 하여 '삼도주'라 이름을 붙인 것이다. 공자를 의미하는 중니선생은 쌀을 장만하고, 도교 시조인 노자를 상징하는 노담옹은 누룩을 장만하고, 싯다르타, 즉 부처를 의미하는 실달다상인은 물을 장만하니 막걸리라는 술 하나에 유교, 불교, 도교의 세 가지 종교가 들어 있다. 그러니 막걸리는 세 종교를 다 아우르는 화합의 술 혹은 섞음의 미학으로 만든 술이라고 할 만하다.

이외에도 막걸리는 전국 대부분의 지역에서 만들어진 까닭에 지방 방언 또한 많다. '막거리', '막걸레'라고 불리기도 하였다. 또 '대포', '왕대포'도 막걸리를 뜻하는 말이었다. 대폿집은 막걸리를 파는 집을 말한다. 막걸리를 대포라고 부르게 된 데에는 큰 술잔으로 마시는 술이라는 의미에서 그렇게 불린 것으로 생각된다. 충남 논산에서는 막걸리를 '젖내기술'이라고 부르고 있는데 젖 색깔을 닮은 의미로 보인다. 제주에서는 '탁바리'로 부산에서는 주로 '탁주배기'라는 이름으로 불리기도 했다.

시인 천상병은 그의 시 〈막걸리〉에서 이렇게 말한다.

> 막걸리는 술이 아니고 밥이나 마찬가지이다.
> 밥일뿐만 아니라 즐거움을 더해 주는 하나님의 은총일 것이다.

그렇다. 한국인에게 막걸리는 술이 아니고 밥이다. 막걸리는 앞서 살펴본 그 이름에서 짐작할 수 있듯이 서민의 술이라고 할 수 있다. 그러나 우리 민족의 대표 술이라는 의미의 국민주로도 불렸고, 집집마다 담그는 술이라는 가주라고도 불렸으니, 서민의 술이면서도 바로 한국을 대표하는 술이다.

막걸리와 탁주의 차이점은?

현재 막걸리와 탁주라는 말은 같이 쓰이고 있다. 농림수산식품부의 《전통식품규격집》에 의하면 2009년도까지 탁주류에 대한 정의만 있다가 막걸리가 일반에서 주로 사용되자 이를 반영하여 2010년 개정판부터 막걸리와 탁주를 같은 용어로 개정하였다.

그럼 언제부터 막걸리라는 용어가 사용되어 국민들이 사랑하는 이름이 되었으며, 현재 막걸리와 함께 통용되는 옛 문헌에 주로 등장하는 탁주와의 차이점은 무엇일가?

전통술은 대개 술독에 고두밥아주 되게 지어져 고들고들한 밥, 지에밥과 물, 누룩을 넣고 버무려 발효 및 숙성시키는 과정을 거친다. 이때 밥알에 든 녹말이 분해되어 당이 되고 알코올로 바뀌는 동안 탄산가스가 발생한다. 이 탄산가스는 가벼워 공기 중으로 빠져나가고 대신 쌀 껍질만 남은 밥알들이 수면 위로 동동 떠오르게 된다. 이렇게 해서 만든 술이 바로 동동주이다. 이렇게 자연발효과정을 거친 술의 알코올 도수는 14~16% 정도이다.

청주清酒는 이 동동주에 용수싸리나 대오리로 만든 둥글고 긴 통를 박아 빈 공간으로 스며든 것을 받은 술로 한산소곡주, 경주법주 등이 청주에 속한다. 이름에서 알 수 있듯 맑고 투명한데다 맛과 향도 좋아 주로 귀족이나 부자들이 마셨고, 제사에 올리는 제주祭酒로 주로 쓰였다.

탁주濁酒는 청주를 떠내고 남은 것을 자루 또는 체에다 뭉개 큰 술지게미는 걸러내고 받은 술 또는 처음부터 용수를 박지 않고 청주도 떠내지 않은 채 걸러낸 술 모두를 가리킨다. 그런데 처음부터 흐린 것을 목적으로 빚는 술이 있는데 이는 순탁주류라고 할 수 있고 전통 탁주라고도 볼 수 있다. 즉, 이화주 같은 고급술은 순탁주류에 속한다고 볼 수 있는데 밀누룩을 쓰는 다른 막걸리와는 달리 쌀누룩을 쓰는 것이 특징이다.

반면 막걸리는 청주를 떠내지 않고 그대로 짜낸 탁주에 물을 적당량 섞어 또 한번 자루나 체에 걸러내거나 청주를 떠 내고 난 것을 걸러도 막걸리가 된다. 이 과정에서 물을 첨가하므로 대부분의 막걸리는 알코올 도수가 확 낮아져 6~8%를 넘지 않는다.

다시 말해서 탁주는 흐린 형태의 술 전체를 말하지만 막걸리는 물을 섞어 거른 형태를 말하므로 막걸리는 탁주류의 한 가지 형태로 볼 수 있다. 현재 우리들이 일반적으로 말하는 막걸리들은 청주를 거르지 않고 물을 첨가하면서 거른 것이므로 이러한 막걸리는 우리나라에만 있는 형태로 볼 수 있다.

반면 탁주라는 용어는 우리나라의 고문헌에도 많이 등장하지만 문제는 중국 술의 한 종류도 탁주라는 사실이다. 조선 말기의 서유구가 쓴《임원십육지》에는 중국의《거가필용》과 일본의《화한삼제도회》라는 책에서 인용한 술로 백주白酒가 등장한다. 바로 이 술은 순탁주류에 가깝다.

중국의 당나라와 송나라 시대에는 술과 관련된 용어가 많이 등장한다. 예를 들어 중국의 유명한 성리학자인 주희朱熹가 쓴 시에도 다음과 같은 구절이 나온다.

> 탁주 석 잔에 호기를 발동하여 濁酒三杯衺氣發
> 즐거이 읊조리며 나는 듯 축융봉을 내려가네. 朗吟飛下視融峰

위의 시에서 말하는 '탁주'는 '텁텁한 술'을 말하는 것이지 우리의 막걸리를 가리키는 것은 아니다. 그러니까 엄밀히 이야기하면 탁주는 중국과 한국에도 존재하는 술이지만, 막걸리는 우리 고유의 술이다.

그럼, 막걸리라는 고유의 이름은 언제부터 나왔을까? 이에 대한 확실한 자료를 찾기가 어렵다. 일반적으로 조선 말기부터 서민들 사이에서 통용되던 막걸리란 이름이 1916년 조선총독부가 '주세령'을 발표하면서 공식적으로 처음 부르게 된 것이라고 한다. 즉, 전국 각지의 양조장에서 초기에는 탁주만 팔았는데 점점 쌀이 부족해지면서 물을 섞어 팔게 됐고, 당시 주세법은 물 탄 탁주를 물 안 탄 탁주와 구분하려고 '막걸리'라는 상표를 붙이기 시작했다고 본다. 현재까지 찾은 조리서에 나타난 최초의 막걸리란 용어는 1924년에 쓰여진 《조선무쌍신식조리제법》으로 한글 명칭인 〈막걸리 담그는 법〉이 등장한다. 그런데 1928년 2월의 《별건곤》이라는 잡지에서 그 당시 있던 감주甘酒장사에 이어 막걸리를 리어카에서 파는 막걸리 행상의 유행을 예상한 기사를 볼 수 있어 흥미롭다.

눈나리는 겨울밤 남녀 손목 잡고 '감주 사먹기' 분명히 무진년두(戊辰年頭)의 새류행의 하나일 것이다. 그러나 이 류행이 나는 또 한 가지 류행을 나어 놀 것을 예상한다. 그것은 막갈리 행상(行商)이다…… 조고만 짐구루마에 화덕을 놋코 두어가지의 안주를 싯고 열시 열한시의 북촌(北村)일대를 천천히 돌아가면 이 골목 저 골목 사랑방에서 허튼 이약이에 긔운지친 유지론객(有志論客)들이 저마다 주머니를 터러들고 나올 것은 의론해 보지 안코도 짐작할 수 있는 일이다.

앞으로 막걸리를 고유의 전통주로서 세계에 알리기 위해서는 탁주와 함께 이름을 쓰는 것보다는 막걸리 자체의 이름을 고수하는 것이 좋다고 본다. 즉, 막걸리는 앞으로 일본이나 중국의 탁주와 구별하여 우리 민족 고유의 전통주로 살려 나가려면 탁주와 구분하여 사용될 필요가 있다.

그림과 문학 속 막걸리 풍경

전통문화는 민족의 정서를 반영한다. 문학과 예술작품 속 표현들은 함축된 언어로서, 기호로서 정서와 의식을 상징하는 것이다. 한시와 풍속화 속의 막걸리 풍경을 통하여 막걸리에 대한 한국인의 정서는 어떠한 것인지 전통사회에서 막걸리는 어떠한 의미를 지녔는지 살펴보자.

막걸리 한 잔으로 소침(消沈)한 기분 달래 보네(興)

사람은 누구나 행복한 삶을 꿈꾼다. 행복해지기 위하여 일상생활에서 누적된 부정적 감정들을 해소하고 삶을 활력 있게 만들려고 한다. 이는 우리들이 음료로서 술을 마시는 첫 이유이자 술의 근본 기능일 것이다. 술을 마시면 우울한 마음이 없어지고, 외로움을 달랠 수 있으며 기분이 좋아지고 '흥興'이 생긴다. 특히 막걸리와 같은 저도수의 순한 술 한두 잔은 부정적 감정을 달래주며 개인적 만족과 함께 행복감이 생기게 한다.

내가 본래 술을 못 마셔[1]

늘상 술꾼들 비웃음 받았는데
그러다가 이렇듯 우울증에 걸리면서
제법 술 마시며 마음 달래게 되었다오
시골 막걸리 시금털털하긴 해도
그 속에 묘한 맛 들어 있나니
한 잔 기울이면 단박 얼큰해
몇 잔까지 마실 필요 아예 없다오
어느새 풀어지는 근심 덩어리
마치도 눈송이 화톳불에 떨어진 듯
기구한 이내 신세 몽땅 잊고서
내키는 대로 한 곡조 뽑아 본다오
내 마음 흡족하게 주흥(酒興)이 일어나면
혜강(嵇康)과 완적(阮籍)의 차원 비슷도 한데
우스워라 술 먹고 주정하는 이
고주망태 되어서 악을 쓰다니

조선 중기 장유張維, 1587~1638의 시문집인 《계곡집谿谷集》을 보면 막걸리를 먹는 이유에 대해서 읊고 있다. 장유는 원래 술을 잘 마시지 못해 늘상 술꾼들의 비웃음을 받았다. 그러다가 우울증이 생겨 술을 한두 잔 마시게 되었는데 시금털털한 막걸리 한 잔을 먹었을 뿐인데 단박 얼큰하게 취할 수 있어 많이 마시지 않아도 근심이 눈 녹듯 풀어지고 노래가 나오고 마음이 흡족하여 흥이 생긴다는 것이다. 장유는 술을 과하게 먹고 악을 쓰며 주정하는 사람들을 이해하지 못한다고 하였다. 술은 마시는 양을 조절할 수 있고 적절히 마신다면 이렇게 근심을 잊게 해주고 노래가 나올 정도로 기분도 좋아지는 훌륭한 음식이 된다는 것이다.

울타리 옆 키 작은 풀들 푸를 법도 하건마는[2]
난초와 함께 모조리 시들어 버렸구나
천도로 볼 때 숙살의 계절 어찌 없겠는가마는
인간의 마음으론 방초(芳草)의 향기 아쉬워라
교룡들 차가운 물 속 몸을 숨기고
송골매 날개 떨쳐 높이 나누나
만감이 교차하는 타향 나그네
막걸리 한잔으로 소침(消沈)한 기분 달래 보네

막걸리는 또한 집을 떠난 나그네의 외로움을 달래주는 좋은 친구였다. 시들고 향기 잃은 풀처럼 황량하고 외로운 나그네의 마음은 송골매의 날개 쳐 높이 비상하는 모습으로 비교되어 더욱 처량해지는데 이때 필요한 것은 바로 한 잔의 막걸리로 소침한 기분을 달래는 것이다.

동북풍이 화창하게 불어[3]
나무에는 추한 가지가 없고
만물 모두가 꿈틀꿈틀
똑같이 기운 받아 움직이는데
내가 간직한 그리운 마음
생각하면 할수록 많기만 하여
저 막걸리를 실컷 마시고
세상천지 모르게 취해나 보리

막걸리는 또한 마음 속에 누군가를 그리워하며 외로움을 달랠 때도 꼭 필요한 음료이다. 동북풍이 부는 화창한 봄날 세상 만물들은 꿈틀꿈틀 역동하며 생명력이 넘치는데 작자의 마음은 그리움으로 가득 차 번뇌하고 있다. 이때 간절해지는 것이 바로 막걸리이다. 마음 속 들끓는 그리움이 사랑하는 님이건 가슴 속 높은 이상이나 포부건 간에 막걸리 실컷 마시고 세상천지 모르게 취함으로 전부 해결될 수는 없겠지만 그 순간은 다소 위안이 되고 정리될 수 있다고 보았다.

해 저물녘 마을에는 연기가 피어나고[4]
갈까마귀는 성긴 고목에서 우는구나
막걸리에 묘한 이치 있음을 알겠나니
메말랐던 한스러움 사라지게 하누나

이렇듯 막걸리는 메말랐던 한스러움을 사라지게 하는 묘한 맛과 이치를 지니고 있다.

아, 내가 미미한 일신으로 정자에 올라 천지를 굽어보고 우러러보니 나의 존재가 겨나 하루살이보다도 더 보잘 것이 없건만, 높푸른 하늘과 드넓은 땅, 아득한 바다와 수많은 만물이 갖가지 괴이한 변화를 일으키면서 가슴 속으로 달려 들어와 나의 작용이 되지 않음이 없은즉, 그 또한 장엄하다 하겠다. 이에 한 호리병의 텁텁한 막걸리를 자작(自酌)해 마시다 취해 창안(蒼顔) 백발로 정자 위에 쓰러져 누우면 천지가 일개 이부자리이고 창해가 일개 도랑이고 고금이 일개 순간이라, 시비니 득실이니 영욕이니 희비니 하는 따위는 남김없이 융해되고 세척되어 저 홍몽(鴻濛)한 혼돈의 세계에서 조물주와 서로 만나게 되니, 그 또한 통쾌하다 하겠다[5].

막걸리의 묘한 이치는 또한 작고 소심한 마음을 넓고 대범하게 만들어

준다. 조선 중기의 정치가 이산해李山海, 1539~1609의 시문집 《아계유고鵝溪遺稿》에서 작자는 정자에 올라 천지를 굽어보니 나의 존재가 하루살이보다 못한 것 같이 보잘것없어 보이나 텁텁한 막걸리 한 잔을 하고 나니 천지가 일개 이부자리이고 창해가 일개 도랑이고 고금이 일개 순간처럼 느껴지고 정신이 홍몽鴻濛한 혼돈의 세계에서 조물주와 서로 만나게 되는 것처럼 통쾌하다 하였다. 막걸리 한 잔에 세상을 다 가지는 포부를 품을 수 있고 홍몽한 정신은 조물주까지 만나고 올 정도의 호연지기浩然之氣이니 막걸리 한 잔의 위력은 실로 대단하다 할 것이다.

집집마다 막걸리를 빚어내서는 수고한 농부들을 위로 하누나(力) 막걸리는 농사일이 고되고 햇볕이 따가워지는 여름철이 오면 그 진가를 더욱 발휘한다. 보리 타작과 모 내기가 시작되는 초여름 농부들에게 갈증을 해소하고 허기를 달래주는 가장 반가운 음료일 것이다. 보리 타작을 장시간 하다 보면 힘이 빠지고 목이 말라 막걸리 생각이 간절해진다. 이때 막걸리는 바로 힘力의 원천이다.

> 가을 되어 온갖 곡식 잘 익었거니[6]
> 사방 들판 누런 구름 연이어졌네
> 집집마다 막걸리를 빚어내서는
> 수고를 한 농부들을 위로하누나
> 술에 취해 노래하며 언덕 오르자
> 눈앞에는 새로이 쓴 무덤이 많네

슬프구나 저 무덤 속 있는 사람들
나의 노래 어찌 들을 수가 있으랴

조선 중기 문신이자 학자인 김상헌金尙憲은 《청음집淸陰集》에서 집집마다 막걸리를 빚어 수고한 농부들을 위로한다 하였다. 전통사회에서 막걸리는 특별한 때에만 마시는 것이 아니라 일반 음료에 가까워서 평상시의 힘겨운 노동, 특히 고된 농사일에 흥과 힘을 돋우기 위한 활력소로 쓰였다.

한편 조선 후기 대표적인 문인이자 실학자인 다산 정약용이 지은 보리타작 노래가 있다. 배고픈 보릿고개가 지나고 보리를 수확할 수 있는 계절이 오면 보리밥이라도 양껏 먹을 수 있고 새로 담아 거른 우유처럼 뽀얀 막걸리가 있으니 고된 노동이 힘들지가 않고 즐거운 것이다.

새로 거른 막걸리 빛 우유처럼 뿌옇고[7]
큰 사발에 보리밥 높이가 한 자로세
밥 먹고는 도리깨 들고 타작마당 나가서니
검게 탄 두 어깨가 햇볕 아래 번들번들
호야호야 소리 내며 발 맞추어 두드리니
금방사이 보리 이삭 질펀하게 널려 있다
주고 받는 잡가소리 갈수록 높아지고
보이느니 지붕까지 튀어오르는 보리인데
기색들을 살펴보니 뭐가 그리 즐거운지
육신의 노예가 된 마음들이 아니로세
낙원과 낙교가 멀리 있는 게 아니거늘
뭐가 괴로워 고향 떠나 풍진객이 될 것인가

작자 미상, 〈경직도〉 중 '보리타작'

위 시를 한 컷의 사진처럼 표현한 그림이 있다. 작자 미상의 〈경직도〉인 '보리타작' 그림이다. 어느 비교적 부유한 농가의 마당 한쪽에서 보리를 도리깨로 타작을 하고 있다. 마당 한가운데는 술단지와 떠 마실 그릇을 가져다 놓았다. 술단지를 작업을 하는 마당 가운데 가져다 놓은 것으로 보아 어느 정도 작업을 하고 난 다음 휴식시간에 마시도록 준비를 해둔 것이기도 하겠지만, 작업 도중에 목이 마르거나 술 생각이 나면 수시로 술단지에 가서 마실 수 있도록 해놓은 것 같다.

한여름이 시작되고 논에 낸 모가 뿌리를 내리고 녹음이 짙어질 때 농부들은 논매기를 한다. 뜨거운 뙤약볕 아래에서 하는 논매기의 새참은 무엇보다도 막걸리가 필수적이었다. 시원한 막걸리 한 잔이면 특별한 안주는 필요치 않다. 삶은 박에 오이만 있어도 옹배기에 따른 거친 막걸리 한 잔이면 일어나서 춤도 절로 덩실덩실 추고 일 년 내내 고된 농사일도 이 날 하루 즐거움이며 이 순간은 모든 근심을 잊게 해준다.

남정네는 하얀 대오리 갓 머리에 쓰고[8]
여인네는 푸른 무명 치마
삶은 박에 오이 썰어 새우도 듬뿍 올려놓고
오래 된 옹배기엔 막걸리(기장술)가 찰랑찰랑
잔디 덮인 언덕의 뽕나무 그늘 아래
앉자마자 사방에서 꽃 피우는 농사 얘기

저쪽은 이쪽보다 김매기가 늦었다느니
아랫배미가 윗배미보단 벼가 더 잘 됐다느니
잔 돌리는 청년들에 노인들 거나해져
짧은 옷 소매 일어나서 춤도 절로 덩실덩실
일 년 내내 고된 농사 이 날 하루 즐거움
농촌 들녘 오늘만은 모든 근심 잊으리라
알다시피 지난해 세금 독촉 아전이 들이닥치자
바삐 마련하랴 사흘 굶기도 하였었지
농부들 즐거운 일 어찌 쉽게 얻으리요
가지 말고 천천히 실컷 먹고 취하시라

조선 중기 장유張維, 1587~1638의 시문집인 《계곡집谿谷集》에는 〈호미씻이洗鋤宴〉 시가 있다. 7월쯤 되면 농촌에서는 밭매기와 논매기가 거의 끝나고 비교적 한가해지므로 마을에서는 일정한 날을 정하여 호미씻이洗鋤宴라는 것을 한다. 여름 농사가 거의 끝나 밭이나 논을 매는 호미가 필요 없게 되어 씻어 둔다고 하여 생긴 이름이다. '머슴날'이라고도 하는 이날은 집집마다 술과 음식을 장만하여 산이나 계곡을 찾아 먹고 마시며 노래하고 고된 농사일의 노고를 풀고 사방에서 농사 얘기로 꽃 피우며 친목을 도모하는 시간이었다.

또한 두레 농사일은 막걸리의 힘으로 한다는 말이 있다. 예전에 모내기, 타작과 같이 일손이 많은 농사는 대부분 공동으로 이루어졌는데 이러한 것을 '두레'라고 하였다. 두레로 공동작업을 할 때에는 식사도 들판에서 함께 하였다. 두레꾼들이 들판에 모여 앉아 식사를 하는 광경은 농사철의 흔한 모습이다. 두레꾼들의 공동작업에서 음식 준비는 매우 중요하다. 두

례의 공동식사는 참과 점심으로 구분된다. 참은 정식으로 먹는 밥과 달리 술이 주종이다. 오전참, 점심, 오후참의 세 번의 공동식사를 준비하였다.

공동식사의 중요한 기능은 식사 자체에만 있지 않았다. 참과 점심의 한때를 이용하여 휴식을 취하고 술을 먹음으로써 잠시나마 피로를 푸는 것이다. 참이나 점심 때 막걸리를 몇 잔 마시고 얼큰해지면 힘도 솟고 기분이 상승되는 효과를 얻었다.

그리고 농악도 비슷한 역할을 수행하였다. 농악이 시작되기 전이나 끝마쳤을 때는 거의 빠짐없이 술판이 벌어진다. 농부들이 술을 마실 때에는 이에 앞서 농사에 꼭 필요한 농기에 술을 붓기도 한다. 하나의 거룩한 의식 같은 것이었다. 이와 같이 작업현장에서 풍물을 울리면서 흥을 돋우면 일에 대한 싫증도 가시고 능률이 오르기도 한다. 그리하여 농사일을 즐거운 놀이문화로 승화시켰던 것이다.

조선 후기 화가인 김득신의 〈풍속도병〉에 '새참' 그림이 있다. 모가 심어진 들판 옆으로 자리 잡은 낮은 언덕 위의 나무 아래에 새참이 벌어지고 있다. 아마 모심기의 중간 작업이 끝나고 새참을 먹고 있는 장면인 듯하다. 커다란 식기와 술병이 넉넉함과 풍요로움을 더해 준다. 대부분의 일꾼들은 아직 새참을 먹고 있고 그중 한 사람은 벌써 새참을 끝낸 듯 사발에 막걸리를 따르고 있다.

언덕 밑의 길에는 한 젊은이가 술 항아리를 무거운 듯 안고 언덕 위로 올라오고 있는데 술은 얼마든지 있으니 실컷 마셔도 좋다는 표정인 것 같다. 젊은 장정들이 일곱 명이나 되니 아마도 품앗이로 서로 돕는 듯하다. 품앗이는 일손을 빌려주거나 빌리는 서로 주고받는 전통적인 풍습이며 이웃간에 일손을 도와 같이 일할 때 차려 내는 품앗이 식단은 공동체 전체를 위한 것이기 때문에 일반적으로 계절에 맞는 식단을 차리되 다양한 음식을 술과 함께 차린다. 넉넉한 양의 음식을 준비하여 서로의 마음을 느끼며 정情을 나눌 때 그 관계는 더욱 돈독해지고 동질성을 갖게 되면서 소속감이 형성되게 된다.

가을은 추수로 바쁘다. 가을철의 농사일 가운데 가장 중요한 것은 벼 베기와 벼 타작이다. 벼 베기 작업을 할 때의 새참이나 점심은 모심기나 논매기 때와 별로 다를 바가 없다. 그러나 벼 타작은 대개 농가의 마당에서 이루어진다. 다만 마른 논이 있을 경우에는 논바닥에서 타작을 하는 경우도 있었다. 이때는 일 년 중 가장 풍요로운 수확의 계절이라 타작마당의 새참이나 점심도 가장 푸짐하다.

정학유의 《농가월령가》 〈9월령〉에는 벼 타작 때의 점심이 푸짐했던 모습을 다음과 같이 읊는데 타작마당의 점심 메뉴를 모두 열거하고 있다. 점심으로 밥 외에 닭고기와 막걸리 거기다 새우젓, 계란찌개까지 농가의 점심으로는 성찬이다. 배춧국과 무나물, 거기다 큰 가마에 앉힌 밥까지 함께 먹는 식사의 행복감을 노래한다.

김득신, 〈풍속도병〉의 '새참'

> 타작 점심 하오리라[9]
> 황계(黃鷄) 백주(白酒) 부족할까.

새우젓 계란찌개
상찬(上饌)으로 차려 놓고
배춧국 무나물에
고춧잎 장아찌라
큰 가마에 앉힌 밥
태반이 부족하다.

단원 김홍도가 화원 시절에 그린 풍속화인 〈행려풍속도병〉 가운데에 '벼타작' 그림이 들어 있다. 이 그림은 시골 어느 농가의 앞마당에서 벼 타작을 하는 모습을 그린 것이다. 마당 가운데 작업장에서는 다섯 사람의 일꾼이 열심히 벼 타작을 하고 있다. 그리고 그 작업장 뒤편에는 양반인 듯한 주인이 술을 마시면서 작업을 감독하고 있다.

김홍도, 〈행려풍속도병〉 중 '벼타작(좌)'과 '점심(우)'

또 다른 '새참' 그림도 반찬 한 가지로 밥을 먹으면서도 밥그릇보다 더 큰 술잔에 막걸리를 마시는 모습은 막걸리는 술이 아니라 곧 밥이었음을 보여준다.

양반 앞에 놓여 있는 술병에 초점을 맞추어 일꾼과 감독자의 불공평한 관계를 풍자한 것이다. 작업 도중에 술을 마시는 것은 다른 노동의 경우에도 볼 수 있다. 예를 들면 집을 짓는 목수들이 잠깐 일손을 놓고 마시거나, 또 무거운 짐을 옮기는 목도꾼들이 운반 도중에 막걸리를 마시기도 한다. 이때의 술은 다른 음식과 같이 생산노동의 효율성을 높이는 중요한 에너지원으로서 기능한다. 따라서 그것은 유한계급이 풍류와 멋으로 즐기는 여가의 술과 본질적으로 다르다. 이른바 술의 생산적 기능이라고 할 수 있다.

여름 뙤약볕에서 땀을 많이 흘려 나른해질 무렵이 되면 열량을 공급해 주고, 영양소와 수분이 충분히 들어 있는 막걸리를 마시면 제격이다. 농군에게 막걸리 한 사발은 허기도 면하고 기운도 돋우며 적당히 신명도 나게 해 줌으로써 노동의 촉진제 역할을 했다.

막걸리로 간략하게 전(奠)을 올리니 저의 작은 정성을 살펴 주소서(禮)

사람은 일생을 행복하게 살기를 원하며, 행복하기 위해서는 먹을 것이 풍족해야 하고 몸이 건강해야 하며, 하는 일이 뜻대로 이루어져야 한다. 따라서 이러한 모든 것이 충족되기 위해서는 사람의 힘으로는 너무도 미약하여 절대자인 신에게 간절히 기원하며 마음의 평안을 얻었다. 절대자에게 복을 비는 기원에서 정성스레 차린 음식은 기원자의 간절한 마음을 담은 최고의 제물인 것이다. 또한, 제사나 굿에서 행사가 끝난 후 참석한 사람뿐만 아니라 참석하지 못한 구성원들까지도 음식 나눔을 통하여 상호간의 공동체적 연대성을 확인하는 복합적 성격을 지녔다.

그렇다면 절대자인 신에게 올리는 제물은 어떠한 것이었을까? 신령이란 실제로 인간이 지닌 대부분의 특성을 지녔다고 생각하며, 신령들이 좋아할 것으로 예상되는 제물들 대부분은 그것을 준비하는 인간들이 먹기에도, 생각하기에도 좋은 것으로 선택하였다. 제물은 원래 신령을 기쁘게 하기 위해 마련된 것이지만, 신령에게 바친 후 다시 사람들에게 나누어줌으로써 신령과 인간이 교감을 이루는 데 쓰인다. 즉, 제물은 관념의 세계와 실제 세계를 이어주는 매개물인 것이다.

> 천리 먼 길 고향으로 돌아와 보니[10]
> 어느 사이 장사한 뒤 일 년 지났네
> 무덤 위의 묵은 풀은 황량해졌고
> 따스했던 숙부 얼굴 뵈올 길 없네
> 내 마음의 애통스런 심정 말하면
> 태산이 무너져 내린 것 같네
> 통곡해도 이내 슬픔 다할 수 없고
> 말을 해도 이내 심정 다할 수 없네
> 막걸리로 간략하게 전을 올리니
> 저의 작은 정성을 살펴 주소서
> 아, 애통하고 애통합니다

조선 중기의 문신 김성일金誠一, 1538~1593의 시문집 《학봉집鶴峰集》에는 조카 김용金涌이 숙부께 바치는 제문이 들어 있다. 고향에 돌아와 보니 사랑하는 숙부께서 돌아가시고 무덤 위 풀만이 황량하고 따스했던 숙부의 얼굴은 뵈올 길이 없었다. 태산이 무너질 것 같은 슬픔으로 무덤 앞에 막걸리로 간략하게 예禮를 표하며 애통한 마음을 기리는 시이다.

현재에도 계승되는 아름다운 전통 중 하나는 기일이나 명절이면 조상의 산소 앞에 찾아가 막걸리 한 잔 올리며 조상을 기리는 모습이다. 소박하지만 정성스런 막걸리 한 잔에 먼저 가신 분들에 대한 그리움을 담고 남아 있는 사람들의 복을 기원하는 것은 아름다운 전통으로 이어질만한 것이다.

> 나에게 주었다가 도로 빼앗는
> 하늘의 그 이치도 오히려 모르는 걸
> 어찌하겠는가 입 다물 수밖에
> 두 벗의 일에 대해서야 또 무슨 말을 하겠는가
> 텁텁한 막걸리 한 병을 손에 쥐고[11]
> 마지막 가시는 길 찾아왔나니
> 혼령이여 만약에 계신다면은
> 예전처럼 기쁘게 흠향하시라

조선 중기의 문신 최립崔岦, 1539~1612의 시문집인《간이집簡易集》1권에는 이수지李綏之에 대한 제문이 있다. 친구의 죽음을 슬퍼하며 바치는 제문에는 먼저 간 친구에 대한 그리움이 절절하다. 하지만 어찌하겠는가. 나에게 주었다가 도로 빼앗는 하늘의 이치도 모르는 것을 입 다물 수밖에. 마지막 가시는 길 텁텁한 막걸리 한 병을 손에 쥐고 찾아와 예전처럼 기쁘게 흠향하시길 바라며 슬픔을 달래고 있다. 막걸리는 추억 속 친구와 나눈 우정의 술이며 혼령이 된 친구와 이어주는 매개물이 되고 있다.

술은 제례뿐만 아니라 각종 의식에 없어서는 아니 될 물건이다. 술은 관례, 혼례, 상례, 제례 등과 같은 의식을 행할 때에 예식의 엄숙함을 나타내는 상징물로 등장한다. 특히 종교의례와 술의 연결은 대단히 오랜 역사를 가지고 있다. 상고시대부터 동맹, 영고, 무천과 같은 제사 때에는 구성원들이 함께 어울려 음주가무를 했다는 기록이 있다.

여기에서 술은 신과 사람을 연결시키고 또 신의 앞에서 사람과 사람을 연결시키는 역할을 하는 것이다. 술은 단순한 음료가 아니라 신과 인간을 이어주는 신성한 음료이며 제물이었다. 조상의 영혼을 제사지낼 때에도 신에게 바치기 위한 중요한 공물供物로서 술이 만들어졌다. 술은 조상의 명복을 천지신명께 기원하는 상징물의 역할을 했던 것이다. 관례冠禮에서는 어린이가 성인이 되었다는 표시로 술을 맛보게 했고 혼례에서도 신랑과 신부가 술잔을 들어 합근례合巹禮를 했으며 상례喪禮에 있어서도 필수적으로 등장하였다.

의례를 중시한 우리 민족은 의례 때마다 음식을 장만하는 것을 잊지 않는다. 태어나서 죽을 때까지 치르는 통과의례에도 백일상, 돌상, 혼례상, 제사상까지 음식상을 차린다. 그리고 각종 연회에는 음식상을 차려 손님을 접대하는 것을 중시하였다. 그런데 이때 빠지지 않고 등장하는 것이 술이다. 술은 잔치 얼마 전부터 담가 준비하여 둔 것이다. 그리고 잔칫날이 되면 요긴하게 사용하였다. 그래서 나라에서나 가정에서나 잔치 준비는 술 담그는 일부터 시작하였다고 하여도 과언이 아니다.

작자미상의 1730년 무렵에 그려진 〈이원기로회도〉는 21인의 노인들이 이원梨園에 모여 시가를 읊으며 친목을 도모한 것을 기념하여 그린 것이다. 연회의 한가운데에 큰 상이 놓여 있고 그 상 위에는 큰 술병이 가득한 것을 볼 수 있다. 역시 술병이 큰 것으로 보아 이 연회를 위해 미리 빚어 잘 발효시킨 약주 아니면 막걸리가 그 속에서 넘실될 것이다.

이렇게 각 개인이 외상차림을 받고 있는 형태는 다른 풍속화 특히 결혼 60주년에 치러지는 회혼례나 노인들의 모임을 그린 〈기로회도〉에서 많이 나타난다. 대부분 음식상과 함께 술상을 따로 준비하여 두고 있다. 대부분 큰 술병을 따로 준비하여 두고 필요한 사람에게 제공하는 형태를 보인다. 이러한 풍속화들은 조선시대 기본 상차림인 외상차림을 원칙으로 하고 있음을 알 수 있는 귀중한 그림들이다. 특히, 다음 그림 〈회혼례〉에서도 각자 외상을 받고 있다. 그런데 그림 왼쪽 윗부분을 보면 역시 큰 술 옹기가 보이고 이를 한 노파가 따라내고 있는 모습이 보인다. 이렇게 술은 옹기 하나 가득 준비하고 필요하면, 계속 술을 제공할 수 있는 형태로 잔칫상을 준비하였던 것이다.

〈이원기로회도〉, 국립중앙박물관 소장

〈회혼례도〉 중 일부

막걸리가 비록 값없는 술이로되 정이 중하니 맛도 먹음직하리(情) 우리 민족은 더불어 사는 삶의 소중함과 함께 공동체에 대한 정서가 남다르다. 좁은 지리적 환경에서 단일 민족으로 오랜 역사를 지니고 살아왔기 때문이다. 과거 고을과 같은 공동체에서 구성원들은 자연스럽게 서로의 관계망 속에 있게 되고, 동일한 신념과 가치관을 가지며 삶 전체에서 '우리의식'이라는 유대감을 갖게 된다.

특히, 음식은 이러한 공동체의 유대감을 활성화하고 촉매하는 데 중요한 역할을 하였다. 음식 나눔을 통하여 '우리 성'이 형성되고 나아가 '정情'이 형성되어 식구食口와 같은 가족관계가 형성되어 정情의 인간관계인 한국인만의 특성을 갖게 된다. 한국인의 대인관계에서 정情은 사람들 간의 가까움과 밀착의 정도를 가장 잘 나타내며, 동시에 관여된 두 사람 또는 사람들 간의 친밀감의 정도를 표현한다. 이처럼 정情은 한국인의 인간관계에서 나타나는 대표적인 심리특성이다.

> 올 때는 반곡길로 왔는데[12]
> 구름 시냇가 백 리나 머네그려
> 우연히 오월달 비를 만나
> 예 있으며 적두의 조수 구경하네
> 골 깊어 꽃이 길에 널려 있고
> 봄 무르익어 풀은 다리를 덮었네
> 막걸리가 비록 값 없는 술이로되
> 정(情)이 중하니 맛도 먹음직하리

다산 정약용丁若鏞, 1762~1836의 시문집인 《다산시문집茶山詩文集》에는 곳곳에서 친구들과 막걸리 나누는 모습들이 묘사되어 있다. 비록 텁텁하고 값이 떨어지는 술이기는 하지만 정다운 벗과 함께 나누는 막걸리의 맛은 그 어떤 값비싼 술보다도 향기롭다. 무엇을 먹느냐 못지않게 누구와 함께 하느냐가 더욱 중요하다. 여기에서 우리는 음식과 어우러지는 '아우라aura'의 중요성을 생각할 수 있겠다.

잡초 우거진 길을 깊숙하게 찾아[13]
버들가지에 말을 매어놓네
어디 사는 늙은 두 첨지
터벅터벅 나란히 오네
산반에는 마른 고기 올랐고
들합에는 막걸리 채워 있네
골목에서 웃으며 농하다가 정신없이 취해 떨어지네
비록 예절에는 보잘것 없다 하나
그 정의 두터움이 오히려 감사하여라
거꾸로 말을 타고 앞길 말리니
마을 아이들 모두 손뼉을 치네

조선 성종 때 서거정徐居正, 1420~1488이 엮은 시문집인 《동문선東文選》에 김극기金克己가 쓴 한시에서도 벗이 준비한 막걸리에 대한 고마움을 노래하고 있다. 시골 노인들이 준비한 소박한 막걸리와 안주는 보잘 것 없었을지라도 그 정의 두터움이 오히려 감사하다 하였다. 막걸리 한 잔이면 서로의 마음을 이해하고 상대방의 마음을 헤아리고 저버리지 않으면 아껴주는 마음을 주고받으며 정情이 형성된다. 이렇게 정情이라는 심적 자원을 주고받으며 정情을 쌓아 가는 교류에서 큰 역할을 하는 것이 바로 막걸리였다. 막걸리는 '우리'의 관계에 있는 내 집단 사람들끼리 정情의 형성을 부추기는 방향으로 교류를 촉진하게 하는 매개체이다.

깨끗한 곳에 집 한 채 지었는데[14]
고목 등덩굴은 몇 해를 지났을까
고마워라 먼 손을 위로하는 촌옹들
막걸리 부어 주며 못 가게 만류하네

한말의 유학자 · 의병장인 최익현崔益鉉, 1833~1906의 시문집《면암선생문집》에서도 비슷한 내용의 시를 찾을 수 있다. 낯선 곳으로 이사를 하게 되었는데 시골에 사는 이웃들이 막걸리를 부어주며 마음을 표현하고 함께 하기를 청한다는 이야기이다.

말을 몰아 산간의 마을을 찾아오니[15]
솔 국화 여전하여 비로소 기뻐했지
아이들은 얼굴에 기쁜 색 띠고서
사립문 앞에서 기다리고 있었네
문 안으로 들어가 부들자리에 앉으니
다소나마 객 마음 위안이 되었다네
이웃집 늙은이 반갑게 대하면서
질그릇 잔에 막걸리 가득히 따라주네
앞으로 다가가서 두루두루 물어보고
단란하게 잡담을 숱하게 나누었지

조선 전기의 문신 변계량卞季良, 1369~1430의 시문집 《춘정집春亭集》에서도 막걸리로 정을 나누는 모습을 볼 수 있다. 낯선 산간 마을에 도착하여 보니 먼저 아이들이 사립문 밖에 마중을 나왔고 이웃들이 소박한 질그릇 잔에 막걸리 가득 따라 마음을 열어주니 또한 마음이 흐뭇하다는 시이다. 막걸리를 마시며 두루두루 근황을 묻고 단란하게 잡담을 나누는 모습이 잘 나와 있다.

막걸리를 나눔으로서 정情을 나누는 모습들은 시뿐만 아니라 풍속화를 통해서도 읽을 수 있다. 조선 후기 풍속화는 인물이나 상황 등의 사실적 묘사가 특징적이기 때문에 한 컷의 기록 사진처럼 당시대의 모습과 의식들을 순간 포착했다고 할 수 있다.

서민들의 삶을 주로 그린 조선 후기 화가 김득신의 〈강변회음江邊會飮〉 작품이다. 강가 버드나무 그늘에 배를 묶어 놓고 사람들이 둘러앉았다. 배 쪽에 앉은 사람은 왼손으로 술병을 쥔 채 오른손으로 막걸리 한 잔의 감미로운 맛을 들이키고 있다. 또 다른 한 사람은 이미 배를 채웠는지 무릎을 세우고 앉아서 이들의 모습을 묵묵히 지켜본다.

김득신, 〈강변회음〉, 간송미술관 소장

〈강변회음〉에서도 역시 일반 서민들의 막걸리를 통한 친교와 인간관계를 형성하는 모습을 볼 수 있다. 특히, 하나의 술병에서 각자의 술잔으로 여럿이 나누는 모습에서 우리나라 고유의 공동체의 모습을 볼 수 있다. 음식을 먹는 행위는 단순히 영양과 배고픔을 채우기 위한 행위가 아닌 연대감을 확인하는 행위이기 때문이다. 이렇듯 우리 민족은 막걸리를 나누며 아껴주는 마음을 서로 확인하며 상대는 '남'이 아니라 '우리'로 전환되게 되어 정情을 쌓고 '우리' 의식을 확인하는 공동체를 형성하였던 것이다.

막걸리로 약한 추위를 물리친다(藥) 술은 세계 대부분 지역에서 오래전부터 먹어 왔다. 그런데 술은 다른 음식과 달리 건강을 위협하기도 한다. 그럼에도 불구하고 이렇게 끈질기게 인류와 함께 해온 이유는 무엇일까? 그 이유는 다양하겠지만 앞서 우리가 살펴보았듯이 기분을 즐겁게 전환시켜주며 몸에 힘과 에너지를 제공하고, 의례에 상징적으로 사용할 수도 있으며 마음을 나눔으로 사회적 유대관계를 형성할 수 있기 때문이다.

술의 사용에 따른 습관, 음주 기회의 빈도, 음주에 관한 태도, 생각 등은 각 민족이나 그 시대 상황에 따라 많은 차이가 있다. 이러한 차이에 따라 술의 효용도 다소의 차이가 있다. 우리나라는 누구나 다 인정하는 음주가무의 민족이다. 그래서 술은 사회에서 대단히 중요한 위치를 점한다. 술은 지나치지만 않는다면 술을 마시는 사람들에게, 또는 그와 함께하는 사람들에게 여러 가지 이로움을 준다.

조선시대에는 국가적으로 술을 금하자 약藥이 된다는 의미로 약주라 칭하며 술을 만들어 마셨고 지금도 술을 약주라고 부르는 민족이다. 그럼, 다음에서는 우리 민족들은 막걸리가 어떤 의미로 약이 되고 건강상의 효용이 있다고 생각는지를 살펴보자.

싱거운 술이여 못생긴 부인이여[16]
싱거운 술 못생긴 부인은 세상에 항상 있네
물성이 예로부터 후박이 있는 법이거니
인생이 어찌 곱고 추함이 없을 수 있으랴
못생긴 부인은 남편을 공경히 받들 수 있고
싱거운 술로는 구복을 채울 수도 있나니
맹광은 눈썹까지 상 올려 백란과 짝하였고
옻칠처럼 검은 무염은 제후가 되기도 했네
두릉은 막걸리로 일천 시름 풀어버렸고
혜군은 탁주로 평생소원을 이루었나니
반드시 오희 월녀만 데리고 잘 필요가 없고
반드시 옥저 하액만 즐겨 마실 것 없다마다
권하노니 그대여 못생긴 부인을 못생겼다 말고
권하노니 그대여 싱거운 술을 싱겁다고 말게나
예부터 좋은 술은 사람 생명을 해쳤거니와
철부치고 나라 안 망친 부인은 없었고말고
그대는 못 보았나 조구대 앞엔 가을 달만 밝고
고소성 밖엔 봄풀만 파랗게 무성한 것을

조선 초기의 학자인 서거정徐居正, 1420~1488은 시문집《사가집四佳集》에서 막걸리를 예찬하고 있다. 못생긴 부인은 남편을 공경히 받들 수 있고 싱거운 술은 식사대용으로 허기를 면할 수 있다. 예부터 좋은 술독한 술은 사람의 생명을 해쳤으니 몸에 좋은 막걸리를 싱겁다고 탓하지 말라는 내용이다. 싱거운 술인 막걸리를 못생긴 부인으로 의인화한 재미있는 시이다.

남산의 봉우리 몇 안 되는데[17]
제일봉은 구름 위로 솟았어라
다리 힘 좋으니 험한들 어떠리
가슴속이 더욱 후련히 트인다
작은 시로 좋은 경치 거둬 담고
막걸리로 약한 추위를 물리친다
지는 해가 내려가라 핍박하지만
그래도 흥이 다해야 돌아가리라

조선 전기의 문신 이행李荇, 1478~1534은 문집《용재집慵齋集》에서 막걸리의 효능을 노래하였다. 높은 산에 올라가면 기온이 낮아져 꽤 추워진다. 이럴 때 막걸리 한 잔은 흥을 돋울 뿐 아니라 몸의 기를 보하고 몸을 따뜻하게 하여 약한 추위를 물리칠 수 있다. 막걸리는 곡식으로 만든 술이기 때문에 곡기를 제공하여 허기를 면할 뿐 아니라 신진대사를 활발하게 하여 발열 작용을 한다. 따라서 추울 때 마시는 막걸리 한두 잔이 몸을 보호하고 감기를 예방하는 효과가 있다.

술을 무척 사랑하여 주신이라고까지 불렸던 고려시대 문인 이규보는 술을 의인화한《국선생전麴先生傳》이라는 가전체 설화를 남겼다. 이 작품의 등장인물과 지명 등은 모두 술과 연관된 한자漢字를 골랐으며, 누룩麴 등을 의인화하여 당시의 문란한 정치 · 사회상을 비판한 것으로 유명하다. 그런데 이후 한수韓脩, 1333~384는 목은 이규보의《국선생전》을 빗대어〈국생을 보내며 목은 선생이 시에 차운하다〉라는 시를 남기고 있다.

나는 국생(麴生) 순(醇)을 사랑하나니[18]

나의 바람에 어긋남이 없도록 하게나
추위를 막는 데는 참으로 상대할 자가 없고
더위를 피하는 데도 또 기댈 만하네
공격에 능하여 수성(愁城)을 깨뜨리고
씩씩함을 풀어서 필진(筆陣)을 날도록 만드네
국생은 단지 녹봉으로 받는 쌀만 없애는데
나라에서는 백성들의 굶주림을 생각하네
그래서 쫓겨나게 되었으니
지금가면 언제 돌아오려나?

위의 시에서는 술이 추위와 더움에 도움을 주고 근심을 해소시키며, 글을 쓰는 데에 영감을 촉진하는 데 효용이 있음을 읊고 있다. 그러나 고려시대에도 금주령이 빈번하게 발효되어 술을 마실 수 없는 상황이 일어나자 이렇게 술의 효능이 많은데도 술을 금해야만 하는지를 안타깝게 여겼음을 알 수 있다.

《조선왕조실록》의 선조 33년 기록을 보면 약방제조 김명원 등이 내전에게 올릴 약에 대하여 아뢰는 대목이 있다. 이를 보면 막걸리에 씻은 생지황과 감초를 넣는다고 기록되어 있다. 즉, 막걸리는 약을 조제하는 데에도 드물기는 하지만 사용되었음을 알 수 있다.

약방 제조 김명원(金明元) 등이 아뢰기를[19],
"내전의 증후가 오래도록 낫지 않으므로 신들은 민망스럽고 염려됨을 견딜 수 없습니다. 의관(醫官)들과 상의하였더니 양혈지황탕(涼血地黃湯)에 시호(柴胡)·지모(知母) 각 1 돈, 조금말(條芩末)·복신(茯神) 각 5 푼, 생강즙에 초(炒)한 황련(黃連), 막걸리에 씻은 원입(元人) 생지황(生地黃)과 감초(甘草) 각 3 푼, 막걸리에 달인 원입 건지황(乾地黃), 물에 탄 강즙(薑汁) 한 순갈, 죽력(竹瀝) 세 순갈을 함께 넣어서 진약(進藥)함이 마땅하다고 하니, 이 약을 네 차례 드시도록 지어 올리게 하는 것이 어떠하겠습니까?"

이렇게 막걸리는 술 이전에 우리 민족의 정서를 표현하는 흥興, 힘力, 예禮, 정精, 약藥의 매개체로서 오랜 역사를 함께 해왔음을 알 수 있다.

막걸리 제대로 즐기기

우리 조상들이 삶 속에서 즐겨왔던 막걸리문화를 문학과 풍속화 속에서 살펴보았다. 유난히 격식을 중시하였던 우리 민족은 막걸리를 제대로 마시고 즐기는 것도 문화의 일부로 보았다. 막걸리를 제대로 즐기기 위한 안주문화, 그리고 마시는 법에 대하여 살펴보자.

막걸리의 친구, 소박한 안주

우리 조상들은 술을 어떻게 즐겼을까? 혼자서 혹은 맘이 통하는 좋은 친구와 함께 하였을 것이다. 그리고 거기에 술에 어울리는 안주를 갖춘다면 금상첨화였다. 막걸리의 좋은 친구인 안주에는 어떤 것들이었을까? 선조들이 막걸리와 함께 즐긴 안주에 대해 알아보자. 같은 술이라도 소주는 알코올 도수가 높기 때문에 고기안주나 뜨거운 국물안주를 즐기는 경우가 많다. 하지만 막걸리는 맛이 순하고 영양가가 풍부하므로 굳이 특별한 안주가 필요치 않을 수도 있으며 어떠한 안주와도 잘 어울린다.

막걸리 맛은 시원하고 부꾸미는 향긋하고[20]
신장을 보해서 늙은이 수명을 연장할 만도
대간의 탄핵받아 여기에 오진 못했어도
난곡이 내 옆에 있는 것이 분명하도다

고려 말 조선 초의 학자 목은牧隱 이색李穡, 1328~1396은 시문집《목은시고》에서 "지인知人이 보내 온 막걸리 맛은 시원하고 부꾸미는 향긋하다"고 하였다. '막걸리 안주'하면 가장 먼저 떠오르는 것이 바로 부침개일 것이다. 쌀가루, 밀가루, 녹두가루, 감자녹말, 메밀가루 등 전분이 많은 대부분의 곡식은 다 부침개의 재료가 된다. 여기에 텃밭의 싱싱한 파, 부추, 시금치, 배추 등 종류에 상관없이 제철에 맞게 뜯어 함께 기름에 지져내면 훌륭한 안주가 된다. 고소하고 향긋한 부침개 냄새는 식욕을 자극하고 군침이 돌게 하는 묘한 매력이 있는 음식이다. 요새도 비오는 날 막걸리 한 잔에 기름에 지진 부침개는 모든 이의 사랑을 받는 안주이지만 과거에도 그러하였다.

가지는 배가 불룩하고 오이는 길쭉한데[21]
한때의 풍미는 역시 여뀌 꽃의 향기로구려
내 전원에 돌아갈 홍취를 여전히 일으켜라
막걸리 상 차려놓고 실컷 따 먹어봤으면

고려의 문인 이규보도《동국이상국집》에서 '가포육영家圃六泳'이라 하여 텃밭에서 키운 여섯 가지 채소들을 예찬하였다. 조선시대 문인 서거정 역시 텃밭에서 키운 가지, 오이 등을 막걸리 안주로 노래하고 있다. 텃밭의 싱싱한 채소들을 따 맑고 깨끗한 물에 씻어 특별히 번거로운 조리과정을 거치지 않고도 된장이나 고추장에 찍어 텁텁한 막걸리 한 잔과 함께 하면 최고의 술상이 된다. 자연 속에서 막걸리 술상에 가지, 오이 등의 신선한 채소를 실컷 따 먹으며 사는 것을 바로 안빈낙도安貧樂道의 여유 있는 삶으로 보았다.

구강 남쪽 가에서 남은 봄을 보내나니[22]
어채 안주에 막걸리를 얼마나 마셨던가
산새와 들꽃이 참으로 길손을 반겨주니
따스한 바람 갠 해 좋은 날이로세
맑은 놀이라 어딜 가도 피로를 잊고
좋은 시구 적을 땐 붓에 신바람이 나
근래 한적한 생활 누가 내린 복이런고
백년이라 인생에 깊은 성은을 입었고나

조선 중기의 정치가 이산해李山海, 1539~1609의 시문집《아계유고》에서도 '늦은 봄'이라는 제목으로 자연과 더불어 막걸리 마시며 사는 것을 복福이라 읊고 있다. 안주는 어채, 즉 물고기와 채소이다. 따스한 바람에 해 좋은 날 물고기와 채소를 안주 삼아 막걸리를 마시고 산새와 들꽃의 노래를 들으며 좋은 시구 적으며 유유자적하는 삶을 행복한 이상적인 삶이라고 보았다.

듣건대 동해에서 이미 수망을 했다더니[23]
발도와 초조가 문득 내 곁에 있네 그려

거품 내는 건 다만 주홍을 돋울 뿐이요
창 비껴든 건 하황을 증신하지 못하겠네
집게발 잘라라 하얀 살에 젓가락이 따르고
배를 쪼개라 누런 속은 농짝에 가득 하네
듣건대 막걸리 곁들이면 풍미가 좋다하니
깊은 밤에 위소랑을 짝할 만하구려

조선 초기의 문신 김종직金宗直, 1431~1492은 시문집《점필재집佔畢齋集》에서 막걸리 안주로 싱싱한 게를 들고 있다. 천렵으로 게를 잡은 후 집게발을 잘라 젓가락으로 속살을 꺼내 먹고 배를 쪼개 샛노란 게장을 꺼내어 막걸리 한 잔을 곁들이면 깊은 밤 더할 나위 없다 하였다.

농촌에서는 모심기가 끝나고 초벌 논매기가 끝나는 초여름이 되면 조금은 여유가 생긴다. 이 시기를 이용하여 농군들은 날을 잡아 그물, 통발 등의 천렵기구를 준비하여 강으로 천렵을 간다. 맑은 물이 흐르는 계곡이나 시냇가에 천렵을 하며 하루를 즐겼다. 그런데 이러한 놀이에는 술이 빠질 수 없었다. 소박한 풍류라고 할 수 있었다. 고기를 잡게 되면 현장에서 잡은 고기를 회를 치거나 탕을 끓여 이를 안주로 하여 술을 마시며 한나절을 즐기다가 집으로 돌아온다.

바닷물은 끝없고 푸른 하늘은 나직한데[24]
돛단배는 나는 듯이 오고 해는 서산에 걸렸네
산 아래 집집마다 막걸리를 걸러내어
파 뜯고 회를 칠 제 닭은 홰에 오르려 하네

조선시대에는 천렵과 주흥에 관한 한시뿐 아니라 풍속화도 많은 편이다. 조선 후기 화가인 유숙劉淑의 그림에 〈계심어비도溪深魚肥圖〉가 있다. 강물이 불어나 물이 깊어지고 고기는 살이 찐다는 화제가 붙은 천렵을 하는 그림이다. 여러 명의 젊은 사람이 냇물에 들어가 그물이나 통발 등을 이용하여 고기를 잡고 있다. 역시나 이렇게 즐겁고 신나는 일에 술이 없을 수 없다. 한 아낙네가 술안주를 할 음식과 그릇을 담은 광주리를 이고 또 한 일꾼이 술동이를 지게에 지고 이곳으로 오고 있다. 술단지에는 술이 가득 들어 있어 몹시 무거워 보인다. 아마도 고기잡이가 끝나면 강가에서 잡은 고기를 안주로 한바탕 술판이 벌어질 것이다.

유숙, 〈계심어비도〉

막걸리 마시는 법, 계주교서(誡酒敎書)

조선시대는 엄격한 유교사회였으므로 술 마시는 법에 대한 질서가 까다로웠다. 물론 막걸리는 격식이 없는 술이라고 하지만 술 마시는 법에 대한 사회규범을 살펴보는 것도 술 문화를 이해하는 길이다. 조선시대 시집인 《동문선》에서 서거정은 중국 후한 말 정치가인 유의손의 글을 인용하여 후손들에게 술 제대로 마시는 방법에 대해 가르침을 주고 있다.

서거정은 이 문집에서 "대개 들으니 옛적에 술을 만든 것은 그저 마시려

고만 만든 것이 아니라, 신명神明을 받들고, 빈객賓客을 대접하고, 늙은이를 봉양하기 위하여 만든 것이었다"[25]고 하면서 술을 제대로 마시는 법에 대한 훈계를 하고 있다.

즉, 술을 만든 이유를 잊어버리고 지나치게 먹어 그 화가 심히 크다고 하였다. "술을 과하게 먹은 폐단은 단순히 곡식을 없애고 재물만 허비하는 것뿐만 아니라 부모를 봉양하지 않고, 남녀의 분별을 문란하게 하며, 크게는 나라를 잃고 집을 망치고, 작게는 성품을 해치며 생명을 잃어버리게 하는 등 풍속을 무너뜨리는 것은 이루 다 말하기 어렵다. 따라서 이러한 안타까움으로 글을 쓰는 것이니 전 시대 사람들의 득실을 보아서 오늘날의 권계勸戒로 삼아라. 그리하여 술 마시는 것으로써 일을 그르치지 말고, 지나치게 마시어 병이 되게 하지 말며, 훈계를 따라 각각 행동을 조심하고, 강하게 술을 억제하여 좋은 풍속을 이루게 하라"는 내용을 담고 있어 시대를 거슬러 현대인들에게도 필요한 술 마실 때에 주의사항이다.

조선 후기의 실학자인 이덕무李德懋, 1741~1793 역시 일상생활에서 지켜야 할 예절 수신서인 《사소절》 곳곳에서 주도酒道에 관한 지침들을 적고 있다. 주도酒道의 기본은 술을 지나치게 마시지 않고 적당하게 마시는 것이다. 적당한 술은 건강에도 좋고 사람들과의 교제에도 유익한 법이다. 그러나 술은 다른 음식들과는 달리 절제하기가 여간 힘든 것이 아니다. 술이 술을 부르기 때문이다. 이덕무도 이 점을 경계하여 술을 마실 때 해야 할 일과 하지 말아야 할 일로 나누어 주도를 제시하고 있다.

첫째, 이전의 실수와 낭패를 기억하라. 술을 마시는 자리에 가게 되었을 때 맨 먼저 이전에 술에 취함으로 행동을 잘못하였거나 말에 실수가 있었던 일을 상기해 보는 것이 좋다.

둘째, 미훈극지微醺亟止이다. 약간 얼큰해진 상태가 되었을 때 얼른 술을 그만두어야 한다. '훈醺'은 '술 유酉'와 '연기 낄 훈熏'이 합해진 글자이다. 술기운이 연기처럼 은근히 피어오르기 시작한 상태가 '미훈'이므로 이때 '극지亟止'하여 빨리 멈추라는 뜻이다.

셋째, 경심단배驚心斷盃이다. 술을 그만두기 가장 힘든 시간이 사실은 '미훈'의 상태에 있을 때다. 그때 '한 잔만 더, 한 잔만 더'하며 머뭇거렸다가도 다시금 술에 흠뻑 빠지기 십상이다. 하지만 이전의 실수와 낭패를 되풀이하지 않겠다고 굳게 결심하고 경계하여 단호하게 술잔을 거두어야 한다. '경심驚心'은 마음을 놀라게 하여 정신이 번쩍 나게 하는 뜻이다. '단배斷盃'는 글자 그대로 술잔을 끊어버린다는 뜻이다. 이런 자세와 각오가 없다면 차라리 술자리에 처음부터 참석하지 않는 것이 좋다는 것이다.

막걸리도 저도주이기는 당연히 우리들이 경계하여 마셔야 할 술이다. 오래전부터 우리 조상들이 경계하며 가르쳐 왔던 술에 대한 예절은 지금 이 시대에도 매우 중요한 교훈이다. 오히려 제대로 된 우리의 전통주인 막걸리를 제대로 마시고 즐기기 위해서도 이러한 술에 대한 예절은 꼭 지켜야 할 것이다.

막걸리 문화의 장場, 사랑방과 주막

빈객(賓客)과 사랑방 우리 민족은 사랑방을 통한 손님접대 문화를 중시하였다. 조선시대는 유교문화의 영향으로 봉제사와 접빈객은 양반의 격을 과시하는 형태로, 중기 이후에는 문중의 결합을 강화하기 위한 수단으로 작용하였다. 명문가일수록 가례의 법칙은 구체화되고 행사도 격식이 중요하였다. 안채는 폐쇄적인 공간으로 상류주택일수록 대외적인 생활의 중심이 사랑채에 있었다. 빈객에서 가장 중요한 것이 바로 술과 음식이다. 양반가에서 의례에 사용된 술은 주로 맑은 술인 청주 형태였으나 손님이 많은 행사에는 많은 양을 제공해야 하기 때문에 막걸리도 함께 제공되었으리라 생각된다.

많은 고문헌에서 손님을 극진히 대접하는 빈객의 도리에 대하여 언급하고 있다. 그중 조선시대 가족생활에서 요구되는 기초적인 덕목으로 여러 교훈서에서 이미 강조되어 온 것들은 뽑아 각 장의 주제에 맞게 편집한 소혜왕후의 《내훈內訓》[26]이 있다. 내훈은 '안의 교훈'이라는 뜻을 가진 여성을 위한 교육서이다.

《내훈(內訓)》〈곡례(曲禮)〉에 이르기를, 길쌈에 전념하여 쓸데없는 놀이를 즐기지 않으며 술과 밥을 정갈하게 장만하여 손님에게 잘 대접하는 것 이것을 여자의 솜씨라 이르는 것이다.

조선시대 여성들은 가정일을 다스리는 데 충실했을 뿐만 아니라 남성들이 정치에 힘쓰는 동안 무관심한 집안 경제를 적극적으로 이끌어 갔다. 또 가문의 위상을 유지하기 위해 조상에 대한 제사에 정성을 다하였고 집을 찾아오는 손님을 접대하기 위해 술과 음식을 마련하여 극진히 대접하였다.

특히 양반가에 있어서 봉제사와 접빈객은 《주자가례朱子家禮》에 근거한 의례적인 생활규범으로 매우 중요한 사회적 기능을 하였다. 실제로 양반 사대부들은 가문의 대소나 남녀를 막론하고 모두가 실천하려고 노력하였다. 양반들은 조상에 대한 제사를 받들고 빈객을 접대하며 평생을 지기들과 교류하면서 살았다. 이러한 양반문화를 유지할 수 있도록 뒷받침한 것은 양반가의 여성들이었다. 조선 사회가 가문의 제사로 유지되고 있었던 만큼 그것을 잘 수행하는 것이 여자들의 일차적인 과제였다. 새로이 시집온 가문에서 자신이 그 집안의 일원으로 조상을 받드는 봉제사를 잘 할 수 있는 인물이라는 것을 드러내어 인정받는 것은 매우 중요한 일이었다. 따라서 여성들은 시집의 제사 관리와 빈객관리에 매우 적극적이었고 이를 잘 수행하기 위해 노력하였다.

빈(賓)이란 오례(五禮) 중의 하나이다[27]. 그 희뢰제품(餼牢諸品)이 너무 후하면 재물을 낭비하고, 너무 박하면 기쁨을 잃는 것이다. 선왕들은 이를 위하여 절도에 알맞도록 예를 만들었다. 후한자라도 예를 넘어설 수 없고 박한 자라도 예를 감할 수 없게 한 것인 그의 예를 만든 근본은 불가불 옛날로 거슬러 올라가야 할 것이다.

실학자 정약용도 《목민심서牧民心書》에서 빈객에 대한 언급을 하고 있다. 손님을 접대하는 빈賓이란 오례 중의 하나로서 박하여도 지나쳐도 안 된다고 하였다. 집에 찾아오는 손님을 접대하는 일은 사회생활의 폭을 의미하는 것이며, 가문의 품위를 지키는 방법이기도 했다. 손님과의 접촉은 사회와의 관계에서 중요한 통로였다. 접빈객을 잘못할 경우 그 가문은 그 사회로부터 소외당할 수도 있었다.

양반가에는 이러저러한 일로 거의 매일 수많은 사람들이 왕래 교류하였으며 이때 빠질 수 없는 것이 술과 음식이었다. 술을 빚는 주된 목적은 봉제사와 접빈객에 있었고, 음식 또한 마찬가지였다. 가정 형편에 맞는 음식을 마련했다가 차려 내는 일은 여성 소임의 하나로 그 집안의 살림살이와 품격을 입증하는 것일 뿐만 아니라 그 집 안주인의 솜씨를 내보이는 것이었다. 따라서 여성들은 그 집안의 품격과 자신의 능력을 보여주는 음식 만들기에 온갖 정성을 다 들였던 것이다. 이러한 여성들의 노력이 각 지방마다 집안마다 다양하고 독창적인 좋은 술을 빚게 하여 우리나라의 가양주 문화를 꽃피게 한 것이다.

봄 여름 교차하는 좋은 시절에[28]
달과 함께 정겨운 사람이 왔네
잡초 돋아 숲 끝이 아스랗다면
안개 풀려 큰 강물 훤히 트였네
나는야 관동지방 백발의 노인
너는 곧 서울 장안 문장가로세

가난해도 손님 접대 익은 처지라
막걸리 술상이야 능히 마련해

정약용은 또한 시를 통하여도 접빈객의 도리를 읊고 있다. 봄과 여름이 교차하는 좋은 시절에 정겨운 벗이 찾아왔다. 비록 가난하여 값비싼 음식을 대접하지는 못하지만 소박한 막걸리 술상이라도 정성껏 준비하는 익숙한 손님 접대 장면을 살펴볼 수 있다. 이렇게 우리나라의 막걸리 문화는 소박하지만 정성껏 손님을 접대하는 아름다운 전통에서 그 뿌리를 찾을 수 있다.

나그네와 주막

우리 조상들은 어떻게 막걸리를 즐겨왔을까? 지금도 막걸리를 파는 다양한 술집들과 음식점들이 있다. 옛날부터 막걸리를 먹고 마시고 즐기는 문화가 존재한 곳은 주막이었다. 특히 주막은 집을 떠나 타향으로 여행 중인 나그네들에게 술뿐만 아니라 밥과 잠자리를 제공하던 곳이었다. 주막이 진화되어 오늘 날의 음식점, 호텔 등으로 발전하게 되었다. 최근 외식시장 규모는 가정 내 식사 규모를 초과할 정도로 커졌다. 주막에서 시작된 음식점의 역사가 바로 우리나라 음식점의 역사이고, 이 주막에서 가장 서민적인 술이었던 막걸리를 팔았다.

붉은 고기 여울에서 잡아오고[29]
막걸리는 모랫가 집에서 사왔네
이 몸이 점점 어옹과 친하여져서
연기 자욱한 강 밤비에 취하여 누웠네

이규보의 《동국이상국집》에 나온 시이다. 술안주는 천렵으로 마련하고 막걸리는 모랫가 집에서 사왔다 한다. 고려시대 당시에도 막걸리를 파는 주막이 있었나 보다.

> 연을 심자 말하는 자는 없고
> 세세 연년 다 깨진 초가집에서
> 둑 쌓을 돈만을 챙긴다네
> 모래밭 위는 생선 시장이요
> 다리 가엔 막걸리 집일러라[30]
> 언제나 목로집 계집들은
> 붉은 머리털이 왜놈 종자 같구나

다산 정약용의 시를 살펴보면, 모래밭 위는 생선시장이요 다리 근처엔 막걸리집濁酒家이 있어 술집의 여자들은 머리카락이 붉은 것처럼 화려한 치장을 하여 꼭 왜놈 같다고 비하하여 읊고 있다.

그럼, 조선시대 그림 속 '주막'은 당시 어떤 곳이었을까. 지나가는 나그네는 물론이거니와 동네 사람들의 놀이터이고 휴식처였을 것이다. 오고가는 막걸리 한 사발에 조정이나 양반들의 풍문이 나돌고 이웃의 얘기가 오가는 곳이었을 것이다.

조선 초기의 술을 파는 형태를 잘 보여주는 그림이 있다. 이 〈풍속도〉[31]는 필자 미상의 그림이지만 실제로 이 시대의 술을 파는 장면을 잘 묘사하고 있다. 주막이랄 것도 없이 그냥 큰 독에 막걸리를 가득 담아놓고 막걸리를 직접 빚었을 것으로 추측되는 노파가 지나가는 과객들을 대상으로 술을 팔고 있다. 이렇게 길거리에서 혹은 행사 때에 한 켠에서 술을 파는 형태가 막걸리를 파는 주막의 처음 형태였을 것이다.

김홍도金弘道는 조선 시대의 풍속을 그림에 빼어나게 담아낸 최고의 화가이다. 그는 여러 가지 풍속을 그렸지만 역시 일상적이었던 술 마시는 광경을 담은 주막 그림을 다수 남기고 있다. 〈단원풍속화첩〉[32]에 들어있는 '주막' 그림을 살펴보기로 하자.

〈단원풍속화첩〉 중 '주막'

김홍도의 주막 풍경은 초라한 모습이다. 초가지붕에 방과 마루 주변에는 별다른 장식을 볼 수 없다. 아마 어느 시골의 길가에 있는 외딴 주막인 모양이다. 주모는 어린아이와 함께 마루에 앉아 술단지와 술병 그릇 몇 개를 늘어놓고 길손을 맞이하고 있다. 술단지에는 막걸리가 가득하다. 주모가 국자로 막 뜨고 있는 텁텁한 막걸리가 담겨져 있는 그릇은 옹기로 만든 술동이이다.

'주막'의 구조를 보면 술그릇을 놓는 선반 밑으로 불 때는 아궁이가 있어 그 위에 솥을 걸어 항상 국이 끓고 있다는 것이다. 솥이 걸린 그 옆자리의 부뚜막에 주모가 앉아 술과 국을 떠주는 것이다. 18세기 주막의 모습에서 술과 함께 따끈한 국밥 한 그릇을 곧바로 대접할 수 있는 체계가 갖춰진 것을 엿볼 수 있다.

때마침 주막에는 두 사람의 나그네가 찾아들었다. 모두 지고 온 짐을 등 뒤에 벗어 놓고 차일도 치지 않고 자리도 깔지 않은 땅바닥에 주저앉아 소반을 앞에 놓고 점심을 먹고 있다. 아마도 식사가 끝나면 이젠 막걸리를 마

김득신, 〈풍속도병〉 중 '주막'

실 것이다. 주모는 앞에 놓인 술단지에서 국자로 막걸리를 떠서 사발에 부으려고 한다. 그 막걸리를 몇 사발 들이키고 나면 나그네는 떠나갈 것이다. 이렇게 조선시대 주막은 배고픈 나그네들에게 밥과 술을 해결해 주는 중요한 장소였다.

조선 후기의 또 다른 화가인 김득신金得臣의 〈풍속도병〉[33]에도 주막을 그린 그림이 들어 있다. 조선시대의 풍속 중 주막은 중요한 화제였음을 알 수 있다. 이 그림에서는 주막이 두 채가 있다. 앞쪽의 주막에서는 소를 몰고 온 농부가 술값을 치르려고 주머니를 뒤지고 있다. 그러고 그 뒤 오른편에 자리 잡고 있는 주막에서는 선비 두 사람이 막 나귀에서 내려 잠깐 쉬어 가려고 주막 안으로 들어가고 있는데 중노미가 손님을 안내하고 있다. 주모는 대청에서 술상을 준비하는 모습이다.

그런데 조선 후기에 사람들은 술집에 대해 어떤 생각을 가지고 있었을까? 이를 보여주는 흥미로운 그림이 있다. 국립중앙박물관에 소장되어 있는 〈태평성시도太平城市圖〉[34]라는 조선 후기의 그림이다. 성시전도城市全圖란 도성의 전경을 그림으로 그린 것을 말하는데, 지도식 그림에 산수와 건물, 인물 등이 입체적으로 표현되어 있다. 인물의 복식이나 가옥의 모양에는 중국풍이 많이 가미되어 있어 중국 그림으

태평성시도

로 생각하는 사람도 있지만 이는 중국의 그림을 본 따 그린 것이기 때문이다. 조선 후기 정조는 신하들에게 〈성시전도〉라는 제목으로 100운의 시를 지어 올리라고 지시하였는데 그 시의 내용으로부터 성시전도의 구상을 떠올릴 수 있다.

원래 〈태평성시도〉는 조선 사회가 지향하는 이상사회의 모습을 담고 있어 이 그림을 잘 보면 조선 사회가 지향하는 이상적인 도성의 모습을 읽어낼 수 있다. 그런데 흥미로운 것은 이 그림의 상가 중앙에 술집이 보인다. 이 그림의 화면 중앙의 번화가에는 아주 큰 술집이 자리 잡고 있다. 2층으로 된 이 건물에는 화려한 고급 집기가 가득히 진열되어 있고 고급 주류와 산해진미도 가득히 준비되어 있는 것으로 보인다. 물론 이 〈태평성시도〉에 나타나 있는 술집도 실제 있었던 것을 그린 것은 아니지만 조선시대 사람들이 생각하는 이상적인 술집의 모습을 짐작할 수 있어 흥미롭다.

그런데 조선 철종 6년1855년에 연행 사신의 종사관으로 수행했던 서경순徐慶淳이 보고 들은 것을 기록한 연행록《몽경당일사夢經堂日史》[35]에는 중국에서 겪은 술에 관한 이야기가 나온다. 청의 발달된 문물과 문화, 특히 이용후생 문제에 관심을 가졌던 서경순은 안내하는 사람과 함께 술집에 들어가 술을 주문하게 된다. 작은 종지 하나씩이 나오고 조그마한 납으로 만든 병으로 끓인 술을 차례로 따라 준다. 맛이 몹시 맵고 독한 냄새가 코를 찔러 겨우 입술만 적시고 술값을 계산하니 한 종지에 15문文이나 되었다.

그리고 "중국에는 색주가色酒家가 없는가 물었더니 색은 그대로 색이고 술은 그대로 술이지, 붉은 치마 입은 여자가 목로술집에 앉아 있는 것을 못 보았다"고 한다. 조선 후기 당시 서울에는 술과 함께 여자들이 노래를 부르는 색주가가 번성하였고 술을 많이 먹고 술에 취해 시비를 걸고 부수는 난봉꾼들이 많다는 이야기가 나온다. 그렇지만 중국에는 그런 색주가가 없었음을 알 수 있다. 술에 관한한 우리의 수준이 중국보다 많이 낮았음을 짐작하게 하는 대목이다.

그럼, 과거 우리나라 주막에서는 어떤 일이 벌어졌을까? 나그네가 주막을 찾아들면 다른 사람들과 만나게 된다. 그들과 인사를 교환하고 나면 한잔 술을 서로 나누어 마시기도 한다. 이것이 흔한 주막 풍습이었다. 손님은 흔히 주막의 주인과 술잔을 주거니 받거니 하기도 한다. 주막의 주모는 손님의 연령이나 지위에 관계없이 손님이 잔을 주면 스스럼없이 받아 마실 수 있었다. 주막을 찾는 술꾼들은 그 태도가 반듯한 것만은 아니었다. 가난한 술꾼들 가운데는 돈이 없으면서도 주막에 붙어살다시피 하면서 남의 술을 축내거나 주모의 눈치를 슬금슬금 보면서 공짜 안주를 챙기는 사람도 있다. 이들이 주모에게 추파를 던지면 주모는 눈치를 채고 물 탄 막걸리로 푸대접을 했다고 한다.

조선시대 주막에서 팔았던 술은 박주, 즉 막걸리를 주로 팔았다. 술은 한 잔, 두 잔씩 잔으로 계산하여 마신 경우가 많았는데, 이때는 값을 받지 않는 안주가 한 점씩 제공되었다. 목판에 마련된 안주에는 마른안주로는 육포와 어포 등이 있었고 진안주로는 쇠고기나 돼지고기를 삶은 수육과 너비아니, 빈대떡, 떡산적, 생선구이와 술국 등이 있었다. 또 식사류에는 장국밥이 주류를 이루었다.

영조시대의 유명한 화가인 혜원 신윤복申潤福의 〈풍속화첩〉에도 '주사거배酒肆擧杯'라는 그림이 있다. 이 그림은 조선시대의 술집 그림으로는 희귀한 그림으로 우리에게 당시의 주막 풍경을 짐작할 수 있게 해준다. 이 술집에는 대청의 뒤쪽으로 뒤주가 놓여 있고 그 위에는 술 항아리 등이 놓여 있다. 한쪽 옆의 찬탁 위에는 술집에 필요한 그릇과 술병 등의 집기가 놓

신윤복의 〈주사거배도〉

여 있다. 대청마루와 부뚜막이 연결된 자리에도 깨끗하게 정돈된 술병, 국그릇, 사발 등의 집기가 놓여 있다. 부뚜막에는 두 개의 솥이 걸려 있고 아궁이는 마당 쪽으로 나 있다. 솥에서는 아마 술국이 끓고 있을 것이다. 이 풍속화는 금주령 아래에서 양반들의 탈법 행위와 퇴폐적인 모습을 풍자하고자 한 혜원의 뜻이 담긴 것이다.

당시에 가장 엄격한 금주령이 있었지만, 실제로는 제대로 지켜지지 않았다. 양반들은 술을 마시다 들켜도 벌을 받지 않고 백성들만 걸려서 재산을 빼앗긴다는 원성이 자자했었다. 이렇듯 당시 백성들은 생존을 위한 식량도 부족하여 굶주리고 있었으나, 임금의 금주령 상황에서 굶주린 백성의 곡식으로 빚는 술을 몰래 마시는 관원들의 행위는 질타받아야 마땅했고 이를 혜원은 풍속화를 통해 꼬집고 있는 것이다. 이러한 조선 후기의 술에 관한 폐해는 실록 곳곳에서 드러난다.

> 좌의정 채제공(蔡濟恭)이 아뢰기를[36] "대신(臺臣)이 아뢴 술빚기를 금지시키는 명령을 내자는 논의도 진실로 곡식을 넉넉히 하는 방책이기는 하나, 안주를 금지시키는 일도 백성의 생활과 큰 관련이 있습니다. 근래에 백성의 풍속이 점차 교묘해져서 푸줏간의 고기와 시장의 생선이 태반은 술안주로 쓰이고 있습니다. 진수성찬을 무절제하게 차리는 바람에 시장의 반찬값이 날마다 뛰고 있으니 일체 엄히 금지시키소서." 하니, 따랐다.

이 기록에서 보면 문제는 술뿐만이 아니었다. 정조 때 좌의정 채제공이 아뢴 당시의 풍속을 보면 푸줏간의 고기와 시장의 생선의 태반이 술안주로 쓰이고 진수성찬을 무절제하게 차리는 바람에 시장의 반찬값이 날마다 뛰고 있으니 술뿐만이 아니라 술안주도 단속해야 할 필요성이 있다고 하였다. 이는 다른 관점에서 보면 조선 후기에 와서 화폐가 본격적으로 사용되고 도시 상공업이 발달하였으며 농업기술의 발전으로 인하여 잉여생산물이 생겨나는 등 경제규모가 크게 확대되어 궁극적으로 생활의 여유를 가져오고 술집까지 나타나게 한 요인일 것이다.

이와 같이 조선 후기의 주점은 일본 강점기에 오면서 상점과 식당들이 서울의 종로와 을지로와 청계천에 자리를 잡게 되었다. 특히 음식점이 많이 늘어났고 음식점 중에서도 '선술집'이 가장 많이 늘어나게 되었다. 이러한 주점은 1930년대가 되면 주점에서 밥집으로의 변신을 하게 된다.

우리나라의 선술집은 서양처럼 레스토랑으로 변신을 해내지는 못했다. 그 대신에 주점에서 밥집으로 변모했을 뿐이다. 이러한 변환의 중심에는 선술집에서 술과 함께 팔았던 '술국'이 자리 잡고 있다. 술이 거나해지면 속을 풀어야 했기 때문에 국물이 있는 탕이 안성맞춤이었다. 서울 광화문의 용금옥, 안암동의 곰보집, 신설동의 형제 추탕, 이문동의 이문설렁탕, 종로 청진동의 청진옥 등이 모두 주짐을 주로 하면서 술국을 팔았다. 그러니까 음식점의 역사는 막걸리를 주로 팔던 주점에서 시작된 역사라고 보아도 무방하다.

> 문패도 번지수도 없는 주막에[37]
> 궂은 비 내리는 그 밤이 애절쿠려
> 능수버들 태질하는 창살에 기대여
> 어느 날짜 오시겠오 울던 사람아

조선시대 풍속화에 빈번하게 등장하는 주막은 그 후에도 명맥을 이어

내려와 우리 민족의 정서를 노래하는 곳으로 자리 잡게 된다. 1930년 일본 강점기에 가수 백년설이 불러 크게 히트한 노래 '번지 없는 주막'을 통해서도 그 '한恨'의 정서를 알 수 있다. 식민지시대 민족의 서러웠던 시대상을 담은 노래이다. 그래서인지 일본 강점기와 광복 직후에도 주막을 소재로 한 대중가요가 많았다. 주로 막걸리를 팔았던 주막은 이별의 아픔을 달래는 데에도 중요한 장소였다. 그러니 막걸리는 민족의 한과 정서와 함께한 술이었다.

주註

1/《계곡선생집(谿谷先生集)》 제25권 오언고시(五言古詩) 162수-음주에 대한 나의 해명[飮酒自解]

我本不能飮 每被酒客笑 及此抱幽憂 頗用酒自療 村醪雖酸薄 箇中自有妙 傾來輒醺然 不待數杓釂 閑愁忽銷融 渙若雪投燎 兀然忘身世 隨意發歌歗 當期得意時 輿與嵇阮肖 却笑病酗人 千鍾恣狂呌

2/《계곡선생집(谿谷先生集)》 제30권 칠언율(七言律) 1백 60수(首)

墻頭短草也能靑 却與芝蘭一併零 天道豈應無肅殺 物情終自惜芳馨 蛟龍冷蟄臧鱗甲 鷹隼高飛奮翅翎 湖海旅人增萬感 濁醪聊復慰沈冥

3/《상촌선생집》 제21권 화도시(和陶詩) 사언(四言) 정운(停雲) 4수 기사(其四)

條風旣暢 木無醜柯 羣蠢俱動 一氣同和 伊我有懷 願言則多 酌彼樽醪 惟醉無何

4/《동계집 속집》 제1권 시(詩) 오언절구(五言絶句) 석양에 홀로 술을 마시며

日暮村煙起 鴉鳴老樹疏 濁醪知妙理 枯恨覺驅除

5/《아계유고》 제3권 기성록(箕城錄) 잡저(雜著) 망양정기(望洋亭記)

凡天地之間。萬物之變° 可驚可愕° 可喜可娛° 使人憂° 使人悲者° 無不收攬於是亭之上而助吾之氣° 則其發於文者° 衆體百態° 無不兼備° 而其視前日之記誦剽竊者° 果何如也° 噫° 以眇然之身° 登亭而俯仰° 則不啻如糠粃蜉蝣之微° 而天之蒼蒼° 地之茫茫° 海之浩浩° 物之林林° 百怪千變° 無不驅入於方寸之中° 而爲己之用° 則其亦壯矣° 一壺村釀° 自酌自飮° 蒼顔白髮° 儿然頹於其中˘ 則天地一衾枕也° 滄海一溝瀆也° 古今一須臾也° 是非也得喪也榮辱也欣戚也° 無不消融蕩滌° 而與造物者相揖於混沌鴻濛之域°

6/《청음집》 제8권 오언고시(五言古詩) 54수(五十四首)

지난해 봄에 장지국(張持國)이 안산(安山)의 전사(田舍)에 있으면서 '위농산간곡 와병해운변(爲農山澗曲 臥病海雲邊)'이란 시구를 분운(分韻)하여 고시(古詩)를 지어 나에게 부쳐 주었는데, 미처 화답하지 못하였다. 금년에 내가 석실(石室)로 물러나 살고 있으면서 한가한 가운데 읊조리노라니 더욱더 맛이 있음을 깨닫겠기에 드디어 뒤늦게 그 운을 차운하여 애오라지 나의 회포를 써서 보낸다.

季秋成萬寶 四野連黃雲 家家爲酒醪 共慰農夫勤 醉歌登古原 眼中多新墳 哀哉墳下人 此歌那得聞 哀哉墳下人 此歌那得聞

7/《다산시문집》 제4권 시(詩) 보리타작 노래[打麥行]

新篘濁酒如湩白 大碗麥飯高一尺 飯罷取枷登場立 雙肩漆澤翻日赤 呼邪作聲擧趾齊 須臾麥穗都狼藉 雜歌互答聲轉高 但見屋角紛飛麥 觀其氣色樂莫樂 了不以心爲形役 樂園樂郊不遠有 何苦去作風塵客

8/《계곡선생집(谿谷先生集)》 제26권 칠언 고시(七言古詩) 47수

호미씻이[洗鋤] 농가에서 김매는 일을 다 끝내고 나서 남녀노소가 한데 모여 먹고 마시는 것을 호미씻이[洗鋤]라고 하는데, 내가 시골에 살면서 그 일을 눈으로 확인했기에 이를 시로 기록하였다.

田翁白竹笠 田婦青布裙 烹匏斫瓜薦鰕魚 老瓦盆盛黍酒渾 青莎原頭桑葉陰 坐來四座農談喧 東家耘較西家晩 低田禾比高田繁 少年行酒長老醉 短袖起舞何蹲蹲 一年作苦一日歡 田家此夕百憂寬 君不見去年吏到索租時 翁姥狂奔三日飢 田家樂事豈易得 勸君醉飽無遽歸

9/ 정학유.《농가월령가》. 9월령

10/《학봉집(鶴峯集)》 부록 제4권 제문(祭文)-조카 김용(金涌)

歸來千里 倏經一祀 宿草已荒 溫顔莫承 余懷之痛 泰山之崩 哭不盡哀 言不盡情 酸醪薄奠 鑑在微誠 嗚呼痛哉

11/《간이집(簡易集)》 제1권 제문(祭文) 이수지(李綏之)에 대한 제문

豈吾知者 天不知耶 將天所厚 與人殊科 以吾空踈 名位踰涯 及乎暮年 不免寒飢 與奪在吾 猶矇厥理 默默奈何 況於二子 薄醪一壺 來及祖席 不昧者存 庶歆如昨

12/《다산시문집》 제5권 시(詩) 비를 대하여 규전에게 보이다[對雨示逵典] 정수칠(丁修七)

盤谷來時路 雲溪百里遙 偶逢梅子雨 留賞荻頭潮 巷僻花鋪徑 春深草沒橋 濁醪雖薄惡 情重味應饒

13/《동문선》 제4권 오언고시(五言古詩) 탄헌촌에 쉴 때 첨지가 술을 가지고 찾아 왔기에[憩炭軒村二老翁携酒見尋] -김극기(金克己) 幽尋荒草徑 下馬繫枯柳 何處白頭翁 竝肩來貿貿 山盤獻枯魚 野榼供濁酒 笑傲虛落間荒狂便濡首 雖慙禮數薄 尙倚恩情厚 倒載赴前程 村童齊拍手

14/《면암선생문집(勉菴先生文集)》 제1권 시(詩)

심촌(深村)에서 자다 문암봉(門岩峯) 남쪽에 있으니, 진촌에서 약 10리가 넘는다.

結廬堪愛占淸幽° 古木荒藤閱幾秋° 多謝村翁勞遠客° 引傾大白勸遲留°

15/《춘정집》 제2권 시(詩) 신안(辛安)의 시골집에 이르러

驅馬來山村 始喜松菊存 童僕有欣色 候我於荊門 入門坐蒲席 庶可慰旅魂 鄰翁喜相對 白酒滿瓦盆 前席各有問 團欒多雜言

16/《사가시집》 제28권 시류(詩類) 후박박주(後薄薄酒)

薄薄酒醜醜婦 薄酒醜婦世常有 物性由來有厚薄 人生安得無姸醜 所以醜婦可齊眉 所以薄酒可謀口 孟光擧案配伯鸞 無鹽如漆作齊后 杜陵白醪千憂散 嵇君濁酒所願畢 不必吳姬越女可薦枕 不必玉蛆霞液可供樂 勸君勿醜婦醜醜 勸君勿薄酒薄薄 古來美酒伐人性 未有哲婦不亡國 君不見糟丘臺前秋月白 姑蘇城外春草綠

17/《용재집(容齋集)》 제8권 화주문공남악창수집(和朱文公南岳唱酬集)

주자(朱子)가 벗 남헌(南軒) 장식(張栻)과 함께 남악(南岳)인 형산(衡山)을 등정하면서 지은 시들을, 그 차례에 따라 차운한 것이다. 주자의 원운(原韻)은《주자대전(朱子大全)》권5에 실

려 있다. 제일봉(第一峯)에 올라. '축융봉(祝融峯)' 시의 운자를 사용하다.

終南峯不數 第一出雲端 脚力何妨澁 胸襟轉覺寬 小詩收勝境 薄酒破微寒 落日從相迫 猶須興盡還

18/ 한수(韓脩1, 1333~1384)는 목은 이규보의 '국선생전'을 빗대어 〈국생을 보내며 목은 선생이 시에 차운하다〉

19/ 《조선왕조실록》 선조 33년 경자(1600, 만력 28) 6월 26일(정유)

약방 제조 김명원 등이 내전에게 올릴 약에 대해 아뢰다. 〈태백산사고본〉

丁酉/藥房提調金命元等啓曰: "內殿證候彌留, 臣等不勝憫慮, 與醫官相議, 則涼血地黃湯, 加柴胡·知母各一錢, 條芩末·茯神各五分, 黃連薑汁炒' 甘草各三分元入, 生乾地黃酒洗煎水, 入薑汁一匙' 竹瀝三匙, 調進爲當云° 此藥四服劑進何如?" 又啓曰: " 內殿證候彌留, 臣等不可退在, 因留侍藥敢啓°" 答曰: "依啓°"

20/ 《목은시고(牧隱詩藁)》 제35권 장단음(長湍吟) 삼랑(三郎)이 부꾸미와 병술을 보내다.

芳醪味洌餠生香° 可引頹齡補賢腸° 縱被臺彈來不得° 分明鸑鷟在吾傍°

21/ 《사가시집》 제28권 시류(詩類) 화병(畫屛)에 제(題)하다. 9수 이(李) 옥여(玉如) 를 위하여 짓다.

茄子彭亨瓜子長 一時風味蓼花香 依然攬我歸田興 白酒杯盤滿意嘗- 右茄瓜

22/ 《아계유고》 제4권 구포후록(鷗浦後錄)

늦은 봄 九江南畔送殘春° 鮭菜村醪醉幾巡° 山鳥野花眞狎客° 暖風晴日是佳辰° 淸遊到處身忘倦° 好句題時筆有神° 閑適向來誰所餉° 百年天地荷深仁°

23/ 《점필재집》 시집 제1권 [시(詩)]

가구·국형·화중·불기와 함께 살곶이에서 천렵을 하여 게를 먹고 이날 밤에 조그만 모래톱에서 자다[同可久菊兄和仲不器漁于箭串食蟹是夜宿小洲]

似聞東海已輸芒 撥棹招潮忽在傍 煦沫祗敎生酒興 橫戈不信證蝦荒 斫玉片還隨箸 破腹金穰自滿匡 見說入糟風味絶 夜深堪伴緯蕭郎

24/ 《목은시고(牧隱詩藁)》 제6권 시(詩) 교동(喬桐) 3수(三首)

海門無際碧天低° 帆影飛來日在西° 山下家家篘白酒° 斷葱斫膾欲雞棲°

25/ 《동문선》 제24권 교서(敎書) 계주교서(誡酒敎書) -유의손(柳義孫)

盖聞古者酒醴之設° 非以崇飮° 所以奉神明享賓客養高年者也° 是以因祭而飮。以獻酬爲節° 因射而飮° 以揖讓爲禮° 鄕飮之禮° 所以敎親睦也° 養老之禮° 所以尙齒德也° 然猶曰賓主百拜而酒三行° 又曰終日飮酒而不得醉° 則先王所以制酒禮而備酒禍者° 至矣盡矣° 降及後世° 俗習不古° 惟荒腆是務° 故禁酒之法雖嚴° 而終不能救其禍° 可勝嘆哉° 夫酒之爲禍甚大° 豈特靡穀費財而已哉° 內亂心志° 外喪威儀° 或廢父母之養° 或亂男女之別° 大則喪國敗家° 小則伐性喪生° 其所以瀆亂綱常敗毁風俗者° 難以枚擧° 我國之事言之° 昔新羅之敗於鮑石亭° 百濟之滅於落花巖° 靡不由此° 而高麗之季° 上下相師° 沉湎自恣° 竟底於亡° 此亦殷鑑之不遠也° 可不戒哉° 咨爾中外大小臣民° 其體予至懷° 視前人之得失° 爲今日之勸戒° 毋好

飮以廢事° 勿過飮以成疾° 各敬爾儀° 式遵無彝之訓° 剛制于酒° 庶臻於變之風° 惟爾禮曹體此至意° 曉諭中外°

26/《내훈(內訓)》은 조선 성종의 어머니 소혜왕후가 중국의《열녀전》,《소학》,《여교》,《명감》에서 여성 교육에 필요한 대목을 간추려서 만든 책이다.

27/《목민심서(牧民心書)》禮典六條 : 第二條 빈객(賓客)
賓客, 五禮之一, 其餼牢諸品, 已厚則傷則, 已薄則失歡, 先王爲之節中制禮, 使厚孝不得蹭, 薄者不得減, 其制禮之本, 不可以不逆也.

28/《다산시문집》 제2권 시(詩) 족부 해좌옹의 산중 집에 유숙하면서 짓다[留題族父海左翁山居]
芳夏春相接 情人月共來 草生平楚遠 煙盡大江開 鬢髮關東老 文章鄴下才 家貧猶慣客 能辨濁醪杯

29/《동국이상국전집》 제6권 고율시(古律詩) 92수 배 안에서 또 읊다
紅鱗得自灘流° 白酒賖來沙戶° 此身漸狎漁翁° 醉臥烟江夜雨°

30/《다산시문집》 제5권 시(詩) 산행잡구(山行雜謳) 20수. 3월 18일
無計留春住 何如迎夏來 也知僧院好 山裏有亭臺 幽懷猝發時 鷹隼秋天翥 不問某家山 綠陰多處去 殽蔌誠難少 紛紜且勿爲 唯將一壺酒 付與小童持 本爲山林好 那知城樹奇 一行三二里 無樹不黃鸝 無人話種蓮 年年破茅屋 但索築隄錢 沙上鮮魚市 橋邊濁酒家 由來壚上女 紅髮似夷鰕

31/ 풍속도, 필자미상, 전 성세창(成世昌, 1481~1548) 제시, 지본채색, 88.3×38.3cm 국립중앙박물관

32/ 단원풍속화첩, 김홍도(金弘道, 1745~1806 이후) 지본담채, 보물 527호, 국립중앙박물관, 주막

33/ 행려풍속도병, 김득신(金得臣, 1754~1822), 지본담채, 94.7×35.4cm, 호암미술관

34/ 태평성시도. 필자미상. 18세기 후반. 견본채색. 113.6×49.1cm. 국립중앙박물관

35/《몽경당일사》 제1편 마자인정기(馬訾軔征紀) 을묘년(1855, 철종 6) 10월 29일(기미).
酒保先問斟酒麽° 余曰° 斟來° 酒保各置一小鍾於前° 以小鑞壺湯酒° 次第斟去° 余先飮一鍾° 卽白燒露也° 纔得沾唇° 未及澆舌° 而味甚辣烈° 毒臭射鼻° 無下酒物° 計還酒錢° 每鍾十五文° 余謂從者曰° 沿路酒肆皆此搽乎° 曰° 非也° 皇城裏酒樓° 眞可一飮° 其他酒劣價昂° 費鈔誠可惜° 此如我東濁酒假家也° 余曰° 中原無色酒家乎° 曰° 色自色酒自酒° 未見紅裙當壚處矣° 余曰° 各殿別監, 政院使令, 各宅廳直輩° 以琥珀風簪水紗細笠° 半醉半醒° 踉蹌而行° 日落西山° 鳥鳥擁翅時° 隊隊相遇於鍾路前禁府後° 則不得不一飮於色酒家° 而把酒唱歌° 通姓通語之際° 因境界之不合° 就中一人° 突地氣湧° 揮拳使脚° 打破酒器° 左右跳踢° 亦是浮浪, 破落戶, 潑皮漢第一快事° 中原人之不識此° 可謂欠事°
한국고전번역원 DB http://db.itkc.or.kr/index

36/《국역조선왕조실록》 정조 16년 임자(1792, 건륭 57). 9월5일 (신축).

左議政蔡濟恭曰: "臺臣所奏大釀出禁之論, 誠爲裕穀之策, 而禁肴一事, 大有關於民生日用。 近來民習漸巧, 庖肉肆魚, 太半歸於酒肴珍羞。 妙饌錯雜無節, 市上饌物, 日就踊貴, 請一切嚴禁。" 從之。

37/ 노래 '번지 없는 주막' 가사, 처녀림 작사, 이재호 작곡, 백년설 노래

3부

막걸리의 탄생과 안주 이야기

한 민족의 술이 형성되는 과정은 한 편의 드라마다.

이 과정에서 우리 조상들은 술에 삶의 원리와 철학을 담아 왔다. 전통주를 수천 년간 즐겨 온 이유도 거기에 있다. 무엇보다 한 민족이 먹고 즐기는 술에 대한 이해야 말로 그 민족을 이해하는 지름길이다. 또한 우리 조상들의 삶에서 탄생한 음식들에 대한 문화적 이해는 우리네 인간들의 삶에 대한 사랑과 이해인 것이다.

우리 민족의 술인 막걸리에는 여러 형태가 존재한다. 막걸리들은 제각각 사연을 가지고 태어났다. 마치 한 편의 드라마처럼 각 막걸리에는 자신들의 이야기가 존재한다. 막걸리는 이루 말할 수 없는 사연들을 제각각 가지고 태어나 사랑받기도 하고 또 사라지기도 하였다. 무엇보다 그 수많은 탄압에서도 살아

남아 지금 우리 술 문화의 진수를 이룬다. 막걸리는 역시 한식 안주와 어울릴 때 가장 빛나지만 지금 안주도 새롭게 재탄생하고 있다. 막걸리가 젊은 이들이 사랑하는 술로 자리 잡는 것이 중요하고, 그래야 앞으로도 막걸리의 전통이 계속 이어질 것이다.

이 장에서는 다양한 막걸리의 탄생과정을 살펴보고자 한다. 그리고 그 막걸리가 태어난 시대적 배경을 중심으로 어떠한 안주가 만들어지고 어울릴 수 있는지를 고민해 보았다. 각 시대 그리고 지역별로 생각해 낸 막걸리의 종류는 계명주, 이화주, 모주, 감저주, 혼돈주 그리고 막걸리 칵테일이다. 막걸리가 태어난 시대를 배경으로 막걸리에 어울리는 안주를 재구성해 만들이보았다. 그리나 우리들이 이 작입에서 중요하게 생각한 것은 무엇보다 과거의 박제된 유물로서의 막걸리와 안주가 아니라 현대인들이 즐길 수 있는 살아있는 음식을 만들고자 한 것이다. 그래서 안주의 모티브는 역사 속에서 끄집어내되 그 조리법이나 시연은 현대에서 만들어 먹을 수 있도록 재창조하였다. 과거 막걸리와 안주의 복원 형태가 아니라 지금 이 막걸리문화의 현장에서 만들어 즐겨 먹을 수 있는 형태로 만들었음을 이해하여 주기 바란다.

고구려 주몽을 탄생시킨 막걸리, 계명주

해모수와 유화의 사랑 이야기 먼 옛날, 천제의 아들 해모수는 압록강에서 놀고 있던 하백의 세 딸 중 유화에게 반한다. 그러나 유화가 해모수의 말을 듣지 않자, 유화를 잔치에 불러 술을 먹이고 취하게 한 다음 해모수와 정을 통하게 된다[1].

유화는 술에 얽힌 하룻밤에 인연으로 잉태하여 아이를 낳았는데 이가 바로 고구려를 건국한 주몽이다. 한 나라를 건국하는 데 중요한 역할을 한 것이 바로 술이다.

고구려 건국에 중요한 역할을 한 곡물주는 무엇일까? 확실하지는 않지만 곡물주의 초기 형태인 걸쭉한 막걸리 형태였을 것으로 생각된다. 현재에까지 전해 오는 이야기들과 문헌들을 종합해 보면 고구려의 술로서 가장 많이 언급되는 것은 계명주이다.

황혼 무렵 빚어 새벽닭이 울면 먹는 '계명주鷄鳴酒' 계명주는 여름철 황혼 녘에 술을 빚어 밤을 재운 뒤에 새벽닭이 울면 마실 수 있다고 해서 붙여

해모수와 유화

진 이름이라고 한다. 계명주는 만주 벌판을 달리던 고구려인의 정기와 기상이 깃들인 술이며, 고려시대에는 잔치술로 애용되었다. 양조과정에서 조청이 들어가서 엿탁주라고도 한다.

계명주는 원래 평양, 평안남도 지방에 고구려시대부터 전해 오는 서민들의 술이다. 계명주는 결성結成 장씨 십안에서 전수되어 오다가 종부인 최씨가 술 빚는 비법을 공인받아 경기 지방의 민속주로 자리 잡았다.

계명주는 중국문헌에 기록되어 등장하는 술이다. 500년대의 중국 농서인 《제민요술》에 하계명주夏鷄鳴酒[2]로 기록된 이 술은 최근까지 이름만 후세에 전해질 뿐 술을 구경해 본 사람도 거의 없었다. 그러나 최씨의 남편인 장씨가 이당주飴糖酒, 엿탁주라 불리며 대대로 빚어온 집안 술을 토속주로 지정받기 위해 10여 년간 수소문 끝에 계명주임을 밝혀냈다. 이당주 혹은 엿탁주라고 불린 것에서 보듯이 계명주의 원료에는 조청과 엿기름이 들어가는 것이 일반 막걸리와 다른 점이다.

일반적으로 백제인의 술을 소국주, 신라인의 술을 법주, 고구려인의 술을 계명주로 분류하며 법주가 종묘제사에 사용된 반면 계명주는 서민 술과 명절 때의 예주로 널리 애용되었던 술이다. 시어머니로부터 제사나 명절 때면 집집마다 담가 애용하였던 대중적인 술이 계명주라고 들었다며 제사상이나 명절상에 올리기 위해 빚다보니 자연스럽게 제조법을 터득한 것이라고 전해진다. 고구려의 옛 영토인 이북지방에서 주로 빚던 자랑스러운 고구려 역사 속의 술이라고 할 수 있다.

계명주 담그기

:: 재료 및 분량

누룩 600g, 조청 600g, 옥수수 1.6kg, 수수 400g, 엿기름 800g~1kg, 끓여 식힌 물 4L

:: 만드는 법

1 누룩을 조청에 6~7일 정도 담가 불린다.

2 옥수수와 수수를 깨끗이 씻어 8 : 2의 비율로 섞은 후 3배 분량의 물을 부어 12시간 침지한다.

3 침지한 옥수수와 수수를 맷돌에 간 다음 물과 엿기름을 넣는다.

4 엿을 고는 과정처럼 가마솥에서 잘 삭을 때까지 약한 불에서 은근히 끓인다.

5 끓인 죽을 자루에 넣고 눌러 짜서 엿밥을 걸러 낸 뒤 다시 끓여서 차게 식힌다.

6 차게 식힌 죽을 조청에 불린 누룩과 솔잎을 넣고 고루 잘 섞어 술독에 담는데, 25~28℃ 정도의 실내온도에서 8일간 발효시킨다.

7 마지막 제조과정인 술 거르기를 하면 엿탁주인 계명주가 완성된다.

① 누룩 조청 담가 불리기 (6~7일 정도) ② 옥수수, 수수 일어 불리기 (8:2 비율, 12시간 침지) ③ 옥수수, 수숫가루, 물과 엿기름 넣고 은근히 끓이기 ④ 식힌 죽+불린 누룩+솔잎 (25~28℃, 8일간 발효)

계명주에 어울리는 맥적류 안주들

눈 오는 밤에 즐겨 찾는 '설야멱적'

고구려인들이 즐겨 먹었던 고기요리는 고구려 민족을 칭하는 맥족에서 유래한 맥적貊炙이다. 맥적은 고기를 꼬챙이에 꿰어서 직화로 굽는 음식인데 석쇠가 나온 뒤에는 꼬챙이에 꿸 필요가 없어져서 지금의 불고기가 되었다는 설이 있다.

이 고구려 고기요리인 맥적은 그 당시 중국인들에게 대유행이었다고 한다. 그러다가 이 맥적은 고려로 내려와 개성에서 최고로 치던 '눈 오는 밤에 찾는다'는 의미의 설야멱적雪夜覓炙[3]이 되었다고 본다.

설야멱적의 주재료인 쇠고기는 필수아미노산이 풍부한 양질의 단백질 공급원이며 무기질, 비타민이 풍부하다. 그리고 양념장에 들어가는 간장, 마늘, 파, 생강, 양파 등은 생리활성이 효과가 매우 높은 물질들로 쇠고기

에 들어 있는 콜레스테롤을 낮추기 때문에 양념장에 재워 먹는 설야멱적은 막걸리 안주로 최고라 할 수 있다. 즉, 고열량의 소스를 사용하는 서양의 고기요리와 다르게 파와 마늘 같은 양념과 간장이 건강한 고기요리를 만드는 것이다.

설야멱적 만들기

:: 재료 및 분량

쇠고기(등심) 200g, 기름장(간장 · 참기름 각 1큰술), 다진 파 1큰술, 다진 생강 · 후추 · 꿀 조금

:: 만드는 법

1 고기를 1cm 두께로 얇게 썰어 칼로 두드려 연육한 뒤 대나무 꼬치에 바느질하듯 꿴다.

2 고기를 기름장에 주무른 뒤 잰다.

3 숯불을 피워 고기 위에 재를 얇게 덮고 굽는다.

4 고기가 익으면 냉수에 담가 다시 굽기를 3회에 걸쳐서 한 후 기름장, 파, 다진 생강과 후추를 발라 다시 굽는다.

*현대에는 고기가 연하므로 양념한 후 그대로 숯불에 굽는 것이 더 좋다.

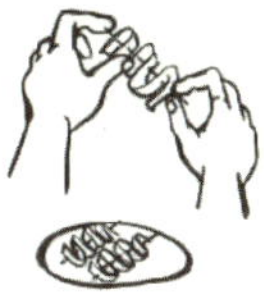

① 대나무에 바느질하듯 고기 꿰기

② 고기 양념장에 재기 (30분 정도)

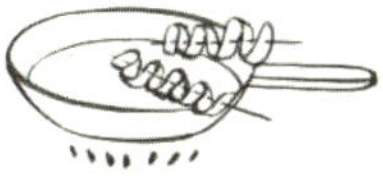

③ 고기 굽기

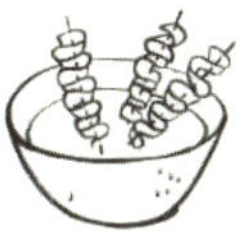

④ 차가운 물에 담갔다가 다시 굽기(3회)

향이 좋은 '승검초산적' 산적은 양념한 재료를 꽂이에 꿰어서 굽는 음식으로 쇠고기산적, 파산적, 버섯산적, 도라지산적, 두릅산적, 사슬적어산적 등이 있다. 또한 두릅적, 김치적과 같은 지짐누름적은 재료를 양념하여 꼬치에 꿰어 밀가루 또는 달걀물을 씌워서 지지는 형태로 어떤 옷을 입히느냐에 따라 이름이 달라진다.

산적 만드는 법은 고조리서에 많이 나온다. 일반적으로 "염통, 간, 밥통, 천엽 등과 고기를 서로 섞어서 대꼬챙이에 꿴 것을 잡雜산적이라고 하며, 구워서 장에 묻힌 것을 장醬산적이라고 한다. 그리고 개성사람들은 잡산적을 만드는데 즙을 많이 써서 담그니, 이것을 즙汁산적이라고 한다."라고 하였다. 1800년대 말의 고조리서인 《시의전서》[4]에서 "약산적은 정육을 크게 저민 후 좋은 진간장에 갖은 양념을 섞어 주물러서 꼬치에 꿰어 도마에 놓고 잔 칼집을 내되, 사면을 얌전히 네모 반듯하게 하고 깨소금을 뿌린 다음 석쇠에 꿰어서 구워 쓴다."고 하였다.

향이 빼어난 승검초를 이용한 산적을 만들었다. 승검초는 당귀의 어린 싹으로 예부터 보약의 한 종류로 인식되었다. 당귀는 예로부터 귀중한 한 약재로 쓰였고, 어린순인 승검초는 나물로 식용하고 생뿌리로 술을 담가 먹기도 한다.

승검초산적 만들기

:: 재료 및 분량

당귀싹 9줄기, 쇠고기(안심) 300g, 갖은 양념(다진 파 1작은술, 다진 마늘 1/2작은술, 설탕 1/2작은술, 간장 1큰술, 깨소금 1/2작은술, 참기름 1큰술)

:: 만드는 법

1 연한 당귀싹을 데쳐 껍질을 벗긴다.

2 쇠고기는 10cm 길이로 자르고 양념장에 잰다.

3 쇠고기와 당귀싹을 섞어 꼬치에 꿰어 구워 낸다.

*송이버섯, 움파 등을 꼬치에 꿰어 승검초산적과 함께 내어도 좋다.

① 승검초 데치기

② 쇠고기 양념하기

③ 승검초와 쇠고기 꼬치에 꿰기

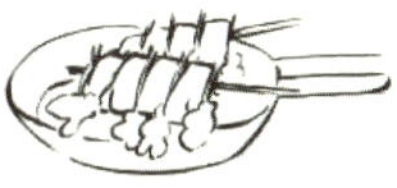
④ 양념즙 발라 굽기

돼지고기로 만드는 '제육느르미' 느르미는 여러 가지 재료를 익혀 즙을 끼얹은 옛 음식이다. 쇠고기와 어패류 · 파 · 도라지 · 버섯 · 달걀 · 두부 등의 재료를 꼬챙이에 꿰거나 또는 그냥 익힌 뒤 녹말 · 달걀을 씌워 번철에서 지져 느름즙을 끼얹는다. 1700년대 이후부터는 느름즙을 끼얹는 대신 익힌 재료를 꼬치에 꿰는 느름적으로 바뀌었다. 주 재료에 따라 쇠고기느르미, 달걀느르미, 굴느르미, 생선느르미, 개고기느르미 등이 있다.

고기, 생선, 채소 등 어느 재료로나 모두 만들 수 있는 '느르미'는 오늘날에는 별로 보이지 않는다. 소스를 끼얹는 조리법은 중국요리에서 많이 보이지만 과거에는 우리나라에서 많이 쓰였던 조리법이다. 각각 굽거나 지져 익힌 재료 위에 녹말가루, 찹쌀가루를 풀고 소금이나 간장으로 간을 하여 끓인 다음 투명하고 걸쭉하게 만든 즙액을 부어 잔치음식으로 많이 쓰

였다. 굽거나 기름에 지진 음식에 따끈한 '느르미즙'을 끼얹으면 음식의 온도가 유지되고 따뜻하게 먹을 수 있다.

제육느르미 만들기

:: 재료 및 분량

얇게 저민 삼겹살 400g, 다진 돼지고기 50g, 두부 50g, 표고버섯 2개, 쪽파 2대
양념(소금 · 생강즙 1/2작은술, 후춧가루 · 고춧가루 · 밀가루 약간씩)
누름즙(찹쌀가루 1컵, 잣가루 1큰술, 물 섞은 간장 1/2컵, 생강즙 2큰술, 마늘즙 1큰술, 파뿌리 10g)

:: 만드는 법

1 돼지고기 삼겹살을 2~3장씩 약간 포개면서 펴고 7~8cm로 잘라 기름, 소금, 생강즙, 후춧가루, 고춧가루를 섞어 고기에 살짝 바른다.

2 다진 돼지고기와 두부, 표고버섯을 보에 싸서 물기를 빼 소금 간을 하여 양념한다.

3 느름즙 재료를 넣어 끓인 뒤 건더기를 받쳐 느름즙을 만든다.

4 삼겹살에 쪽파와 양념한 것을 함께 돌돌 말아서 준비한다.

5 이음매가 벌어지지 아니하도록 밀가루를 조금 묻혀 지져 낸다.

6 먹기 직전에 느름즙을 끼얹어 완성한다.

① 삼겹살에 밑간하기

② 다진 돼지고기와 두부 양념하기

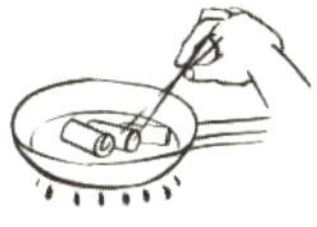

③ 삼겹살에 양념두부 넣고 말아 익히기

④ 느르미즙 끼얹기

입맛 돋우는 고급요리, '우육편채' 편채는 원래 궁중음식에서 유래하였다는 설도 있지만 요즘 많이 먹는 편채는 식사 전 애피타이저로 인기가 높다. 고기는 살짝 익히고 채소를 듬뿍 넣어 아삭아삭하게 씹히도록 만드는 것이 중요하다. 편채용 고기가 있고 소스만 준비해 두면 즉시 만들 수 있어 손님이 많을 때 유용하다. 고급스럽기도 하거니와 갖가지 채소와 어우러져 입맛 돋우는데 좋아 막걸리 안주로도 좋다.

어느 외국인은 우육편채가 한국에서 먹어본 음식 중 가장 기억에 남고 이질적인 외국음식이라는 맛의 생소함과 거부감이 없었다고 했다. 게다가 겉만 살짝 익혀 얇게 썬 고기에 갖은 싱싱한 채소를 싸서 매콤한 겨자장에 찍어 먹는 것이기 때문에 맛도 좋고, 영양소의 궁합도 좋다.

우육편채를 만들 때 고기에 찹쌀가루를 묻히는 경우가 있는데 이는 기

름에 튀기거나 지질 때 밀가루를 묻히는 것보다 영양이 좋고 기름이 덜 배며 고기의 영양과 맛이 손실되지 않게 보호되면서 고기 본연의 맛을 느끼게 해주기 때문이다. 또 고기의 원래 모양이 잘 유지된다.

우육편채 만들기

:: 재료 및 분량

쇠고기 안심 100g, 깻잎 6장, 청·홍피망 1/2개, 당근 50g, 무순 1/2팩, 찹쌀가루 2큰술, 소금 1작은술
겨자소스(연겨자 1큰술, 식초 2큰술, 간장 1큰술, 참기름 1작은술, 설탕 1/3큰술)

:: 만드는 법

1 쇠고기에 후추와 소금을 뿌려 밑간을 한다.

2 달군 팬에 기름을 두른 다음 쇠고기에 찹쌀가루를 묻혀 팬에 올려 익힌다.

3 깻잎은 깨끗이 씻고, 홍·청피망, 당근 등의 채소는 채 썬다.

4 소스 재료를 섞어 겨자소스를 만든다.

5 2의 고기에 채소를 넣어 돌돌 말아 주고 겨자소스와 곁들여 담아낸다.

① 쇠고기에 후추, 소금 밑간하기

② 채소 채 썰기

③ 찹쌀가루 묻혀 팬에 지지기

④ 익힌 고기에 채소 넣고 말기

닭으로 만드는 건강요리, '연계적'

닭고기는 쇠고기나 돼지고기보다 열량이 낮고 지방이 적어 현대인들이 건강식으로 선호하는 고기이다. 특히 최근에는 피부미용과 골다공증 예방에 효과가 우수하다고 알려져 있다. 닭날개나 닭발에는 피부에 좋은 콜라겐 성분이 들어있다. 미국암연구협회와 세계암연구재단은 암 예방 식생활에서 소고기 같은 적색육보다는 닭고기를 비롯한 백색육을 섭취할 것을 권장하고 있다. 또한 연계적에 곁들이는 채소들은 섬유소와 비타민을 공급해 주어 영양적으로 균형을 잡아준다.

고조리서에도 닭으로 만든 음식으로 닭찜, 닭적, 탕 등이 많이 나온다. 《음식디미방》[5]에는 어린 닭을 찜한 '연계증' 만드는 법이 나온다. 《규합총서》[6]에는 '칠향계'라는 중탕한 닭찜이 나오는데 한방닭찜의 원조라 하겠다. 《산림경제》[7]에서 '연계적'은 "닭을 잡아서 공중에 거꾸로 매달아 피를 뺀 다음 하룻밤 지나서 먹으면 연하고 맛있다. 닭은 익혀 두었던 것이라도 다음날 반드시 구워 먹어야 한다. 적을 차게 해서 먹어서는 안 된다. 연한 닭에 유장을 발라 구워 먹으면 찌는 것보다 더 맛있다."고 하였다. 《시의전서》에서는 제사에 쓰는 적으로 "생치나 닭적은 거두절미하고 배를 갈라 통째 재웠다가 굽되, 사지 둘을 다리 마디에 감는다"고 하였고, 《조선무쌍신

식요리제법》[8]에서는 "닭의 대가리와 발을 자르고 장에 기름, 깨소금, 후춧가루를 치고 파를 다져 넣고 발갯깃날개으로 발라가며 대강 굽는다. 제사나 큰 잔칫상에 올린다"고 하였다.

연계적 만들기

:: 재료 및 분량

닭가슴살 400g, 청 · 홍고추 2개씩, 대파 2대
오리엔탈소스(레몬 1/2개, 정종 · 간장 · 황설탕 1큰술, 계핏가루 · 산초가루 · 카놀라오일 1작은술)
고추장소스(고추장 2큰술, 간장 1큰술, 설탕 · 다진 마늘 1/2큰술, 참기름 1작은술, 후춧가루 약간)

:: 만드는 법

1 닭가슴살은 한 입 크기의 주사위 모양으로 자른다.
2 청고추와 홍고추는 꼭지를 떼고, 대파는 깨끗이 다듬어 닭고기와 비슷한 길이로 썬다.
3 레몬은 노란 겉껍질만 강판에 얇게 갈고 과육은 반을 갈라 즙을 짜낸다.
4 볼에 닭가슴살, 레몬 간 것, 레몬즙, 나머지 양념을 모두 넣고 버무린 후 2시간 이상 숙성시킨다.
5 다른 볼에는 닭가슴살과 고추장, 간장과 설탕, 다진 마늘, 후춧가루, 참기름을 분량대로 넣어 고루 섞는다.
6 대나무 꼬치를 준비해 양념한 닭고기를 4~5조각씩 먹기 좋게 꽂는다.
7 포일을 깐 프라이팬 또는 오븐 토스터에 닭고기를 넣어 중간 중간 돌려가며 15분 정도 구워 낸다.

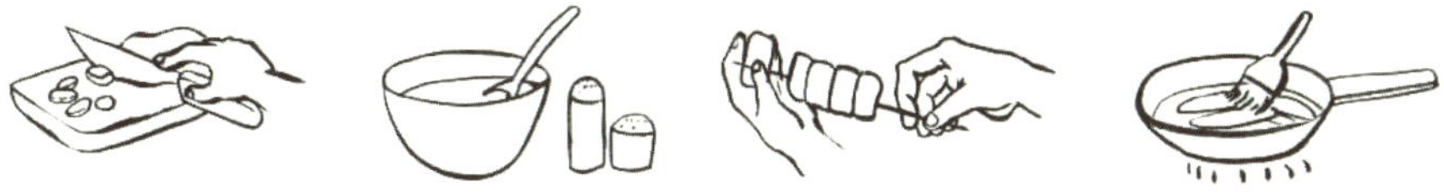

① 닭고기 한입 크기로 자르기 ② 양념장 준비하기 ③ 대나무 꼬치에 닭고기와 채소 꿰기 ④ 양념장 바르며 굽기

고려 문인 이규보의 막걸리, 이화주

'가포육영'속 채소안주와 백주

고려시대의 문인인 이규보는 명문장가로 그가 지은 시풍詩風은 당대를 풍미했다. 이규보가 쓴《동국이상국집》[9]에 나오는 '가포육영'은 전원을 꿈꾸는 현대인들에게 로망과 같은 시문이다. 여기에는 텃밭에서 가꾼 오이, 가지, 무, 파, 아욱, 박 등 6개의 채소를 아름답게 노래하고 있다[10].

> 텃밭에 오이는 애써 관리하지 않아도 번성하고 푸른 잎 사이사이에 노랑꽃이 피어있고 덩굴줄기 마디마디 달려 사랑스럽고 위 아래 할 것 없이 병처럼 달려 있다.
> 자색 바탕에 홍조를 지녔으니 어찌 늙었다 할 수 있는가! 꽃과 과일을 같이 즐기는 가지만한 것이 어디 있는가. 고랑 안으로 알들이 가득하니 생으로도 먹고 익혀서도 참으로 좋구나.
> 무장아찌는 여름반찬에 좋고 소금 절인 무는 겨울 내내 반찬이네 땅속의 뿌리는 날로 커지고 서리 맞은 후에 수확하여 칼로 베어 맛보면 배 같은 맛이네 섬섬옥수 같은 많은 파 잎들을 아이들은 잎으로 피리 소리 내는구나. 술자리에 안주로 그만이고 고깃국에 파가 들어가니 맛이 더해진다.

권력다툼 싫어 관직 다 버리고 자식에게 글 읽어라 훈도하네. 벼슬자리 내던지니 찾아오는 이 없고 한가한 잎 마냥 내 몸을 수양하네.
쪼개어 쓰면 바가지 되어 냉수를 떠내고 통 채로 쓰면 항아리 되어 좋은 술 담아두고 찬 걱정 말게 박 떨어진다네. 덜 익은 것은 삶아 먹어서 좋다네.

이 시를 읽고 있으면 뜰 한 켠 텃밭에 싱싱하게 자란 오이, 가지, 무, 파, 아욱, 박 등의 채소들이 한 폭의 그림 속에 살아서 숨 쉬는 것을 느낄 수 있다. 이 시는 강화에 도읍이 있을 때 지은 것으로 보이는데, 고려 말엽의 당시 일반 백성뿐만 아니라 도시의 관리들도 직접 집 주변의 텃밭에서 채소를 심어서 길러 먹었던 것을 알 수 있다.

채소는 오래전부터 곡식을 보완하는 주요한 식량으로, 입맛을 돋우는 양념으로, 출출할 때 먹는 간식으로, 불편한 몸을 다스리는 약재로 널리

텃밭의 채소를 안주 삼아
막걸리를 즐기는 이규보

쓰였다. 특히 집주변의 텃밭을 통하여 유기농 채소를 가꾸게 되면 즉석에서 조리할 수 있기 때문에 채소에 많이 들어있는 비타민 등의 영양소 파괴를 최소화할 수 있고 신선한 원재료로 음식을 만들 수 있기 때문에 양질의 음식을 먹을 수 있다. 또한 텃밭은 우리가 살아가는 환경을 보존하는 것을 중시한 우리 조상들의 자연에 대한 사랑을 실천한 것이다.

또한, 이규보는 막걸리에 대한 시를 지어 읊고 있다[11].

> 내가 예전에 젊었을 때 막걸리(白酒) 먹기를 좋아한 것은 맑은 술을 만나기가 드물어 늘 막걸리를 마셨기 때문이었는데, 높은 벼슬을 거치는 동안에 늘 맑은 술을 마시게 되매 또 막걸리를 좋아하지 않았으니, 습관이 되었기 때문인가. 요새는 벼슬에서 물러나 녹이 줄어들어 맑은 술이 계속되지 못하는 때가 있어 하는 수 없이 막걸리를 마시는데, 금방 얹혀서 기분이 좋지 않다. 옛날에 두자미 두보는 그의 시에서 '막걸리에 묘리가 있다' 하였으니 왠지 모르겠다.

막걸리는 좋은 약주를 뜨고 남은 술덧을 물을 붓고 손으로 걸러낸 것으로 예부터 서민들의 술이었다. 이규보는 막걸리에 대한 시에서 옛날에 즐겨 마셨던 술이었으나 높은 벼슬로 인하여 맑은 술을 마시는 습관이 들었고 관직에서 물러나 다시 막걸리를 마시려고 하니 금방 얹히게 된다고 하였다. 이렇게 막걸리와 맑은 청주의 비유를 통하여 좋은 것, 고급스러운 것에 쉽게 길들여진 세속적인 자신을 한탄하고 한편 세월의 덧없음을 느낀다는 표현으로 보인다. 두보가 말한 막걸리의 묘리妙理란 것은 바로 한 잔의 막걸리를 마심으로 인간 본연의 마음가짐이 되고 낮아지는 초심을 갖게 한다는 은유로 읽힌다.

배꽃이 필 때 담그는 '이화주梨花酒'

이화주는 우리나라의 전통 탁주로 배꽃이 한창 피었을 때 담그는 술이라 하여 붙여진 이름이라고도 하고 또 탁주용 누룩을 배꽃이 필 때에 만든다는 뜻에서 붙여진 이름이라고도 한다. 이화주는 빛깔이 희고 된죽과 같아 물을 타서 마신다. 또한 누룩도 보통 밀로 만든 것이 아니고 특별히 쌀로 만들어 쓴다고 한다.

이화주는 《산림경제》[12], 《사가집》[13], 《포은집》[14], 《청천집》[15], 《석북집》[16]과 같은 많은 고문헌에 그 이름이 자주 나오는데 색깔이 희다고 하여 '백설향白雪香'으로도 불리웠다.

장계향이 편찬한 《음식디미방》[17]에는 이화주를 빚는 방법에 대하여 다음과 같이 설명하고 있다.

> 이화주는 배꽃이 성하게 피었을 때 담그는 술인데 빛이 희고 죽 같다. 물을 타서 마신다. 이화주의 누룩은 백미 3말을 씻어 하룻밤 재웠다가 다시 씻어 고운가루를 만들어 주먹만큼씩 뭉쳐서 짚으로 싸 가마니에 담아 더운 구들에 두고 자주 뒤집어주어 누렇게 뜨면 된다. 누룩을 쓸 때 겹질을 벗기고 고운 가루를 만든다. 백미 한 말을 가루 내어 구멍떡을 만들어 삶아 더운 물을 잘 풀어서 차게 식힌 후 위의 누룩가루 3되를 골고루 섞어 독에 빚어 넣으면 3~4일 후에 쓸 수 있다.

이화주 담그기

:: 재료 및 분량

멥쌀 2kg, 이화주 쌀누룩 800g

:: 만드는 법

(쌀누룩 빚기)

1 배꽃 필 무렵, 멥쌀을 깨끗이 씻어 하룻밤 물에 담갔다가 건져 아주 곱게 가루 내어 깁체로 쳐서 내린다.

2 여기에 물을 조금 뿌려 섞어 오리알 크기의 단단한 덩어리를 여러 개 만든다.

3 달걀 꾸러미 같은 다북쑥 꾸러미에 빈섬을 넣어 두어 7일 후 뒤집어둔다.

4 21일 후 황백색 곰팡이가 생기면 바람과 햇볕에 말려 저장해 두고 쓴다.

(이화주 만드는 법)

1 멥쌀을 깨끗이 씻어 단갔다 건저 곱게 가루 내어 고운체로 쳐서 끓는 물로 익반죽하여 구멍떡을 빚어 찐다.

2 구멍떡이 식으면 곱게 법제한 쌀누룩가루를 넣어 섞어서 항아리에 담고 두꺼운 종이로 봉하며 15일 정도 발효시킨다.

3 맛이 매우 달고 향기로우며 숟가락으로 떠먹기도 하고 냉수에 타서 마시기도 한다.

① 불린 멥쌀 곱게 가루내기 ② 반죽 후 오리알 크기 덩어리 만들기 ③ 다북쑥 꾸러미 넣어 황백색 곰팡이 피면 말려 저장(21일 정도) ④ 멥쌀 씻어 빻아 고운체에 쳐서 가루내기 ⑤ 익반죽한 구멍떡을 식혀 쌀 누룩가루를 섞어 항아리에 담기(15일 정도 발효)

이화주와 어울리는 채소 안주들

향으로 먹는 '더덕구이'

더덕은 인삼에 버금가는 채소로서 약효와 향기가 뛰어나다. 더덕을 넣어 빚은 더덕 막걸리도 독특한 향으로 인기가 좋다. 송나라의 사신 서긍이 1123년에 고려를 방문하여 보고 들은 것을 기록한《고려도경》[18]을 보면 "관에서 매일 내놓는 나물에 또한 더덕이 있으니 그 모양이 크고 그 살이 부드럽고 맛이 있는데 약으로 쓰는 것이 아닌 것 같다"라는 기록이 있다. 더덕이 맛 좋은 전통 채소류로 고려의 대표적인 나물임을 알 수 있다.

더덕은 어린잎을 삶아서 나물로 만들어 먹거나 쌈으로 먹기도 하며, 뿌리는 고추장장아찌, 생채, 자반, 구이, 정과, 술 등을 만든다. 특히 햇더덕을 얇게 저며 칼등으로 자근자근 두들겨서 찬물에 담가 우려낸다. 자연식물인 더덕은 예부터 산에 흔하다. 뿌리나물로서 식이섬유가 풍부하고, 씹히는 맛이 탄탄하여 '산에서 나는 고기'에 비유된다. 생김새는 인삼, 산도라지 등과 비슷해도 맛은 다르다. 더덕은 도라지보다 향기롭고 살이 연하여 훨씬 귀하게 여겨진다.

더덕의 성장기인 봄에 싱싱한 생더덕을 갖은 양념에 무쳐 석쇠에 굽는 '더덕구이'를 비롯해서, '더덕회', '더덕김치', '더덕장아찌' 등 많은 더덕요리는 원래 사찰음식으로 많이 먹었다. 또한 예부터 산삼에 버금가는 뛰어난 약효가 있다하여 사삼沙

蔘이라 불렀으며 인삼人蔘, 현삼玄蔘, 단삼丹蔘, 고삼苦蔘과 함께 오삼五蔘 중의 하나로 인정받아 왔다.

더덕의 뿌리에는 섬유질을 비롯하여 칼슘과 인, 철 등 무기질과 비타민이 풍부하다. 잘랐을 때 나오는 하얀 진액은 사포닌 성분이며, 쓴맛의 성분이기도 하나 폐 기운을 향상시킨다. 또한 사포닌은 이눌린과 함께 피 속의 콜레스테롤과 함께 지질 함량을 줄이고 혈압을 낮춰 준다.

더덕구이 만들기

:: 재료 및 분량

더덕 400g, 유장(간장 1큰술, 참기름 2큰술), 고추장양념(고추장 2큰술, 설탕 1큰술, 다진 파 2큰술, 다진 마늘 1/2큰술, 깨소금), 깻가루양념(들깻가루 100g, 검은깨가루 100g, 꿀 2큰술)

:: 만드는 법

1 더덕은 물에 담가 껍질을 벗겨서 물에 우려 쓴맛을 뺀 후 길이로 반을 갈라서 방망이나 칼등으로 자근자근 두들겨 넓게 핀다.

2 더덕에 유장을 발라 석쇠에 은박지를 깔고 앞뒤로 고루 굽는다.

3 더덕의 반은 분량의 재료를 섞어 양념을 만들어 2의 더덕에 다시 발라 약한 불에서 서서히 굽는다.

4 나머지 반인 2의 더덕에 꿀을 살짝 바르고 들깻가루와 검은깨가루를 묻힌다.

5 더덕을 먹기 좋은 크기로 썰어서 접시에 담는다.

① 더덕 손질하여 두드리기 ② 더덕에 유장 발라 굽기 ③ 고추장양념 발라 두 번 굽기 ④ 꿀 발라 들깻가루, 검은깨가루 묻히기

최고의 채소요리, '오이선膳'

오이는 예로부터 즐겨 먹던 채소로 '가포육영'에도 '과瓜'라는 이름으로 등장한다. 오이로 만든 오이선은 오이에 고기, 버섯, 달걀 소를 넣어서 삶은 후 식은 장국을 부어 만든 음식으로 아삭아삭한 오이맛과 여러 가지 고명이 함께 어우러진 상큼한 맛이 일품이다.

궁중의 일상식에 자주 등장하는 찬으로 '선膳'이라는 음식이 있다. 이는 오이나 호박, 가지, 두부, 배추, 생선 등에 고기를 채워 넣거나 섞어서 익힌 것을 말한다. 그 중 오이선은 상쾌한 향기와 푸른빛이 청량감을 주므로 여름 음식으로 환영받았다. 서울 반가에서도 많이 해먹던 음식으로 오이선은 손님을 초대했을 때 전채로 내기에 알맞은 음식이다.

오이선의 다른 방법은 오이소박이처럼 토막 내어 열십자로 칼집을 넣어 양념한 고기소를 채워 넣고 국물을 부어 익힌다. 지금은 오이를 끓여서 먹는 일이 거의 없지만 예전에는 오이를 넣은 고추장찌개나 지짐이, 찜을 많이 해 먹었다. 오이를 찌개에 넣으면 국물이 시원하고 오이살이 무르지 않아서 좋다. 또한 오이선은 비타민이 풍부한 오이에 고기볶음과 표고버섯, 달걀지단 등을 섞어서 만들어 단백질도 보충되고 오이만 섭취하는 것보다 영양적으로 더 좋다.

다음에서는 전통적인 방식의 오이선이 아니라 오일드레싱을 이용한 상큼한 오이선을 선보였다. 오이를 삶는 것은 현대인의 기호에 맞지 않으므로 샐러드 처럼 생오이에 쇠고기를 볶아 넣고 드레싱을 끼얹어 담아 막걸리 안주로 연출하였다.

오이선 만들기

:: 재료 및 분량

오이 2개, 쇠고기 등심 100g, 소금 · 후춧가루 약간씩

드레싱(다진 양파 2큰술, 라임주스 4큰술, 설탕 1작은술, 다진 홍고추 1큰술, 실파 1대, 올리브오일 2큰술)

:: 만드는 법

1 오이는 곧고 일정한 두께의 것을 골라서 소금으로 문질러서 깨끗이 씻어 물기를 제거한다.

2 준비한 오이를 3cm 길이로 일정하게 썰고 티스푼이나 작은 스푼을 이용해서 씨 부분을 파내어 오이컵 모양을 만든다. 이때 바닥이 뚫리지 않도록 조심해야 한다.

3 쇠고기는 소금, 후춧가루로 밑간한 후 팬에 기름을 두르고 센 불에서 익힌 다음 잘게 썬다.

4 드레싱이 들어가는 채소는 입자 있게 일정한 크기로 다지고 분량의 재료와 섞어 드레싱을 만든다.

5 준비한 고기를 오이컵에 담고 드레싱을 위에 얹어서 예쁘게 담아 낸다.

① 오이 썰어 준비하기 ② 티스푼으로 파내어 오이컵 만들기 ③ 쇠고기 밑간 후 익히기 ④ 오이컵에 고기, 드레싱 얹어 담기

봄의 전령, '두릅움파숙회' 나물은 산이나 들에서 채취한 식물 또는 채소를 조미하여 만든 반찬을 통틀어 일컫는 말이다. 또는 식용 가능한 야생식물의 재료를 총칭하기도 한다. 나물은 숙채와 생채를 다 말하나 보통은 숙채를 일컫는다. 우리 일상식의 부식 가운데 가장 기본적이고 일반적인 음식의 하나인 나물의 재료로는 모든 채소와 버섯, 나무의 새순 등이 쓰인다.

나물은 비타민이 풍부한 음식으로 《농가월령가》[19]의 〈정월령〉에 "엄파와 미나리를 무엄에 곁들이면 보기에 신신하여 오신채를 부러 하랴. 묵은 산채 삶아내니 육미를 바꿀소냐."와 이월령의 "산채는 일렀으니 들나물 캐어 먹세. 고들빼기 씀바귀며 소로쟁이 물쑥이라. 달래김치 냉잇국은 비위를 깨치나니." 그리고 삼월령의 "울밑에 호박이요, 처맛가에 박 심고, 담 근처에 동아 심어 가자하여 올려보세. 무 · 배추 · 아욱 · 상추 · 고추 · 가지 · 파 · 마늘을 색색이 분별하여 빈 땅 없이 심어놓고, 갯버들 베어다가 개바자 둘러막아 계견을 방비하면 자연히 무성하리. 외밭은 따로 하여 거름을 많이 하소. 농가의 여름반찬 이밖에 또 있는가."에서 보이는 바와 같이 나물은 우리 식생활에서 중요한 구실을 하는 음식이다.

두릅은 섬유질, 비타민, 칼슘, 철 등 여러 가지 영양소가 골고루 들어 있어 영양적으로 우수하고, 쌉쌀한 맛의 사포닌 성분이 혈액순환을 돕는다. 껍질에서부터 순, 잎, 뿌리까지 버릴 것이 하나도 없는 두릅은 살짝 데쳐서 초고추장에 찍어먹는 방법을 가장 많이 알고 있지만 산적, 잡채, 김치 등 어떤 요리에도 향긋하게 잘 어울린다. 기름에 튀기거나 고기와 함께 꼬치에 꿰어 구워도 그만이다.

두릅과 쪽파의 효능과 그 향긋한 맛으로 인해 막걸리를 마실 때 막걸리의 맛을 더 북돋을 것이다.

두릅움파숙회 만들기

:: 재료 및 분량

두릅 160g, 쪽파 120g, 소금 1작은술, 참기름 1큰술, 깨소금 1작은술
초고추장(고추장 2큰술, 식초 2큰술, 설탕 1큰술, 생강즙 1/2큰술)

:: 만드는 법

1 두릅은 통통하고 싱싱한 것으로 골라 끓는 소금물에 데쳐 잠시 찬물에 담가 쓴맛을 우려 낸 후 껍질을 살짝 벗겨 물기를 짠다.

2 쪽파는 끓는 소금물에 데쳐 찬물에 담갔다가 물기를 짠다.

3 데친 쪽파를 소금, 참기름, 깨소금을 넣어 무치고 데친 두릅과 가지런히 접시에 담아 초고추장을 곁들인다.

① 두릅을 소금물에 데치기

② 찬물에 담가 쓴맛 우려 내기

③ 데친 쪽파와 참기름 양념하기

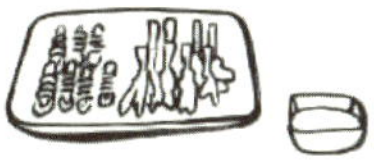

④ 접시에 담아 고추장과 내기

야들야들한 맛의 '도토리묵무침'

도토리는 오랜 세월 동안 우리 민족의 생명줄이었으며, 도토리 묵무침은 중요한 별미 음식이다. 도토리가 식량자원으로 이용된 역사는 굉장히 오래되어 신석기시대에 이미 도토리를 사람들이 먹었다고 한다.

도토리 열매를 맺는 상수리나무에 얽힌 이야기가 있다. 《고려사절요》에 의하면 고려 충렬왕 때 "왕이 흉년이 들어 굶주리는 백성이 있는 것을 생각하여 반찬을 줄이고, 내주內廚: 대내의 주방에 명하여 상수리를 올리게 하여 맛보았다"는 기록이 있다[20]. 또한, 조선시대 선조가 임진왜란이 터지는 바람에 북쪽으로 몽진蒙塵을 갔는데 난리 중에 먹을거리가 있을 리 없었다. 임금 일행이 묵게 된 마을 사람들이 황송한 마음에 도토리로 묵을 쑤어서 그쪽 말로 토리묵을 수라상에 올렸다. 배고플 때 먹으니까 맛이 있어서 나

도토리묵무침 만들기

:: **재료 및 분량**

도토리묵 1/2모, 상추 3장, 쑥갓 1줄기, 양파 1/2개, 실파 2뿌리, 홍고추 1개, 통깨 약간
양념장(간장 · 참기름 2큰술, 고춧가루 · 까나리액젓 · 식초 · 설탕 · 깨소금 1큰술)

:: **만드는 법**

1 도토리묵은 윗면의 딱딱한 막을 얇게 저며 내고 한 입에 먹기 좋은 크기로 썬다.

2 상추는 지저분한 끝을 다듬고, 쑥갓은 줄기의 억센 부분을 잘라낸 뒤 넉넉한 물에 깨끗이 씻어 물기를 털어 먹기 좋은 크기로 뜯는다.

3 양파는 가늘게 채 썰어 물에 잠시 담갔다가 건져 매운맛을 적당히 뺀 뒤 물기를 제거한다.

4 실파는 깨끗이 다듬어 씻어 3~4cm 길이로 썰고, 붉은 고추는 어슷 썰어 씨를 턴다.

5 볼에 양념장 분량의 재료를 모두 넣고 고루 섞어 양념장을 만든다.

6 5의 양념장에 손질한 도토리묵과 상추, 쑥갓, 양파, 실파, 홍고추를 넣고 양념이 고르게 배도록 골고루 버무려 섞은 뒤 그릇에 보기 좋게 담고 통깨를 뿌린다.

① 도토리묵 썰기　② 채소 준비하기　③ 묵, 채소를 양념장에 버무리고 통깨 뿌리기　④ 도토리묵 완성

중에 난리가 끝난 뒤에도 선조 임금이 옛날 고생을 잊지 않을 겸 '토리묵을 상에 올려라'라고 했다고 한다. 말하자면 토리묵이 수라상에 자주 오르는 귀한 음식이 된 것이다. 수라상에 올린다上해서 도토리를 상수리라 했고 세월이 흐르면서 상수리가 됐다는 일화가 있다. 그러나 이는 일화이고 도토리나무와 상수리는 다른 나무라고 본다. 당시 북녘에서는 상수리나무를 토리나무라 했다고 한다.

도토리묵은 수백만의 사람들이 헐벗고 굶주렸던 한국전쟁 동안 많이 먹었으나, 세월이 흐르며 도토리묵은 빈곤의 상징으로 인식되기 시작했고, 메밀묵 등의 다른 묵을 쉽게 구할 수 있게 되면서 점차적으로 수요가 감소했다. 그러나 최근 몇 년 사이 도토리묵은 건강식품으로 재조명되고 있다. 도토리로 묵을 쑤어 먹으면 수분의 함량이 많고 포만감을 줄 뿐만 아니라 반대로 칼로리가 낮아서 다이어트 음식이 된다. 도토리묵은 몸 안의 독소를 배출시키는 무공해식품으로 탄닌 성분이다. 탄닌은 도토리를 묵으로 만드는 과정 중 많이 없어지게 되는데, 남아 있는 탄닌 양이 적당하면 모세혈관을 튼튼하게 하는 역할을 한다.

화해의 음식, '탕평채'

탕평채는 녹두묵에 고기볶음, 미나리, 김 등을 섞어 만든 묵무침으로 청포묵무침이라고도 한다. 《동국세시기東國歲時記》[21]에 의하면 탕평채라는 음식명은 조선시대 중엽에 탕평책을 논의하는 자리에서 함께 나누어 먹은 음식으로 어느 쪽에도 치우침 없이 고르다는 뜻을 지닌 탕탕평평蕩蕩平平이란 말에서 유래한 것으로 보고 있다. 즉, 여러 재료를 섞어 만든 탕평채는 서로 화합하자는 의미를 담고 있으며 섞음의 미학을 실천한 음식이라고 할 수 있다.

청포묵의 재료인 녹두는 콩단백질이 풍부하고 지방 함량이 낮으며 불포화지방산으로 이루어져 있다. 녹두묵은 해독작용과 피로 회복에 좋다고 전해지고 있다. 녹두묵은 맑은 색을 가지고 있어, 특히 미나리나 고기볶음, 김 등을 섞으면 비타민과 단백질이 자연스럽게 보완된다. 탕평채를 만들 때 양념으로 들어가는 소량의 후추, 참깨, 참기름, 마늘 등도 몸에 좋은 효과를 가진다.

탕평채 만들기

:: 재료 및 분량

청포묵 1/2모, 쇠고기 50g, 미나리 50g, 숙주 50g, 청포묵양념(소금 1/2작은술, 참기름 1큰술)
쇠고기양념(간장 1작은술, 맛술 1작은술, 다진 마늘 1/2작은술, 참기름 1작은술, 후춧가루 약간)
미나리양념(소금 1/4작은술, 참기름 약간)

:: 만드는 법

1 청포묵은 칼에 물을 묻혀 4장으로 포를 뜬 다음 0.5cm 두께로 썰어 끓는 물에 넣어 데친다. 투명해지면 바로 체에 건져 물기를 뺀다.

2 쇠고기는 기름기가 없는 부위로 준비해 4~5cm 길이로 채 썬다.

3 미나리는 잎을 떼고 줄기만 깨끗이 손질해 씻어 끓는 물에 소금을 조금 넣고 살짝 데친다. 찬물에 헹구고 물기를 짠 뒤 4~5cm 길이로 썬다.

4 숙주는 머리와 뿌리를 떼고 씻어 끓는 물에 살짝 데쳐서 체에 건져 물기를 뺀다.

5 달걀을 풀어 얇게 지단을 부쳐 3cm 길이로 가늘게 채 썬다. 석이는 부드럽게 불려 깨끗이 씻어 가늘게 채 썬 뒤 살짝 볶아 준비한다.

6 준비한 청포묵과 미나리, 숙주는 각각 소금과 참기름으로 살살 무친다.

7 채 썬 쇠고기에 간장과 맛술, 다진 마늘, 참기름, 후춧가루를 넣고 무친 다음 팬에 기름을 두르고 바짝 볶는다.

8 볼에 준비한 청포묵과 쇠고기, 미나리, 숙주를 모두 넣고 초간장을 넣어 무쳐 그릇에 담고 고명을 올린다.

① 청포묵 데치기 ② 미나리, 숙주 데치기 ③ 쇠고기 양념하여 볶기 ④ 묵, 채소, 쇠고기 양념하여 고루 무치기

두부와 호박의 궁합, '두부호박적'

이규보의 '가포육영'의 여섯 가지 채소 중 하나인 瓠호는 박을 말한다. 박이 초가 지붕이나 돌담 위에 주렁주렁 매달린 풍경은 빛바랜 사진에서나 볼 수 있는 풍경이 되었다. 박은 주로 바가지를 만들고 남은 박 속은 무쳐서 먹었다. 박 속은 담백한 맛이 있어 옛 시문에도 자주 등장하며 숨어서 도를 닦는 선인이 먹던 선식仙食이었다고도 한다. 익은 박은 껍질을 끈처럼 길게 돌려 가면서 얇게 깎아서 말린 것을 박고지라 한다.

박은 옛 이야기 속의 채소가 되었지만 박과 비슷한 호박은 지금도 좋은 먹을거리이다. 호박은 임진왜란 무렵에 들어온 것으로 보이며 과채류이지만 미숙한 열매인 애호박은 부드러운 넝쿨순, 잎 그리고 꽃맺이 부분까지 안 먹는 부분이 없을 정도이다.

우리 밥상에 자주 오르는 된장찌개에도 건더기로 두부와 애호박을 가장 많이 넣는다. 호박찌개는 흔히 고추장이나 된장을 풀어서 끓이지만 새우젓으로 간을 한 맑은 찌개도 담백하다.

《시의전서》[22]에 나오는 '호박문주법'은 "주먹만 한 어린 호박의 꼭지 쪽을 깊이 도려 속을 대강 긁어낸다. 정육은 다지고 표고, 석이, 달걀지단을 채쳐서 합하여 양념을 넣고 주물러 그 속에 넣고, 꼭지를 도로 막고 쪄 내서 통으로 담아 초장을 곁들인다. 혹 찜처럼 국물을 약간 있게 하여 냄비에 지져 술안주로도 한다"고 조리법이 소개되었다.

호박과 궁합을 맞춘 두부는 고단백 저칼로리의

대표적인 건강식품이다. 두부는 칼슘이 풍부하여 치아와 뼈의 건강 유지에 중요한 역할을 할 뿐 아니라 철, 인, 칼륨, 비타민 B군과 콜린, 비타민 E 등이 많다.

두부호박적 만들기

:: 재료 및 분량

부침용 두부 1/2모, 애호박 1/4개, 홍고추 1개, 소금 · 후춧가루 약간씩
오리엔탈 드레싱(간장 · 식초 · 설탕 · 참기름 1큰술)

:: 만드는 법

1 두부를 3×3cm 크기로 네모지게 썰어 소금을 뿌려 밑간해 둔다. 두부의 수분이 빠지면서 좀 더 탄력이 생기고, 구울 때 부서지지 않는다.

2 애호박은 1cm 굵기의 부채꼴로 썬다.

3 애호박은 소금, 후춧가루를 뿌려서 기름 두른 프라이팬에 센 불에서 재빨리 볶아 식힌다.

4 홍고추는 씨를 털어 낸 후 얇게 링으로 썬다.

5 두부의 물기를 제거한 뒤 달군 프라이팬에 노릇하게 굽는다.

6 두부 위에 호박, 고추 순으로 예쁘게 얹고 꼬치로 고정시킨 후 오리엔탈 드레싱을 뿌리거나 곁들여 낸다.

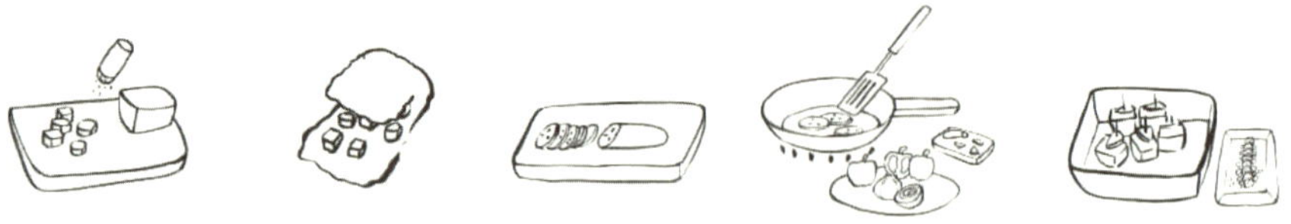

① 두부 썰어 밑간하기 ② 두부 물기 제거하기 ③ 채소 손질 후 썰기 ④ 두부 굽기 ⑤ 접시에 담아 내기

이화주 채소안주에 곁들이면 좋은 '떡갈비'

떡갈비는 본래 궁중에서 임금이 즐기던 고급음식이다. 쇠고기를 다져 만든 모양이 떡을 닮아 떡갈비라 불리며, 임금이 체통 없이 갈비를 손에 들고 뜯을 수 없다는 뜻도 숨어 있다. 먹기 편한데다 고소한 쇠고기 맛을 즐길 수 있어 어린이나 노인들이 즐긴다.

유배 내려온 양반들에 의해 전해진 남도 떡갈비 가운데 담양 떡갈비가 유명하다. 담양 떡갈비는 모양과 요리법 자체가 경기도의 떡갈비와는 다르다. 떡갈비는 맛이 좋고 영양가가 높을 뿐만 아니라 막걸리와 잘 어울려 최고의 안주이다. 양질의 단백질과 철이 풍부하고 지방, 무기질, 비타민 등의 공급원으로서 가치가 높은 식품이며, 특히 철이 많아 빈혈인 사람에게 좋다.

:: 재료 및 분량

쇠갈빗살 400g, 밀가루 5큰술, 식용유 2큰술, 잣가루 약간
갈빗살양념(간장 3큰술, 설탕 1큰술, 다진 마늘 1큰술, 다진 파 1큰술, 깨소금 1큰술, 참기름 1/2큰술, 청주 1작은술, 후춧가루 약간)

:: 만드는 법

1 갈빗살에 양념장 재료를 분량대로 넣고 밀가루 1큰술을 섞어 주무른 뒤 끈기가 생길 때까지 치대어 반죽한다.
2 반죽을 5cm 크기로 네모 모양을 만든다. 한쪽에 칼집을 살짝 넣어 냉동고에 잠시 보관한다.
3 팬을 달궈 식용유를 두른 뒤 냉동에 넣어둔 떡갈비를 올려 굽다가 불을 줄여 약한 불에서 서서히 속까지 익힌다.
4 구운 떡갈비를 접시에 담고 잣가루를 뿌린다.

인목대비 어머니의 막걸리, 모주

제주도에는 탁배기와 같은 뜻의 '모주母酒'란 말이 있다. 조선시대 광해군 5년1613년의 사화로 인해 인목대비는 서궁에 유폐되고 어머니인 노씨는 제주의 대정읍에 유배되었다[23]. 유배 중 생활이 어려워져서 할 수 없이 그의 시녀가 지금의 탁배기 같은 술을 팔면서 봉양하였다. 이 지방 사람들이 이 이야기를 듣고 이곳에 찾아와 좋은 모주라 하면서 다투어 마시고 눈물을 흘렸다고 한다.

후에 부부인 노씨는 복원되어 궁전으로 환궁하게 되는데, 모주라는 이름은 이 당시부터 사용되었다 하니 고급 술은 아니고 지금의 탁배기 정도의 술이라 전한다. 이 모주 이야기는 노씨의 애환사와 함께 비석에 새겨져 제주시에 있었는데, 십여 년 전 개발지로 주택이 들어서면서 그 비석도 없어졌다고 한다. 제주에서는 모주가 '국모의 술'이라는 뜻에서 유래되었다고 하며 이 이야기는 《대동야승大東野乘》에 실려 있다[24].

모주는 제주에서 유래되었지만 한말의 서울에도 모줏집이 있었고 술지게미에 물을 타서 뜨끈뜨끈하게 끓여 낸 것을 팔았다. 버리기 아까운 술지게미를 이용한 술로 이러한 모주는 전국 곳곳에 많이 전해지며 현재에는

주막의 풍경

전주의 모주가 유명하다. 그러나 전주의 모주는 술지게미가 아니고 막걸리에다 한약재와 흑설탕을 넣고 끓인 술이라고 한다. 지방에 따라 다소 다른 약재가 들어가기도 한다. 가장 대표적이라고 하는 약주를 넣은 모주의 제조법은 다음과 같다.

모주는 막걸리 5L에 생강 100g, 대추 50g, 감초 50g, 인삼 50g, 칡 50g을 넣고 술의 양이 절반 정도로 줄고 알코올 성분이 거의 없어졌을 때 마지막으로 계핏가루를 넣는다. 그러니 술이라기보다 보신 효과를 지닌 음식으로 우리가 어릴 때 먹어 본 술지게미가 바로 모주의 전신이었던 것이다.

오메기떡으로 만든 제주 '오메기술' 제주도에서 막걸리를 모주라고도 하지만 모주라는 이름으로는 현재 전주의 모주가 더 유명하다. 여기에서는 인목대비 친정어머니의 이야기가 담긴 제주도를 공간적 배경으로 하고 있는 제주도 오메기술을 소개하고자 한다.

오메기술은 누룩가루와 차좁쌀가루로 만든 떡을 익반죽하여 담아 둔 술독에서 윗국만 떠낸 술로 제주에서는 원래 청주라 불렀는데 요즘은 오메기떡으로 술을 빚는다 하여 오메기술이라 통용되고 있다. 좁쌀이 누룩에 삭게 하기 위해 좁쌀을 살짝 쪄서 오메기떡을 만들어 이 오메기떡을 다시 삶는데 좁쌀을 두 번 삶는 것이다. 1990년 5월 제주도 무형문화재 3호로

지정된 오메기술은 주로 남제주군 표서면 성읍리에서 성행하였다. 술제조기능 보유자인 김을정 씨는 20세 때 장태보 씨 집안에 시집와 술을 빚는 기법을 배웠다고 한다.

오메기술 담그기

:: 재료 및 분량

차좁쌀 2kg, 누룩 500g, 끓여 식힌 물 3L

:: 만드는 법

1 껍질을 깐 차좁쌀을 깨끗이 씻어 물에 담갔다 건져 빻아 고운 가루로 만든다.

2 가루를 반죽하여 주먹만큼씩 떼어 내 도넛 모양의 구멍떡(오메기떡)을 만든다.

3 오메기떡을 끓는 물에 삶아 식기 전에 그릇에 넣고 소량의 물과 함께 떡의 형태가 없어질 정도로 잘 풀어주고 그 위에 누룩가루를 넣고 고루 버무린다.

4 끓여 식힌 물을 붓고 고루 섞어 항아리에 담아 23~25℃ 정도에서 20여 일 발효시킨다.

5 발효가 끝나 맑은 술이 고이면 약주를 떠내 제주(祭酒)나 세배주로 이용한다.

6 남은 찌꺼기에 다시 소량의 누룩과 오메기떡과 끓여 식힌 물을 같은 방법으로 덧술 안치듯 하여 버무려 넣어두어 다시 한 번 약주를 얻거나 그냥 걸러 탁주를 만들 수 있다.

① 차좁쌀 씻어 가루내기 (미지근한 물 8시간 침지)

② 가루 익반죽하여 오메기떡 만들기

③ 으깬 오메기떡에 누룩가루 넣고 발효시키기(23~25℃, 20여 일 발효)

④ 끓인 물에 오메기떡 삶아 으깨기

모주에 어울리는 안주류, 고소한 부침개 이야기

비오는 날의 막걸리 안주, '해물파전'

해물파전은 파에 오징어나 조개 등 해물을 같이 넣어 부친 전이다. 파 한 가지만 넣어도 전은 고소하고 부드러운 파전이 되어 막걸리 안주로 어울린다. 거기다 오징어나 굴, 낙지 같은 해물을 넣어주면 최상의 안주가 된다. 해물에는 타우린이 풍부해 피로회복이나 간 보호에도 좋다. 거기다 파는 위장 기능을 도우며 몸을 따뜻하게 해주고 신경 기능에도 좋다고 하니 해물파전은 궁합이 좋은 건강식이다.

해물파전은 비가 오거나 출출할 때 온 가족이 정을 나누면서 부쳐 먹어도 좋은 음식이다. 특히 해물파전을 부칠 때 나는 고소한 기름 냄새는 모든 사람들에게 행복감을 주는 냄새이다. 해물파전도 막걸리에 곁들여 함께 정을 나누기 위한 적합한 음식이다.

해물파전 만들기

:: 재료 및 분량

쪽파 120g, 밀가루 2/3컵, 조갯살 50g, 굴 50g, 오징어 100g, 새우살 30g, 홍합살 30g, 달걀 25g(1/2개), 물 2/3컵, 청 · 홍고추 1개씩, 소금 1/2작은술, 식용유 1큰술

:: 만드는 법

1 동량의 물과 밀가루를 합하여 잘 섞어 준다.

2 달걀을 잘 풀어서 반죽에 소금과 함께 넣고 저어서 걸쭉한 빈죽을 만들어 조갯살, 굴, 오싱어, 새우살, 홍합살을 넣는다.

3 쪽파는 다듬어 씻어 썰지 않은 채로 함께 반죽에 섞는다.

4 기름을 두른 팬에 쪽파를 가지런히 올려놓고 반죽물과 해물, 청 · 홍고추를 얹어 양면을 노릇하게 지진다.

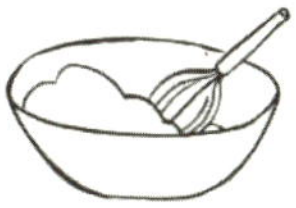

① 밀가루, 달걀, 물 넣고 반죽하기

② 해물과 채소 반죽하기

③ 기름 두른 팬에 쪽파 놓고 반죽물 붓기

④ 노릇하게 지져 담기

감자바우의 애환이 있는, '감자전'

강원도 사람들은 예부터 간식으로 감자전을 많이 부쳐 먹었다. 어느 부침개와 달리 강원도식 감자전은 반죽에 밀가루나 부침가루 등 그 어떤 것도 섞지 않고 감자만 갈아서 만든 것이 특징이다. 지금 현재 우리들이 부쳐 먹는 감자전은 생감자를 갈아서 부치지만 과거 강원도에서 만드는 토속 감자전은 감자를 썩혀서 만들었다. 퀴퀴한 냄새가 나고 시커멓게 변질된 감자를 으깨 녹말을 우려내어 만드는 토속 감자전은 더욱 쫄깃한 맛을 준다.

토속 감자전을 만드는 방법은 다음과 같다. 감자를 깨끗이 닦아서 충분한 물에 담가 썩힌다. 며칠 후 감자 껍질이 둥둥 뜨면 떠있는 껍질은 건져 버리고 또 며칠을 놔둔다. 그러면 감자가 썩어서 풀어지기 시작하고, 풀어지면 체를 이용하여 약간 으깨면서 걸러주면 덜 썩은 껍질과 찌꺼기들이 체를 통하여 걸러지고, 나머지는 물 속에 가라앉아 계속 썩는다. 그후로는 하루에도 몇 번씩 물을 갈아주어야 하고 가라앉은 전분을 뒤적이며, 다시 가라앉으면 또 위에 썩은 물을 갈아주고 가라앉은 전분을 뒤적이면서 완전히 썩을 때까지 되풀이한다. 감자의 찌꺼기는 물을 따라 버릴 때 함께 나가므로 바닥에는 전분만이 남는다. 이것으로 전을 부치면 된다.

감자는 수분함량이 80% 내외이고, 탄수화물은 대부분 전분의 형태로 존재한다. 감자전분은 곡류에 비해 입자가 커서 빨리 호화되는 특징

을 가지고 있다. 감자에 풍부한 비타민 B_1, 비타민 C는 스트레스를 해소하고 면역력도 높여줘서 감기예방에도 좋다고 한다. 감자 속에 풍부한 칼륨이 몸 속에 남아 있는 여분의 나트륨을 배출시켜 부종해소에 효과적이다. 그리고 식이섬유인 펙틴은 혈중 콜레스테롤을 줄여주고 변비예방과 치료에도 도움이 된다.

감자전 만들기

:: 재료 및 분량

감자 300g, 청 · 홍고추 1개씩, 소금 1작은술, 식용유 2큰술

:: 만드는 법

1 감자는 껍질을 벗기고 강판에 갈아 물기를 짜 국물을 버리지 말고 둔다.

2 청 · 홍고추는 동그랗게 썰어 둔다.

3 국물에 맑은 윗물은 따라 버리고 가라앉은 전분을 건더기에 넣어 소금으로 간을 한다.

4 팬에 식용유를 두르고 전을 부치며 청 · 홍고추로 장식한다.

① 감자 겁질을 벗겨 강판에 갈기

② 가라앉은 감자에 전분 넣기

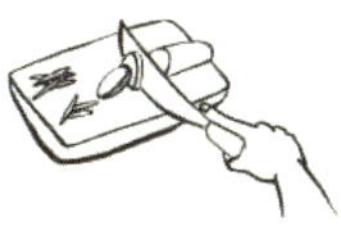

③ 다양한 채소 썰어 넣기

④ 소금으로 간하여 부치기

출출할 때 생각나는, '김치전'

비오는 날에 간절히 생각나는 것이 전이다. 전에는 여러 종류가 있지만 특별히 마땅한 재료가 없을 때 가장 손쉽게 만들 수 있는 대중적인 전이 바로 김치전이다. 밀가루 반죽에 김치만 송송 썰어 넣고 부치기만 해도 맛있는 김치전을 만들 수 있다. 좀 더 특별한 김치전을 먹고 싶다면 김치와 어울리는 재료를 함께 넣을 수도 있다.

김치는 대표적인 한국의 민족음식으로 이제 전 세계적으로 많이 알려졌다. 김치는 그러나 밥이 없이 김치만 먹기는 어려워 세계화하기 위해서는 다양한 요리 개발이 필수적이다. 이러한 김치를 이용한 다양한 음식 중에서도 김치전은 식사를 대신할 수도 있는 단품메뉴로서 손색이 없다. 김지전은 대부분의 외국인들이 즐겨 먹는 음식이기도 하다.

김치는 채소 생산이 어려운 겨울철 비타민 A, B, C 등을 비롯하여 그 부재료가 지닌 다양한 영양성분을 공급하며, 또한 인체의 생리기능 활성화에도 도움을 주고 함께 들어가는 밀가루는 쌀과 같이 열량원으로서 중요하다. 김치 원료가 되는 채소는 다량의 섬유소가 함유되어 있어 변비를 예방해 준다. 김치의 유산균은 장 내 유해세균의 번식을 차단, 위장 내의 단백질분해효소인 펩신의 분비를 촉진시키며 장내 미생물 분포를 정상화시켜 정장작용을 돕는다.

김치전 만들기

:: 재료 및 분량

배추김치 160g, 오징어 100g, 양파 1/2개, 밀가루 1/2컵, 달걀 1개, 쪽파 10g, 물 약간, 식용유 1큰술

:: 만드는 법

1 배추김치는 송송 잘게 썰고, 양파는 채 썰고, 쪽파는 5cm 길이로 썬다.

2 오징어 몸통은 껍질을 벗겨 다지고, 다리도 함께 손질해 깨끗이 씻어 다지듯이 썬다.

3 준비한 1에 오징어, 밀가루, 달걀, 물을 넣어 잘 섞는다.

4 팬에 식용유를 두른 후 반죽을 넓게 펴서 지진다.

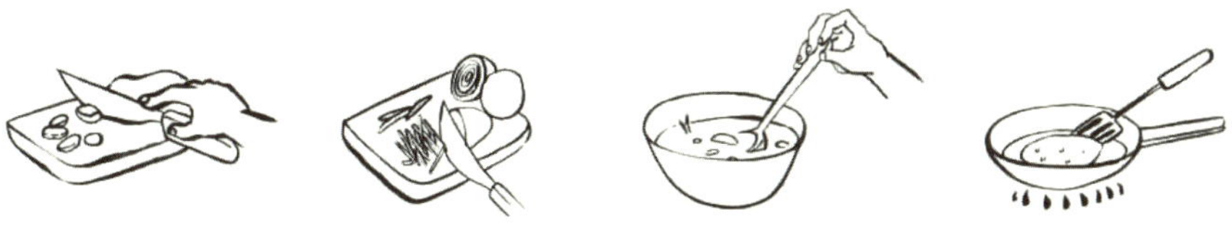

① 배추김치 송송 썰기 ② 양파, 오징어 손질하여 썰기 ③ 밀가루, 달걀 반죽에 재료 섞기 ④ 팬에 기름 두르고 지지기

목로주점 최고의 안주, '빈대떡'

'빈대떡 신사'라는 노래도 있듯이 막걸리에 가장 잘 어울리는 안주는 역시 빈대떡이다. 그런데 빈대떡의 유래에는 여러 해석이 있다. 오래전 서울 덕수궁 뒤쪽에현재 정동지역 빈대가 많아 '빈대골'로 불렸는데, 이곳 사람 중에 부침개 장수가 많아 이름이 빈대떡이 되었다는 이야기도 있다. 빈대떡이 '빈자貧者떡', 즉 가난한 사람들이 먹는 떡이라는 뜻이라고도 한다.

빈대떡에 대해 1948년 최남선이 쓴 《조선상식풍속편》[25]에 보면 "떡인지 적인지 분간하기 어려운 일종의 빈대떡이라는 것이 있으니 번철에 기름 발라 부쳐 먹는 전병 비스름한 것이다."라고 기록되어 있다.

《음식디미방》, 《규합총서》에 수록된 빈대떡 제법을 보면 지금과는 달리 떡의 일종으로 보인다. 《음식디미방》[26]에서는 거피한 녹두를 가루 내어 되직하게 반죽하여 번철의 기름이 뜨거워지면 조금씩 떠놓고 그 위에 거피하여 꿀로 반죽한 팥소를 놓고 그 위를 다시 녹두반죽으로 덮어 지진다고 하였고, 《규합총서》[27]에서는 같은 방법이지만 위에 잣을 박고 대추를 사면에 박아 꽃전 모양으로 만든다고 하였다. 따라서 빈대떡은 빙자라는 떡에서 유래되었다고 볼 수도 있다.

빈대떡은 황해도, 평안도 등의 서북 지방에선 집에서 상식常食했고, 손님을 대접할 때에 특히 많이 냈다. 요즘에 와서 빈대떡은 애주가들의 술 안주로 이용하는 음식 중의 하나가 되었다. 지금은 빈자의 떡도 아니고, 빈대賓待, 즉 손님 접대의 특별한 떡도 아니다. 출출할 때 집에서 가족들과 함께 맛있는 부침개를 만들어 먹는 것도 좋다. 집안 가득 배인 고소한 부침개 냄새가 가족들의 코를 먼저 자극하고, 겉은 바삭하면서도 속은 촉촉한 것이 입을 즐겁게 한다.

이 빈대떡을 맛있게 부치기 위해서는 약간의 주의가 필요하다. 똑같은 재료를 가지고도 어떻게 부치느냐에 따라 바삭한 맛을 낼 수도 있고 쫄깃하고도 부드러운 맛을 지닐 수도 있다. 반죽은 대강 섞어 바로 부치는 것이 맛과 질감이 좋다.

가루가 살짝 남아 있게 대강만 반죽해서 즉시 부치고 기름은 넉넉히 두른다. 너무 약한 불에 부치면 바삭바삭하게 부치기 어려우며 중불에서 부쳐야 맛있다. 기름은 조금 넉넉히 둘러야 하며, 반죽을 한 번 뒤집은 후에도 기름을 다시 넉넉히 흘려주는 것이 중요하다.

빈대떡의 재료인 녹두에는 철과 카로틴이 많이 있다. 콩류 가운데 아연 함량이 비교적 많다. 아연은 몸 안에서 효소나 호르몬, 비타민들과 밀접한 관계가 있고 인슐린의 작용을 높인다. 그러므로 녹두로 만든 음식물은 당뇨병 환자들에게 좋다고 한다. 정신적 · 육체적으로 피로가 와서 몸 안에 피로물질이 쌓였을 때 녹두 달인 물을 마시면 피로가 금방 풀린다. 빈대떡에 파, 부추, 양파 같은 채소가 들어가면 영양적으로 더욱 좋다. 녹두빈대떡을 할 때 돼지고기가 들어가면 녹두에 부족한 메티오닌, 트립토판을 보충해 주어 영양을 보완하고 입맛도 돋울 수 있다.

빈대떡 만들기

:: 재료 및 분량

거피녹두 1/2컵, 찹쌀가루 2큰술, 돼지고기(등심) 60g, 숙주 60g, 배추김치 60g, 대파 5g, 홍고추 1개, 식용유 1큰술, 소금(데침용) 약간

숙주양념(참기름 1/4작은술, 소금 1/2작은술)

돼지고기양념(간장 1/2작은술, 참기름 1/4작은술, 다진 마늘 1/2작은술, 후춧가루 약간)

김치양념(참기름 1/4작은술, 다진 마늘 1/3작은술, 깨소금 1/4작은술)

:: 만드는 법

1 거피녹두를 물에 불려 분쇄기에 간다.

2 파는 파란 부분을 0.5cm 길이로 송송 썰어 1에 넣는다.

3 끓는 소금물(1/2작은술)에 숙주를 살짝 데쳐 찬물에 헹구고 참기름, 소금을 넣고 양념하여 3cm 길이로 썰어 파를 넣은 간 녹두에 넣고 잘 섞어 준다.

4 돼지고기에 간장, 참기름, 후춧가루, 마늘을 넣고 양념한다.

5 김치에 참기름, 다진 마늘, 깨소금을 넣고 양념한다.

6 양념한 돼지고기와 김치를 간 녹두에 넣고 섞어 식용유를 두른 팬에 둥글게 편다.

7 홍고추를 어슷 썰어 6의 둥글게 편 반죽 위에 놓고 노릇하게 지져 낸다.

① 거피 녹두 물에 불려 갈기 ② 돼지고기, 김치 양념하기 ③ 파, 숙주, 홍고추 준비하기 ④ 재료를 녹두에 섞어 팬에 지지기

아름다운 풍류음식, '화전'

화전이란 꽃을 붙여 부친 부꾸미나 찹쌀가루를 반죽하여 기름에 지진 떡이다. 우리나라에는 삼월 삼짇날 들놀이를 할 때 진달래꽃을 따서 찹쌀가루에 섞어 지진 꽃전을 절식으로 먹는 풍속이 있는데, 이러한 풍습은 고려시대부터 있었다.

조선시대 궁중에서는 삼짇날 중전을 모시고 비원에서 찹쌀가루를 반죽하여 진달래꽃을 얹어 화전을 부쳐 먹으면서 화전놀이를 하였다. 진달래화전 이외에 봄에는 이화전, 여름에는 장미화전, 가을에는 국화와 감국 잎

으로 국화전을 부쳐 먹었으며, 꽃이 없을 때에는 미나리잎, 쑥잎, 석이나 대추 등으로 꽃모양을 만들어붙여 화전을 만들어 먹었다.

들과 산에 아름답게 핀 꽃을 식탁에 올려놓는다는 것은 우리 조상들의 멋스러움과 여유에서 오는 너그러운 생활의 일면을 볼 수 있다. 봄놀이 행사에 이 아름다운 화전을 부쳐 막걸리 한 잔을 곁들인다면 그 행복과 아름다움을 어디다 견줄까 싶은 생각이 든다.

화전 만들기

:: 재료 및 분량

찹쌀가루 1컵, 소금 1작은술, 꿀 2큰술, 진달래꽃 3장, 국화꽃 3장, 식용유 1큰술

:: 만드는 법

1 찹쌀가루에 소금을 넣고 체에 한 번 내린 다음 끓는 물로 익반죽한다.

2 반죽한 것을 떼어 납작하게 빚는다.

3 프라이팬에 기름을 두르고 둥근 반죽을 지져 익으면 뒤집어서 지진다.

4 지진 화전 위에 진달래꽃과 국화꽃을 보기 좋게 올린다.

① 찹쌀가루에 소금 넣고 체에 내리기

② 끓는 물에 익반죽하여 둥글게 빚기

③ 팬에 기름 두르고 지지기

④ 진달래꽃 올리기

오메기술

고소한 부침개와 잘 어울리는 '장아찌 이야기'

계절적인 차이가 큰 우리나라는 각 지역별로 저장식품을 발달시켰다. 즉, 각 가정에서는 철따라 나오는 여러 가지 채소를 적절한 저장법으로 갈무리하여 일상 식생활에 부족함이 없도록 대비하였다. 장아찌의 종류는 계절에 따라, 또 지역에 따라 생산되는 먹을거리들의 특성에 따라 수도 없이 많아 어림잡아 200여 종류가 된다. 묵히고 삭히는 저장식품의 발달은 사계절이 뚜렷해 제철에만 생산되는 먹을거리들을 일년 내내 밥상에 오를 수 있게 한 한국인의 지혜를 보여준다.

고려 문인 이규보는 무를 시로 읊었는데[28] "장에 넣으면 여름의 석 달 동안에 먹기 더욱 좋고, 소금에 절여 동치미 또는 짠지와 같은 김치는 겨울에 좋다."라고 하였고, 파에 대하여서는 좌반(佐飯: 반찬)으로 한다고 하였으니 무장아찌와 파장아찌를 이르는 것으로 보인다. 요즈음은 신선한 채소를 쉽게 구할 수 있고, 또 음식에 대한 기호가 변하여 장아찌에 대한 필요성과 기호도가 떨어졌지만 아직도 장아찌는 우리 입맛을 개운하게 하는 음식으로 여전히 사랑받고 있다.

장아찌는 재료를 소금물, 간장, 식초 등의 용액에 넣어 탈수시켜 세포의 기능을 잃게 하여 다시 된장, 고추장 등 장류에 넣어 발효시키는 원리에 의해서 제조한다. 소금물에 절여서 삭히면 재료에 있는 수분이 용출되어 탈수작용을 유발하고, 원형질을 분리시켜 양념이 빠르게 조직 내로 침투하도록 하는 것이다. 또한 염분이 스며들어 효소에 의한 소화작용을 촉진하고 유효 미생물이 번식하여 발효가 진행되며, 장류에 장시간 절여서 저장함으로써 유해한 미생물의 생육이 억제되어 장기간 보존이 용이하게 된다.

마늘장아찌

:: 재료 및 분량

마늘 2컵, 초벌 절임물(식초 1컵, 물 1컵)
2차 절임물(마늘식초물 2컵, 간장 1/2컵, 설탕 1/2컵, 건고추 1개)

:: 만드는 법

1 마늘은 잘 씻어 꼭지를 따고 물기를 없앤다.

2 마늘을 초벌 절임물에 담가 1주일 정도 숙성시킨다.

3 2의 절임물을 따라 내어 2차 절임물과 섞어 끓여 식힌다.

4 마늘을 병에 담도 절임물을 부어 1주일 정도 2차 숙성시킨다.

5 절임물만 따라 내어 끓인 다음 식혀 다시 붓는다.

양파장아찌

:: 재료 및 분량

양파 1kg, 식초 3컵, 물 3컵, 절임용 간장물(식초물 3컵, 간장 4~5컵,
설탕 1 ½컵, 마른 고추 5개, 통후추 1작은술)

:: 만드는 법

1 항아리나 밀폐용기에 양파를 차곡차곡 담고 식초물을 만들어 부은 뒤 양파가 떠오르지 않도록 접시나 돌로 눌러 5~7일 정도 둔다. 이때 양파가 푹 잠기도록 식초물을 넉넉히 붓는다.

2 식초물에 절여둔 양파가 약간 노랗게 되면서 투명한 빛이 돌면 식초물을 따라 내어 따로 보관한다.

3 2에 따라 낸 식초물 중 3컵을 냄비에 붓고 간장과 설탕, 마른 고추, 통후추를 넣어 끓인다. 끓기 시작하면 불을 줄여 5분쯤 더 끓인 뒤 불을 끄고 차게 식힌다.

4 2의 양파에 차게 식힌 간장물을 붓는다. 이때 양파가 푹 잠길 수 있게 무거운 것으로 눌러 양파가 떠오르지 않게 한다. 냉장고 또는 서늘한 곳에 보관한다.

5 일주일쯤 지나 4의 간장물을 따라내어 다시 팔팔 끓인 뒤 차게 식혀서 붓는다. 이렇게 해두면 오래 두고 먹어도 상하지 않는다.

《자산어보》의 막걸리, 감저주

정약전과 《자산어보》

정약전丁若銓, 1758~1816은 조선 최고의 어류魚類 연구가였다. 다산 정약용의 둘째 형이면서 이른 나이에 진사가 되었으나 과거에 뜻을 두지 않고, 기하학이나 서학西學에 빠져 들었다. 그 당시 수많은 천주교인들이 죽임을 당하고 유배를 당하였다. 천주교인이었던 정약전은 흑산도에서, 동생인 정약용은 강진에서 유배생활을 한다.

흑산도에서 유배생활을 하는 동안 정약전은 불행하게 생을 마감한 아들 생각에 자주 과음을 했다. 1801년 봄 화성 남쪽 유천의 어느 주막에서 정약전은 당시 11세인 아들 학초와 헤어졌다. 아들은 집에 있던 사안주蛇眼珠: 뱀 눈이 오래되어 구슬처럼 된 보물 하나를 가져 와 주면서 '흑산도는 초목이 무성하여 뱀이 많으니 이 구슬로 보호하소서'라며 떠나가는 아버지를 걱정하던 속 깊은 자식이었다. 이처럼 기특했던 아들 학초가 얼마 살지 못한 채 세상을 뜨고 말았던 것이다.

정약전은 흑산도 사람들을 친구처럼 격의 없이 대하였다. 그런 성격 때문에 많은 사람들이 그를 흠모하였는데 특히 거친 뱃사람들과도 잘 지냈으며 그가 흑산도를 떠나려고 하면 가지 못하도록 붙들었다고 한다. 정약

《자산어보》를 지은 정약전

전은 흑산도에 서재를 설립하여 후학 양성에 힘쓰는 한편 저술 활동도 계속하여《자산어보兹山漁譜》[29]를 남겼다.

정약전의 최고의 업적은 바로《자산어보》이며 우리나라 최초의 어류연구서로서 그 가치를 높이 평가받고 있다. 정약전은 흑산도 해안의 어류를 관찰, 수집하고 정리한 뛰어난 업적을 남긴 것이다. 그는《자산어보》에서 수많은 생선을 분류하고 설명해 놓아 우리들에게 귀중한 자료를 제공한다.

남도의 막걸리는 풍부한 해산물들을 이용한 안주가 있어 더 사랑받는 행복한 막걸리이다.

남도 고구마로 빚은 '감저주'

영조 39년인 1763년에 조엄趙曮, 1719~1777[30]이 일본에 통신사로 가던 도중 쓰시마섬에 들렀을 때 종자를 얻어 부산진에 보내 그 저장 및 재배법을 알리고, 이듬해 동래와 제주도 지방에서 시험 재배한 것이 시초라고 알려진 고구마는 주로 남부 지방에서 재배되었다. 주로 구황식품으로 많이 이용되었던 고구마를 이용하여 술을 빚는 방법이 《임원십육지》[31]에 소개되었다.

고구마는 우리나라에서는 옛날부터 구황작물의 일종으로 재배되어 식용으로 많이 이용되었으며, 적색 계통이고, 크기가 적당하고 모양이 고르며, 표면이 매끈하고 육질이 분질이며 단맛이 많은 것이 좋다. 고구마를 원료로 한 고구마엿은 신경통에 좋다고 해서 약용으로 쓰이기도 하였다. 정약전의 유배지였던 전라남도 흑산도 근처인 해남은 기후가 온화하여 옛날부터 고구마 주산지로 알려져 있다.

최근에는 자색紫色고구마로 붉은색 막걸리를 개발하여 출시한 옥천주조장 사장은 "선조가 고구마로 농주를 만들어 먹었다는 이야기를 듣고 고구마 막걸리를 재현하고 싶었다"며 "색과 맛을 내는 데 실패를 거듭한 끝에 빛깔 고운 막걸리를 만들어냈다"고 하였다.

감저주 담그기

:: 출 처

임원십육지–정조지편

:: 재료 및 분량

고구마 2kg, 누룩 500g, 끓여 식힌 물 4L

:: 만드는 법

1 고구마를 1치 크기(작은 손가락 굵기)로 썰어 햇볕에 널어 반쯤 마를 때 거두어 시루에 넣고 찐다.

2 익은 고구마를 짓이겨 병에 넣고 술에 쓸 누룩을 곱게 간다.

3 중앙 부분을 파서 곱게 간 누룩가루가 밑에까지 닿게 병에 채우고 물을 붓는다.

4 생약과 방향료 등을 넣는 것은 쌀로 빚은 술(米酒)과 같다.

5 발효된 술은 명주 주머니로 걸러서 항아리에 담는다.

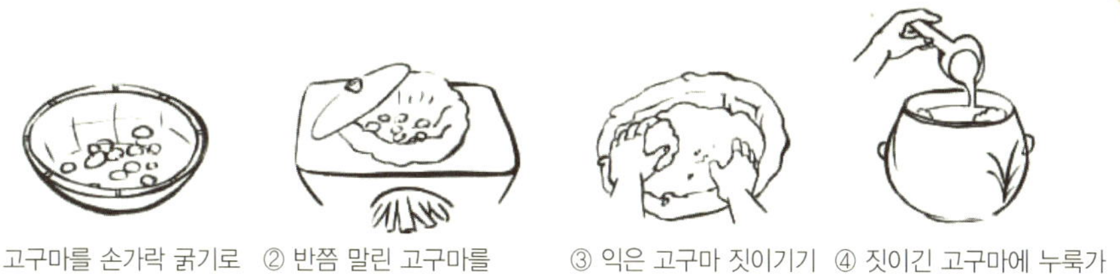

① 고구마를 손가락 굵기로 썰어 햇빛에 반쯤 말리기 ② 반쯤 말린 고구마를 시루에 넣고 찌기 ③ 익은 고구마 짓이기기 ④ 짓이긴 고구마에 누룩가루 넣고 물 부어 발효시키기

막걸리 입맛 당기는 해산물 안주

버리던 생선의 화려한 귀환, '아귀찜'

아귀는 《자산어보》에 조사어釣絲魚라 하였고 속명을 아귀어餓口魚라 한 기록이 있다. 조선시대의 아귀 조리법은 문헌에 기록된 바가 없어 알 수 없으나 현재 아귀는 찜으로 가장 많이 조리되어 술안주로 서민들의 사랑을 받고 있다.

찜은 우리말 조리서인 《음식디미방》[32]에 처음으로 기록되었다. 《증보산림경제》에 중탕하여 삶는 것을 찜蒸이라 하였으며, 《임원십육지》에는 "찜烝은 갱羹의 소즙자少汁者이다. 증蒸은 수증기 찜이고 삶기 찜, 중탕 찜의 경우는 증烝으로 구별하고 있다"라고 기술하고 있다[33]. 조선시대 궁중연회 시식단에는 찜 요리의 출현이 많았으며 그중에서 어패류의 찜은 붕어찜과 조기찜 등이 있었다.

아귀찜은 아귀에 갖은 양념과 채소를 넣어서 찐 요리로 쫄깃쫄깃한 아귀의 맛도 좋지만 매콤한 미나리와 콩나물을 건져 먹는 재미도 쏠쏠하다. 아귀는 험상궂고 못생겨 붙은 이름이다. 불교에서 아귀란 아귀도, 즉 목마름과 배고픔 등 고통으로 가득 찬 세상에 사는 중생을 말한다. 입이 몸의 전부를 차지하는 것으로 보이는 못생긴 외양 때문에 이런 이름이 붙긴 했으나 아귀는 예로부터 귀하게 여겨지는 음식이었다. 배를 가르면 작은 물고기들이 많이 나왔다 하여 그렇게 여겨진 것 같다. 또한 서양에서 아귀 간은 귀한 음식이다.

아귀찜의 주 재료인 아귀는 저지방 고단백으로 간과 위는 고소하고 쫄깃쫄깃하며 담백한 맛은 미식가의 입을 새롭게 한다. 아가미, 지느러미, 꼬리, 살 부분 또한 특유의 맛이 있어 버릴 것이 없다.

아귀찜 만들기

:: 재료 및 분량

아귀 1kg, 미더덕 100g, 콩나물 400g, 미나리 1/2단, 대파 1대, 녹말물(녹말 3큰술+물 3큰술), 참기름 1큰술, 통깨 1큰술, 소주

양념장(물 2큰술, 고춧가루 5큰술, 된장 1작은술, 땅콩잼 1작은술, 다진 마늘 2큰술, 다진 생강 1작은술, 맛술 1큰술, 설탕 1작은술, 소금 약간)

:: 만드는 법

1 아귀는 먹기 좋은 크기로 토막 내어 물로 한 번 씻은 후 소주를 붓고 주물러 1시간쯤 담가 둔다.

2 미더덕은 하나하나 이쑤시개로 물주머니를 질러 물을 빼낸 뒤 소금물로 씻는다.

3 콩나물은 통통한 것으로 준비해 머리와 뿌리를 다듬어 씻은 뒤 냄비에 담고 물을 자박하게 부어 삶는다. 삶은 콩나물은 아삭아삭해지도록 찬물에 담갔다 건진다.

4 미나리는 줄기로만 손질해서 깨끗이 씻어 찬물에 충분히 담가두었다가 건져 6~7cm 길이로 썬다. 대파는 어슷하게 썬다.

5 손질한 아귀를 건져 끓는 물에 넣어 데친다. 표면만 살짝 익으면 얼른 건지고 삶은 국물은 버리지 말고 그대로 둔다.

6 고춧가루에 5의 아귀 삶은 물 2큰술을 넣고 잘 갠 다음 나머지 재료를 분량대로 섞어 양념장을 만든다.

7 살짝 데친 아귀에 6의 양념장을 2큰술쯤 덜어 넣고 고루 섞어 간이 배게 20분쯤 둔다.

8 팬에 기름을 두르고 손질한 미더덕을 볶다가 밑간한 아귀를 넣어 함께 볶는다. 여기에 콩나물과 미나리, 대파를 모두 넣고 양념장을 마저 넣어 고루 섞은 뒤 아귀 삶은 물 2컵을 붓고 뚜껑을 덮어 푹 익힌다.

9 국물이 자작자작해지면 녹말물을 넣고 고루 뒤적인다. 참기름과 통깨를 넣고 센 불에서 한 번 더 섞어 마무리한다.

① 아귀를 끓는 물에 데치기 ② 양념장 만들기 ③ 데친 아귀 양념장에 넣고 재기 ④ 재료, 양념장 섞은 후 볶기 ⑤ 녹말물 넣고 마무리하기

얼얼하게 매운 입맛 돋우는, '낙지볶음'

《자산어보》에는 "낙지를 먹으면 사람의 원기가 돋고, 말라 빠진 소에게 낙지 두세 마리를 먹이면 힘이 강해지며, 낙지는 맛이 달콤하고 회로 먹거나 포를 만들기 좋다"고 기록하고 있다. 《동의보감》[34]에서는 다리가 여덟 개인 낙지를 소팔초어라 하며, "낙제로 불리는 이 생물은 성질이 온순하고 맛이 달며 독이 없다"고 기록하고 있다. 많은 한방고서에서도 낙지는 기혈을 순조롭게 하는 식품이라고 전한다. 이처럼 낙지는 오래전부터 원기를 돋우는 강정식품으로 알려져 왔다.

한 마디로 낙지는 타우린이 풍부한 대표적인 고단백 강장식품이다. 타우린은 콜레스테롤을 낮추고 간 보호작용을 한다. 이러니 낙지 한 마리가 인삼 한 근과 맞먹는다는 옛 말이 나올 만하다. 이런 이유로 낙지요리는 시대를 초월해 끊임없이 우리 국민의 사랑을 받아 왔다.

낙지요리에 관한 기록은 1600년대까지 거슬러 올라간다. 초기의 낙지요리는 낙지를 채소처럼 채로 썰어 나물처럼 무쳐 먹었다. 그 후 낙지회와 말린 낙지뿐 아니라 궁중에서는 낙지전을 부쳐 먹기도 했다. 낙지를 끓는 물에 살짝 데친 낙지숙회와 낙지백숙을 먹었다는 기록도 있다.

최근 들어 낙지가 저열량 다이어트 식품으로 각광받으며 연포탕, 낙지비빔밥, 낙지콩나물볶음, 낙지전골, 낙지수제비 등 다양한 낙지요리가 개발됐다. 아울러 낙지와 쇠고기를 섞은 불고기낙불와 갈비와 낙지를 섞은 갈낙탕 등 낙지를 이용한 다양한 퓨전요리도 개발되고 있다. 이렇게 맵고 칼칼한 낙지볶음처럼 모든 사람에게 널리 사랑받는 요리도 드물다.

낙지볶음 만들기

:: 재료 및 분량

낙지 2마리, 양배추 80g, 양파 1/2개, 당근 1/3개, 쪽파 2대, 홍고추 1개, 식용유 1큰술, 소금(데침용) 약간
양념장(고추장 2큰술, 간장 · 고춧가루 · 다진 마늘 · 다진 생강 1작은술, 설탕 · 소금 1/2작은술, 깨소금 약간)

:: 만드는 법

1 소금으로 주물러 씻은 낙지는 끓는 소금물에 살짝 데친다.

2 데친 낙지는 물기를 빼서 먹기 좋게 5cm 길이로 자른다.

3 양배추, 양파, 당근, 쪽파는 낙지 길이로 굵게 채 썰고, 홍고추는 어슷 썬다.

4 분량의 양념을 섞어 양념장을 만든다.

5 식용유를 두른 팬에 양배추, 양파, 홍고추, 쪽파를 센 불에 재빨리 볶는다.

6 채소가 익으면 데친 낙지를 넣어 살이 통통해질 정도로만 살짝 볶는다.

7 양념장을 넣고 저어 가며 매콤한 맛이 고루 어우러지게 볶는다.

① 소금에 주물러 낙지 손질 ② 낙지 소금물에 살짝 다져 자르기 ③ 양념장 만들기 ④ 팬에 기름 두른 후 채소 볶기 ⑤ 약한 불에 낙지와 양념장 조리기

삼합(보쌈, 홍어, 신김치) 홍어는 전라도를 대표적인 음식으로, 특히 나주 영산포는 임금님에게 진상하던 곳으로 유명하다. 정약전의 《자산어보》에서는 나주인들은 삭힌 홍어를 즐겨 먹는데 주로 탁주 안주로 곁들여 먹는다고 기록하였다. 생선회는 갓 잡아 아직 살아 있는 싱싱함을 최고로 여기는 것이 일반적이다. 하지만 날로 먹는 생선회 중 삭혀 먹는 홍어회는 그 만드는 방법과 맛에 있어 아주 특별하다.

홍어는 껍질에 끈적거리는 액체가 많을수록 신선하고 비린내도 없으며 살이 꼬들꼬들하다. 홍어회 맛은 어떻게 삭히느냐에 달려 있다. 홍어는 항아리에 넣어 삭히는 게 보통이다. 옛날에는 삼베나 짚으로 싸서 두엄자리에 덮어두기도 했다. 두엄자리가 따뜻해서 쉽게 삭혀지기 때문이다. 홍어는 퀴퀴한 냄새를 풍기면서도 맛은 으뜸이다. 잘 삭을수록 홍어맛은 황홀하다고 한다. 삭힌 홍어에서 나는 냄새는 홍어가 부패해서 생긴 냄새가 아니라 발효과정에서 세균이 자라서 생긴 냄새로 비밀은 발효에 있다.

홍어를 삭히기 위해서는 먼저 항아리에 홍어를 넣고 그 사이사이에 짚을 끼운 다음에 뚜껑을 덮어 놓는다. 홍어 껍질은 데쳐서 먹고 새콤달콤하게 무쳐서 먹는다. 그리고 삼합은 홍어를 돼지고기, 삼년 묵은 김치와 함께 먹는데 홍어의 냄새뿐 아니라 김치와 돼지고기 맛이 나서 훨씬 더 편하게 먹을 수 있다.

무엇보다 홍어의 매력은 톡 쏘는 막걸리와 함께 곁들여 먹을 때 그 최상의 맛을 자랑한다.

삼합 만들기

:: 재료 및 분량

홍어 1/2마리, 돼지고기(삼겹살) 300g, 대파 1뿌리, 마늘 3쪽, 생강 2톨, 통후추 10알, 묵은 김치 1/4포기, 새우젓 1큰술

:: 만드는 법

1 홍어는 배를 갈라 내장을 빼 내고 씻어 크게 토막을 낸다.

2 항아리에 토막낸 홍어와 볏짚을 켜켜이 담아 톡 쏘는 향이 생기도록 알맞게 삭힌다.

3 돼지고기는 삼겹살 부분을 찬물에 30분 정도 담가 핏물을 뺀다.

4 끓는 물에 돼지고기 삼겹살, 파, 마늘, 통후추를 넣어 삶는다. 삶는 도중 위에 떠오르는 거품을 걷어 내고, 꼬챙이고 찔러 보아 핏물이 나오지 않을 때까지 삶는다.

5 삶은 삼겹살은 젖은 베보자기로 싸서 도마로 눌러 두어 모양을 반듯하게 한 후 도톰하게 썬다.

6 삭힌 홍어를 먹기 좋은 크기로 썬다.

7 그릇에 삭힌 홍어, 삼겹살, 묵은 김치, 새우젓을 함께 낸다.

① 홍어 볏짚 덮어 삭히기 ② 돼지고기 삶기 ③ 홍어, 돼지고기, 김치 썰기 ④ 양념장 곁들여 내기

싱싱한 생선 최고의 맛, '회무침'

예부터 우리 민족에게 바다에서 잡은 물고기나 패류, 해초 등은 소중한 먹을거리였다. 그러나 이를 잡는 어부들이나 해녀들에게는 생업이라고 하지만 중노동이었다. 밤새도록 파도와 싸우며 고기떼를 쫓고, 고기떼를 만나면 이에 대치해 몸싸움을 벌이다 보면 몸은 탈진하고 허기가 지니 기운을 추스려 다시 일을 해야 할 어부들에게는 갓 잡아 올린 생선이야말로 그 어떤 먹을거리보다 좋았을 것이다. 미리 준비한 막걸리와 초고추장에 잡은 물고기 몇 마리를 거칠게 썰어 초고추장에 찍어 먹으면 회膾가 될 것이요, 회를 초고추장에 무쳐 먹으면 회무침이다.

조선시대 《산림경제》[35]에도 된장에 날 생선을 찍어 먹는 회요리가 등장하고, 고흥을 비롯한 전남 남해안 지방에는 아직도 회를 된장에 찍어 즐겨 먹는다. 그러나 초고추장에 빨갛게 무친 회무침은 된장으로 할 수 없다. 그러니 회무침은 고추장이 등장한 임진왜란 이후에 해먹던 음식이었을 것이고 누구에게나 사랑받는 음식이다.

남도지역의 회무침에 들어가는 식초가 매우 중요하다. 식초는 대개 막걸리로 만드는 막걸리식초로서 집집마다 담가 먹었다. 갓 잡아 싱싱한 생

선을 막걸리식초를 넣어 조물조물 무친 회무침을 전남지역의 명물 막걸리 인 감저주에 곁들여 먹는다면 최고의 안주일 것이다.

회무침 만들기

:: 재료 및 분량

생선회 300g, 무 100g, 배 1/4개, 오이 1개, 청양고추 1개, 홍고추 1개, 미나리 20g, 쪽파 2뿌리, 대파 1대
양념(고춧가루 1큰술, 설탕 1작은술), 초고추장(고춧가루 4큰술, 식초 4큰술, 고추장 1큰술, 설탕 4큰술, 다진 마늘 3큰술, 다진 생강 1작은술, 맛술 1큰술, 통깨 1큰술)

:: 만드는 법

1 생선은 먹기 좋을 크기로 회를 뜬다.

2 무는 껍질을 벗기고 6cm 길이로 굵게 채 썰고, 오이는 소금으로 문질러 깨끗이 씻어 6cm 길이로 토막내어 돌려 깎은 뒤 씨 부분을 버리고 무와 비슷한 크기로 채 썬다.

3 미나리와 쪽파는 깨끗이 다듬어 씻어서 4~5cm 길이로 썰고, 청양고추와 홍고추는 반 갈라 씨를 빼고 4cm 길이로 채 썬다. 대파도 손질해 같은 길이로 채 썬다.

4 채 썬 무와 오이는 각각 소금을 뿌려 절였다가 물기를 꼭 짠다.

5 고춧가루에 식초를 넣고 개서 고춧가루를 완전히 불린 후 고추장과 설탕, 다진 마늘, 다진 생강, 맛술, 통깨를 넣고 고루 섞어 초고추장을 만든다.

6 큰 볼에 손질한 회와 무, 오이를 담고 고춧가루와 설탕을 넣어 빨갛게 물을 들인다.

7 6에 미나리와 쪽파, 고추, 대파를 넣고 초고추장을 넣어 무친다.

① 재료 손질 후 썰기 ② 무, 오이 소금에 절이기 ③ 초고추장 만들기 ④ 회, 무, 오이 고춧가루 물들이기 ⑤ 채소 넣고 초고추장에 무치기

갯벌의 생명력, '꼬막무침' & 담백하고 쫄깃한 '홍어찜' 꼬막은 육질이 쫄깃쫄깃하여 맛있는, 남도지방에서 즐겨 먹는 조개류이다. 맹물에 백숙으로 삶아 먹기도 하고, 삶은 꼬막의 한쪽 껍질을 떼내고 양념장을 끼얹어 먹기도 한다. 최대 산지는 전남 보성군 벌교읍 해안이다. 참꼬막과 새꼬막 두 종이 있는데 자연산 일년생을 4년 정도 키워서 8~9월에 많이 채취한다. 한겨울에 잡은 것이 훨씬 고소하다.

꼬막은《자산어보》에 살이 노랗고 맛이 달다고 했고,《신증동국여지승람》[36]에 전라도의 토산물로 기록되어 있다. 다른 지역에서 생산되는 피조개나 새꼬막보다 크기는 작지만 맛에서는 타의 추종을 불허한다. 천연의 갯벌이 만들어낸 조개류이다. 꼬막은 물론 삶아서 그대로 먹는 것이 가장 싱싱하고 맛있지만 막걸리의 안주로 꼬막무침요리를 만들어 보았다.

또한 홍어는 삭힌 홍어회를 최고로 친다. 껍질을 벗겨 날것 그대로를 초고추장이나 겨자를 넣은 간장에 찍어먹는 것이다. 그 외에도 양념을 묻혀 구워먹는 법, 막걸리와 같이 먹는 홍탁, 삶은 돼지고기를 얇게 썰고, 묵은 김치와 함께 먹는 삼합三合, 겨울철에 푸르게 자란 보리 싹과 내장을 넣어 끓인 국, 날것을 옹기그릇에 며칠간 담았다가 삭혀서 먹는 법 등 다양하다. 어떻게 먹든 간에 맛이 아주 일품이며, 특히 술꾼들에게는 안주로서 인기가 높은 기호식품이다.

전라도 목포와 그 인근지방을 제외한 곳에서는 홍어를 하룻밤 재웠다가 쓰지 않고 사온 즉시 만들며 미나리 이외에 무채를 소금에 절였다가 꼭 짜서 함께 넣기도 하고 배를 굵게 채 썰어 섞기도 한다. 홍어찜은 홍어를 꾸덕꾸덕하게 말린 후 찌는 음식으로 매우 담백하고 쫄깃한 맛이 일품이다. 역시 막걸리와 가장 잘 어울리는 안주로 홍어찜을 추천한다.

꼬막무침 만들기

:: 재료 및 분량

꼬막 250g, 소금 약간(해감용)
양념(청 · 홍고추 1/2개씩, 다진 마늘 · 다진 파 1작은술, 간장 1큰술, 깨소금 · 고춧가루 · 후춧가루 약간)

:: 만드는 법

1 꼬막은 깨끗이 씻어서 소금물에 담가 해감한다.

2 냄비에 물을 붓고 끓여 꼬막을 익힌다.

3 꼬막이 식으면 한쪽 껍질을 떼어 낸다.

4 청 · 홍고추는 씨를 제거하고 잘게 다져서 간장, 다진 마늘, 다진 파, 고춧가루, 깨소금, 후춧가루와 함께 넣고 양념을 만든다.

5 꼬막을 접시에 담고 양념을 고루 얹는다.

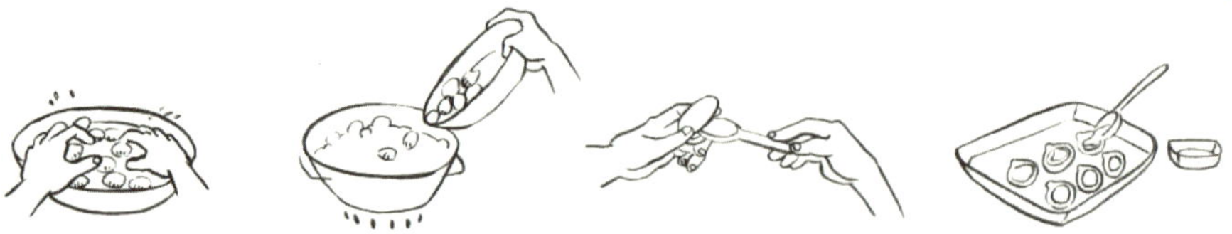

① 꼬막 씻어 소금물에 해감하기 ② 끓는 물에 꼬막 데치기 ③ 꼬막 한 쪽 껍질 떼기 ④ 꼬막 양념장 바르기

홍어찜 만들기

:: 재료 및 분량

홍어 1/2마리, 대파 1대, 홍고추 1개, 소금 1큰술
양념(생강 5g, 마늘 2쪽, 청주 1큰술, 간장 3큰술, 다진 파 2작은술, 다진 마늘 1작은술, 참기름 1/2큰술, 고춧가루 1/2큰술, 깨소금 약간)

:: 만드는 법

1 깨끗하게 손질한 홍어를 물기를 닦아낸다.

2 홍어에 소금을 골고루 뿌려 통풍이 좋은 곳에서 2~3시간 꾸덕꾸덕해지도록 말려 5cm 크기로 자른다.

3 대파는 3cm로 채 썰고, 마늘과 생강도 채 썬다.

4 홍고추는 반으로 갈라 씨를 빼고 3cm 길이로 채 썬다.

5 분량의 재료를 섞어 양념장을 만든다.

6 찜통에 김이 오르면 홍어를 펴 담고 청주를 뿌린다.

7 접시에 홍어찜을 담고 양념장을 곁들인다.

① 손질한 홍어 꾸덕하게 말리기

② 양념장 만들기

③ 홍어에 청주 뿌린 후 찜통에 찌기

④ 양념장 곁들여 내기

감저주

해산물 안주와 잘 어울리는 새콤달콤 '쌈말이'

무초말이

:: 재료 및 분량

무 1/3개, 오이 1개, 당근 1/4개, 배 1/4개, 설탕 1큰술, 소금 1큰술

단초물(식초 3큰술, 물 2큰술, 설탕 2큰술, 소금 1작은물)

:: 만드는 법

1 무는 깨끗이 씻어 껍질을 벗기고 동그란 모양으로 속이 비칠 정도로 얇게 썬다.

2 무가 잠길 만큼 물을 붓고 설탕과 소금을 넣어 골고루 뒤적여 살짝 절인다.

3 오이는 굵은 소금을 손에 쥐고 싹싹 문질러 씻어 깨끗이 헹군 후 양쪽 끝을 조금씩 잘라내고 5cm 길이로 잘라 약간 굵게 채 썬다.

4 당근과 배도 껍질을 벗기고 오이와 같은 길이와 굵기로 채 썬다.

5 무가 부드럽게 절었으면 체에 건졌다가 종이타월 위에 펼쳐 놓아 물기를 뺀다.

6 물기를 뺀 무를 하나씩 펴놓고 채 썬 오이와 배, 당근을 1개씩 나란히 얹어 돌돌 만 뒤 밀폐용기에 차곡차곡 담는다.

7 볼에 식초와 물, 설탕, 소금을 분량대로 넣고 설탕이 녹을 때까지 잘 저어 새콤달콤한 단촛물을 만든다.

8 6에 단촛물을 부어 맛이 푹 배도록 12시간 이상 냉장고에 넣어 차게 보관한다.

왕의 막걸리, 혼돈주

철종과 '이문안 막걸리' 막걸리가 민중들이 주로 즐긴 술로 알려져 있지만 꼭 그렇지는 않았다. 농민, 서민의 술이면서 또 왕의 막걸리기도 하였다. 조선 말기의 임금 철종에게는 막걸리와 관련된 일화가 전해지고 있다.

철종은 19세가 되기까지 강화에서 고달프게 지내고 있었다. 철종이 강화에서 살고 있을 때에는 왕족이라기보다 그저 평범한 시골 총각으로 지내고 있었는데 술이라고는 막걸리 밖에 몰랐다. 그러나 시대 탓으로 그는 졸지에 임금이 되어 궁으로 들어간다. 철종은 왕이 된 후 궁중에서 조석으로 올리는 수라상에 산해진미가 가득했고 내소주방內燒廚房에 좋은 술이 무수하였으나 강화에서 먹던 막걸리와 우거짓국을 잊지 못하고 있었다. 어느 날 반주를 들면서 강화에서 마시던 막걸리 생각이 간절하다고 하면서 막걸리를 찾았다. 그러나 궁중에는 막걸리는 없었다. 중전은 급히 친정어머니에게 막걸리를 들여보내 달라고 했다. 부부인도 당황하고 있는데 때마침 찬간에서 일하면 계집종이 들어와 자기 남편이 즐겨 마시는 이문안 막걸리가 장안에서 제일 좋다는 소문을 들었다고 했다. 그래서 이문안 막걸리를 급히 구해서 올리자 철종은 오랜만에 좋은 술을 마셔 보았다고 좋아했다. 그래서 궁중의 소줏방에서도 막걸리를 만들어 올렸는데 맛이 먼젓번 것만 못하다고 했다.

할 수 없이 이문안 막걸리집에 궁에 진상할 막걸리를 만들게 하여 무감武監 하나로 하여금 날마다 병을 들고 와서 나르게 했다. 그리고 이 막걸리집 주인에게 1년에 쌀 1천 섬씩 받는 선혜청宣惠廳의 선달先達이라는 벼슬을 내리고 왕의 막걸리 만들기를 전담케 하였다.

이 막걸리는 종로의 이문안 도가都家의 막걸리였다. 이 이문안 도가의 주인이 선달이라는 벼슬을 얻게 되자 이 도가는 '선달이 도가'라는 별명이 붙게 되고 이 집의 막걸리가 임금이 마시는 막걸리라고 소문이 나서 크게 발전하게 되었다. 이 '선달이 도가'가 커 나가자 이에 보답하는 뜻에서 나라에 경사스러운 일이 있을 때에는 도가의 앞뒤 대문을 활짝 열어 놓고 행인을 불러들여 공짜로 술을 마시게 했는데, 사람들은 이것을 '선달이 보시布施'라고 했다.

왕도 즐겨 마신 막걸리

철종이 승하했을 때는 슬퍼서 도가의 대문을 닫았고, 고종이 등극했을 때, 왕세자가 태어났을 때, 경복궁이 준공되었을 때는 대문을 열어 축제의 분위기를 조성하였다. 이러한 선달의 전통은 아들의 대에도 이어져서 3.1 운동 때, 손기정 선수가 베를린에서 마라톤으로 세계를 제패했을 때 술독을 종로 네거리로 내와 막걸리를 마음대로 마시게 했다고 한다. 그 후 이를 못마땅하게 여긴 일본 경찰은 도가의 대문에 못질을 해서 폐쇄해 버렸다고 하니 나라와 운명을 같이 한 도가였다. 막걸리의 중흥과 함께 역사적 스토리가 있는 이문안 막걸리가 재탄생하는 바람을 가져 본다.

한번 마셔 신령과 통하는 '혼돈주渾沌酒' 혼돈주는 연산군 때 귀양살이하던 허암虛庵 정희량鄭希良이 만든 술로 알려져 있다. 김종직의 제자로 연산군 4년1498년에 의주로 귀양 가서 자기 손으로 술을 담갔다고 한다. 이 술은 이무렇게나 만든 혼돈한 술로서 일종의 막걸리로 볼 수 있다. 혼돈주는 거르지도 않고 짜지도 않으므로 술이 익으면 그대로 마시는 술을 말한다. 귀양살이 하는 중에 기구가 갖추어지지 않았던 상태에서 원시적으로 만들어진 술이었으니 그럴 수밖에 없었다.

조선시대의 풍류시인이자 걸출한 주당이었던 정희량은 막걸리를 다음과 같이 예찬했다[37].

> … 두어라. 혼돈주나 흠뻑 마시고 담소하며 태평시절을 마주해 보리라. 혼돈이 도를 사람들이 아직 시험하지 않는 것은 이 법이 아득히 도인으로부터 왔기 때문이네. 백이도 아니고 유하혜도 아니고 누룩군을 불러다가 독에

가두니 밤낮으로 숨소리가 꼬록꼬록 하더니 이윽고 봄 강에 빗소리 들리듯 빚은 술 색도 맑고 농익기도 해라. 큰 표주박에 술 따라서 도인에게 올리고 가슴속 만고의 불평을 씻어버리네. 한번 마시니 신령과 통하여 우주가 개벽하듯 아직 몽롱하고 두 번 마시니 자연과 합하여 혼돈을 빚어서 초자연으로 손으로 혼돈 세상을 어루만지고 귀로 혼돈 바람을 듣네. 거나하게 취하니 넓고 큰 세상 비로소 내가 주인 이 벼슬은 사람이 봉하지 않고 하늘이 내린 것일세 …

《양주방》[38]이라는 고조리서에 또 다른 '혼돈주'라는 술 이름이 전해진다.

희게 쓴 멥쌀 여섯 되를 깨끗이 씻고 또 씻어 가루로 만들어 물 두 병을 끓여 차디 차거든, 가루 누룩 한 되와 한데 넣어라. 이렇게 빚은 지 사흘만에 찹쌀 네 되를 깨끗이 씻고 또 씻어 쾌 익게 찌고, 술밑을 체에 받쳐 버무려 넣어라. 사흘 뒤에 쓰면 향내가 나고 독 쏘게 매우니 따르면 금방 나온다. 여름에 가장 좋다'고 설명하였다. 일종의 막걸리 제조법임을 알 수 있다.

한편 이용기李用基의 《조선무쌍신식요리제법》[39]에서는 탁주에 소주를 탄 것을 혼돈주라고 했다.

탁주 반 사발에 좋은 소주 한 잔을 섞어 약간 끓이면 소주가 위로 맑게 떠오르니 이때 마신다고 하였다. 그리고 이 술은 다른 술보다 취하기 때문에 아무리 대주가일지라도 다섯 잔 이상은 마실 것이 아니다라고 한다.

이때의 혼돈주는 요즘 유행하는 일종의 폭탄주와 같은 것이다. 하지만 여기의 '혼돈주混沌酒'는 섞일 혼混 글자를 사용한다.

반면 정희량의 한시에 등장하는 혼돈주渾沌酒는 흐릴 혼渾 글자를 사용하기 때문에 막걸리에 가깝다고 여겨지며 왕이 마신 쌀먹걸리의 이름을 혼돈주라 창작해 부르고자 한다. 실제 철종이 마신 막걸리는 이문안 막걸리라 전해지고 있지만 현재는 선달이 도가가 문을 닫아 이문안 막걸리의 제조법도 그 실체도 전해지지 않고 있다.

그래서 가장 일반적인 쌀막걸리의 제조법에 대하여 이야기해 보려 한다. 생막걸리는 살균 처리를 하지 않아 유산균이 살아 있고 막걸리의 본래 술맛을 보존하고 있지만, 유통기간이 1주일에서 열흘 정도로 짧은 것이 단점이다. 하지만, 최근 냉장 유통과 효모의 활성화를 제어하는 기술 개발 등으로 유통기한이 최고 90일까지 늘어났다.

혼돈주 담그기

:: 재료 및 분량

쌀(찹쌀, 멥쌀) 1kg, 누룩가루 200g, 물 2L

:: 만드는 법

1 고두밥 짓기: 쌀을 잘 씻어 하룻밤 정도 충분히 불려서 1~2시간 정도 물기를 빼고 찜통이나 시루에서 증기로 쪄 낸다.

2 고두밥 잘 말리기: 잘 쪄진 고두밥은 그늘에서 식혀 살짝 말려준다.

3 살짝 말린 고두밥과 누룩 잘 섞기: 이때 누룩의 양이 막걸리의 맛을 좌우한다. 누룩의 양이 너무 적다면 발효하는 과정에서 이상이 발생하고, 너무 많다면 막걸리에서 누룩향이 너무 강하게 난다.

4 잘 섞은 고두밥과 누룩의 혼합을 물과 함께 항아리에 담기: 물의 양에 따라 막걸리의 맛이 달라진다. 물의 양이 많으면 발효가 쉽게 되지만 신맛이 강하게 만들어지고, 또 반대로 너무 적으면 이상 발효가 될 수 있지만 술에서 단맛이 나게 된다.

5 25℃ 정도의 온도를 유지하며 일주일 이상 발효시키기: 이틀 정도 지나면 거품이 보글보글 올라온다. 이때 상당히 많은 거품이 만들어지기 때문에 크기가 넉넉한 큰 통을 준비해야 한다. 온도가 20℃ 이하로 내려가면 발효가 더뎌진다. 처음 2~3일 정도는 하루에 두 번씩 잘 저어준다.

6 술 찌꺼기를 걸러내면 막걸리 완성: 체에 받치거나 자루에 넣고 손으로 주물러 걸러 낸다.

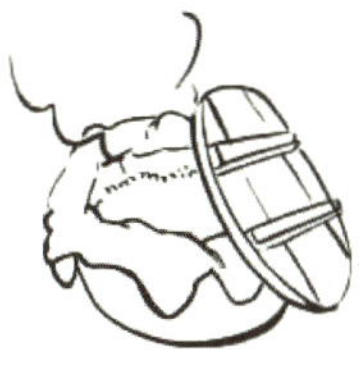
① 하룻밤 정도 불린 쌀 찜통에 찌기(고두밥 짓기)

② 고두밥과 누룩 잘 섞기

③ 고두밥, 누룩 혼합물에 물 붓고 발효시키기(25℃, 일주일 이상 발효)

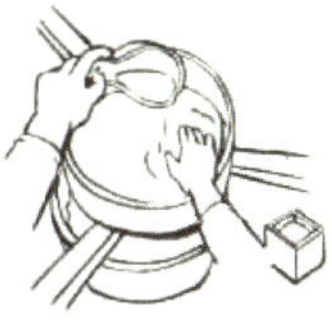
④ 술찌꺼기를 걸러내면 막걸리 완성

두 번 마셔 자연과 합일되는 혼돈주 안주류

신선이 남긴 신선 음식, '신선로'

일제시대에 홍선표가 쓴 《조선요리학》[40]에는 신선로의 유래가 나온다. 연산군 때에 시문에 능하고 음양학에 밝은 정희량이 있었다. 그는 점을 쳐서 자신의 운명과 수명을 알고 일찍이 속세를 피하여 은둔할 뜻을 가졌다. 정희량은 무오사화 때에 의주로 귀양 갔다가 몇 년 뒤에 돌아와서는 앞으로 이번 사화보다 더 심한 사화가 있을 것이니 깊은 산중에 들어가서 중이 되겠다 하면서 집을 나갔다.

그리고 산수간山水間에 방랑하면서 이름을 이천년李千年이라 하였다. 그는 선인仙人의 생활을 하였다. 정희량은 화로를 만들었다. 그리고 이것 하나만 가지고 다니면서 거기에다 여러 가지 채소를 한데 넣어 익혀 먹었다. 그가 신선이 되어 속세를 떠나간 뒤에 세상 사람들이 그가 남긴 화로를 신선로라 부르게 되었다는 아름다운 일화가 담긴 음식이다.

그런데 궁중요리 중에도 열구자탕이 있는데 신선로와 비슷한 음식이다. 입을 즐겁게 해주는 음식이라는 뜻답게 궁중에서 만든 열구자탕은 채소뿐만 아니라 여러 종류의 고기와 생선이 들어간 상당히 호화로운 음식이다. 그러나 정희량이 들고 가지고 다니다가 남긴 냄비인 신선로가 더 마음에 와 닿는다. 아마도 이 신선로는 여러 가지 손쉽게 구할 수 있는 육해공의 모든 식품 재료를 한 번에 넣고 끓여 먹으면서, 여기에 스스로 담근 막걸리 한 잔 거나하게 곁들이면 그 누구도 부럽지 않았던 신선의 경지가 되었던 것이 아닌가 생각된다.

신선로 만들기

:: 재료 및 분량

쇠고기(사태나 양지머리) 150g, 무 100g, 쇠고기(우둔살) 150g, 두부 30g, 흰살생선(전감) 50g, 천엽 50g, 등골 50g, 미나리 50g, 달걀 4개, 석이 5장, 건표고 2장, 대추 4알, 호두 3알, 은행 12알, 잣 1작은술
소금 · 후춧가루 · 국간장 · 식용유 · 밀가루 적당량, 육수 적당량
탕거리양념(다진 파 2작은술, 다진 마늘 1작은술, 국간장 1큰술, 참기름 1작은술, 후추)
완자양념(다진 파 1작은술, 다진 마늘 1/2작은술, 소금 1/2작은술, 참기름 1/2작은술, 후추)

:: 만드는 법

1 사태살이나 양지머리를 덩어리째 찬물에 씻어 건지고, 양은 두꺼운 부위로 골라서 끓는 물에 잠깐 넣었다가 건져 내어 검은 막을 칼등으로 긁어서 깨끗이 손질한다. 냄비에 두 곳에 물을 넉넉히 끓여 쇠고기와 양을 각각 삶다가 도중에 무를 통째로 넣어 함께 익힌다.

2 쇠고기 우둔살 100g는 얇게 썰어 탕거리 양념으로 고루 무치고, 나머지 50g는 다져 두부를 으깨어 넣고 완자 양념으로 버무려 지름 1.2cm의 완자를 빚는다.

3 석이는 더운 물에 불려 손으로 비벼 안쪽의 곱을 깨끗이 손질하여 곱게 다진다. 달걀 3개를 흰자와 노른자로 나누어 소금을 조금 넣고 잘 푼다. 흰자는 반으로 나누어 반은 다진 석이를 섞어서 흑색 지단을 부치고 나머지 반은 흰색 지단을 부친다. 노른자로는 황색 지단을 부친다.

4 미나리는 잎을 떼고 같은 길이로 다듬어 가는 대꼬치에 위아래를 꿰어 편편하게 만든다. 양면에 밀가루를 고루 묻히고 풀어 놓은 달걀에 담갔다가 팬에 누르면서 지진다.

5 흰살생선은 전감으로 얇게 떠서 소금과 흰 후춧가루를 뿌리고, 천엽은 한 장씩 떼어서 소금을 뿌려 주물러 씻어 잔 칼집을 넣고 후춧가루를 뿌린다. 밀가루를 얇게 묻힌 후 풀어 놓은 달걀에 담갔다가 달군 팬에서 앞뒤를 노릇하게 지진다. 등골은 손질하여 신선로 크기에 맞추어 길이로 썬다. 두 개씩 붙여 밀가루와 달걀옷을 입혀 전을 지진다. 빚은 완자도 밀가루와 달걀옷을 입혀서 팬에 굴리면서 지진다.

6 표고는 물에 불려 꼭 짜서 물기를 제거한다. 대추는 씨를 빼고 밀대로 밀어 납작하게 만든다.

7 호두는 뜨거운 물에 불려서 꼬치로 속껍질을 벗기고, 은행은 뜨겁게 달군 팬에 기름을 약간 두르고 볶아서 바로 마른 행주나 종이타월에 비벼서 껍질을 벗긴다. 잣은 고깔을 떼어 놓는다.

8 앞에서 준비한 지단, 미나리초대, 전, 표고, 대추 등을 신선로 틀에 맞춰 길이를 정하고 너비 3cm 정도의 골패 모양으로 썬다.

9 1의 고기와 무는 건져서 납작하게 썰어 남은 탕거리양념으로 버무려 신선로 바닥에 깔고 그 위에 양념한 우둔살을 고르게 얹는다. 다시 그 위에 준비한 재료들을 색색이 돌려 담은 뒤 맨 위에 완자와 호두, 은행, 잣을 고명으로 얹는다.

10 1의 육수를 국간장과 소금으로 간을 맞춘 후 9에 붓고, 가운데 화통에 숯을 피워 끓는 상태로 상에 낸다.

① 쇠고기와 채소로 국물 내기

② 고기, 생선, 채소 양념 후 달걀물 묻혀 지지기

③ 완자, 지단 준비하기

④ 준비한 재료 신선로 틀에 맞춰 썰어 담기

⑤ 육수 붓고 간 맞춘 후 숯 채워 내기

숙취를 풀어 주는, '선지해장국' 조선시대에 주막을 소재로 한 풍속화를 보면 목로술집의 광경이 많이 나온다. 그림에는 대개 큰 가마솥이 걸려 있는데 아마 국밥이나 해장국을 끓이는 솥으로 보인다. 해장국의 원래 명칭은 '술국'이었는데 8.15 해방 이후에 술로 시달린 속을 풀어 준다는 뜻에서 '해장국'으로 바뀌었다고 한다.

옛날 음식책에는 '해장국'이 나오지 않다가 《해동죽지》[41]에 '효종갱'이란 해장국이 나온다. '광주 성내 사람들은 효종갱을 잘 끓인다. 배추속대, 콩나물, 송이, 표고, 쇠갈비, 해삼, 전복을 토장에 섞어 종일 푹 곤다. 밤에 이 국 항아리를 솜에 싸서 서울에 보내면 새벽종이 울릴 때쯤 재상의 집에 도착한다. 국 항아리가 아직 따뜻하고 해장에 더없이 좋다'고 하였다. 경기도 광주에서 떠나 새벽종이 울릴 적에 서울에 당도했다 하여 '효종갱'이라는 아름다운 이름이 붙었다.

해장국은 서민들뿐만 아니라 양반가에서도 즐겨 먹었던 음식이라는 것이다. 아무튼 선지해장국은 숙취해소에도 좋은 음식이지만 막걸리를 마실 때에도 더없이 좋은 안주였다. 그래서 술집은 반드시 이 선지해장국을 술국으로 함께 팔았다. 술국은 뼈다귀를 푹 고아서 된장을 섞고 배추우거지, 콩나물, 호박이나 때로는 감자를 넣기도 한다. 예전의 술국에는 선지나 양을 넣지 않았다고 한다. 또 해방 전 서울 일반 가정에서는 일찍 등교하는 아이들을 위하여 냄비를 들고 술국집에 가서 국을 사와 찬밥을 토렴해서 먹여 보냈다.

신선한 선지에는 철을 비롯하여 여러 가지 많은 영

양분이 함유되어 있다. 골수가 없는 뼈를 곤 맑은 국물에 풋배추 데친 것, 시래기 삶은 것 등을 섞어서 끓이면 맛이 잘 어울린다. 먼저 뼈를 푹 고아 국물을 밭쳐 놓는다. 풋배추나 시래기를 삶아 놓고, 파는 굵직하게 썰고 살코기를 가늘게 썰어 양념하여 삶아 놓은 풋배추나 시래기와 함께 무쳐 준비한 국물을 붓고 국을 끓인다. 국이 끓을 때 큼직한 숟가락으로 선지를 떠 넣고 파와 고춧가루를 넣고 푹 끓여 뜨거울 때 담아내는 것이다.

선지해장국 만들기

:: 재료 및 분량

선지 800g, 우거지 100g, 콩나물 40g, 물 1.6L, 된장 2큰술, 고추장 2큰술, 다진 마늘 1큰술, 소금 약간
양념장(국간장 2큰술, 고춧가루 1큰술, 다진 파 1큰술, 다진 마늘 1큰술, 깨소금 1작은술, 참기름 1작은술)

:: 만드는 법

1 선지는 체에 담아 흐르는 물에 씻어 핏물을 뺀 후 끓는 물에 데친다.

2 우거지는 끓는 물에 데친 후 4~5cm 길이로 썬다.

3 콩나물은 꼬리를 다듬어 씻은 후 끓는 물에 데친다.

4 손질한 우거지와 콩나물에 고추장과 다진 마늘을 넣어 무친다.

5 된장을 걸러 넣어 끓인 국물에 양념한 우거지와 콩나물을 넣고 다시 한 번 끓인다.

6 국물이 끓으면 데친 선지를 넣고 양념장으로 간을 맞춘다.

① 선지 씻어 끓는 물에 데치기 ② 우거지, 콩나물 손질하여 데치기 ③ 데친 채소 양념하기 ④ 끓는 된장 국물에 양념한 채소 넣기 ⑤ 데친 선지 넣고 간 맞추기

전주의 명물, '콩나물해장국'

호남지방에서는 해장국으로 콩나물국을 으뜸으로 친다. 특히 전주의 콩나물국밥이 유명한데, 콩나물을 삶아서 나물은 건지고 국물은 따로 만든 멸치장국과 합한다. 뚝배기에 밥을 담고 콩나물을 얹고 국물을 가득 부어 새우젓으로 간을 하고 뚝배기째 끓인다. 펄펄 끓을 때 달걀을 하나 깨뜨려 넣고 깨소금과 고춧가루를 뿌리고 불에서 내려 바로 손님에게 내준다. 《조선무쌍신식요리제법》[42]에는 콩나물, 된장, 두부에 명태나 북어를 넣고 끓인 콩나물국이, 콩으로 만든 세 가지가 들어갔다고 하여 삼태탕이라는 이름으로 소개되어 있다. 겨울철 채소가 부족할 때 많이 먹던 음식으로, 콩나물에 비타민 C가 들어 있어 겨울철에 부족한 비타민을 보충하는 좋은 음식이었다.

한국에서 콩나물의 최초 재배 시기는 삼국시대 말이나 고려 초기로 추정한다. 935년 고려 태조가 나라를 세울 때 식량 부족으로 허덕이던 군사들에게 콩을 냇물에 담가 싹을 틔워 먹인 것에서 유래했다는 설도 있다.

고려 고종 때의 의서《향약구급방》[43]에는 콩을 싹 틔워 햇볕에 말린 '대두황'이 약으로 이용되었다는 콩나물에 관한 첫 기록이 있다. 그리고 오래전부터 술을 먹은 다음날에는 콩나물해장국을 먹었으며 감기에 걸려도 콩나물국을 먹었다. 콩나물에는 비타민 C도 많으며, 콩나물 뿌리에 특히 많은 아스파라긴산이 숙취에 좋다는 사실이 최근 국내 연구진에 의해 밝혀졌다. 예부터 감기와 숙취에 콩나물을 먹던 습관이 과학적 근거에 바탕을 둔 것임이 사실로 증명된 것이다.

이렇게 숙취해소에도 좋고 영양도 좋으면서 값싸게 먹을 수 있는 콩나물 해장국은 막걸리의 더없이 좋은 친구이다.

콩나물해장국 만들기

:: 재료 및 분량

콩나물 240g, 오징어 30g, 익은 배추김치 1줄기, 달걀 노른자 2개, 청양고추 3개, 다진 마늘 1작은술, 대파 1/2대, 구운 김 1장, 국물 3컵
국물(무 130g, 다시마 10×10cm 2장, 마른 홍고추 2개, 대파 1대, 물 적당량)

:: 만드는 법

1 냄비에 국물 재료를 넣고 끓이다가 끓어오른 지 8분이 지나면 다시마는 건져내고, 나머지는 20분간 더 끓여 국물만 받아낸다.

2 콩나물은 씻고 오징어는 내장을 빼고 모양대로 썬다. 익은 배추김치는 물에 헹구어 곱게 채 썰고, 청양고추와 대파는 송송 썬다.

3 뚝배기에 각각 콩나물과 김치, 마늘, 국물을 반씩 나누어 담는다.

4 콩나물이 익으면 오징어와 대파를 얹어 한소끔 끓인다.

5 오징어가 익으면 불에서 내리고 달걀노른자를 하나씩 얹고 송송 썬 청양고추, 구워서 부순 김, 새우젓을 얹어 상에 낸다.

① 재료 넣고 국물 내기 ② 콩나물, 오징어, 배추김치, 고추 썰기 ③ 재료 넣고 국물 부어 끓이기 ④ 달걀 노른자 얹고 청양고추, 김, 새우젓 얹어내기

코끝을 울리는 알싸한 '홍어탕'

홍어애탕은 전라남도 지역의 향토음식이다. 홍어는 가오리과에 속하는 마름모꼴의 물고기로서 10월에서 다음해 3월까지 많이 나는 뼈 없는 생선으로 살이 풍부하고 맛이 고소하다. 흑산도 지역의 조리방법은 홍어를 두엄에 묻어 두었다가 발효시켜 눈물이 날만큼 매운 맛을 내게 하는 것으로 유명하다. 홍어철10월에서 다음해 3월에 흑산도 지역에서 홍어가 주로 생산되며, 여름철에도 이용이 가능하다. 홍어애는 홍어 내장을 지칭하는데, 약간 삭은 상태의 것을 이용하면 맛이 좋으며, 삭은 것을 이용해도 배탈이 나지 않는다.

홍어탕이란 '홍어앳국'을 말하는데 홍어의 내장으로 만든다. 재래식 된장을 풀어 넣고 홍고추, 마늘, 생강, 양파 등으로 양념한 후 막 움터 오른 보리싹을 넣으면 국물맛이 시원하다. 보리 순을 넣는다고 하여 '보리국'이라고도 한다. 흔히 겨울이 제철인 것으로 알려져 있는데 맛으로 치면 맞는 말이지만 한방에서는 홍어를 더운 음식으로 분류하고 있으므로 '이열치열'의 의미에서 더운 여름에 먹어도 좋다.

말린 톳을 불려 놓았다가 소금물에 씻어둔다. 물에 불린 톳에 된장과 홍어애를 섞어 가볍게 버무려 놓고 냄비에 물을 부어 끓인 후 다진 파, 마늘을 넣고 진간장으로 간을 한다.

마지막에 참기름을 떨어뜨린다. 홍어를 삭일 때는 홍어의 냄새를 제거하기 위해 마른 짚을 씻어 물기를 닦아서 같이 삭히기도 한다.

홍어탕 만들기

:: 재료 및 분량

홍어 1마리, 미나리 100g, 쑥갓 100g, 양파1/2개, 된장 1큰술, 고추장 1큰술, 국간장 1/2작은술, 홍고추 1개, 대파 1대, 다진 마늘 1/2큰술

:: 만드는 법

1 홍어를 적당한 크기로 토막 치고, 내장도 있으면 한 토막 준비하면 더욱 좋다. 내장도 물에 씻지 않고 그대로 큼직하게 썰어 놓는다.

2 냄비에 물을 붓고 된장과 고추장을 푼 다음 국간장을 조금 넣어 끓인다.

3 국물이 팔팔 끓으면 손질한 홍어 토막과 내장을 넣어 끓인다. 홍어 내장은 숟가락으로 대충 큼직큼직하게 으깬다.

4 홍어탕이 끓으면서 생기는 거품은 수시로 걷어낸다. 그릇에 찬물을 조금 받아 놓고 숟가락을 씻어가면서 떠내면 깨끗하다.

5 한두 소끔 끓으면 양파, 파, 홍고추, 다진 마늘을 넣고 다시 한소끔 끓인 후, 상에 내기 직전에 미나리와 쑥갓을 넣어 살짝만 끓여낸다.

① 홍어 손질하여 썰기 ② 냄비에 된장, 국간장 끓이기 ③ 홍어 넣고 끓이기 ④ 양파, 파, 고추, 마늘 넣고 끓이기 ⑤ 미나리, 쑥갓 넣어 살짝 끓여내기

개운한 국물, '해물탕'

해물탕은 생선, 꽃게, 낙지, 새우, 모시조개 등의 각종 해산물에 고추장 양념을 넣어 칼칼하고 시원한 국물맛을 낸 음식으로 싱싱하고 다양한 해산물의 맛을 골고루 즐길 수 있다.

해산물에는 각종 필수아미노산이 풍부하고 지방이 적게 함유되어 있어 맛도 담백하고 소화도 잘 된다. 또한 꽃게, 오징어, 낙지에는 타우린이 풍부하여 성인병 예방에 좋다고 알려졌다. 조개류에는 글리코겐과 글리신이 풍부해 특유의 감칠맛이 있어 시원한 국물맛을 내며, 비타민과 철도 풍부하다. 해물류에는 콜레스테롤이 많지만 아미노산의 일종인 타우린 또한 많이 들어 있어서 혈압을 정상으로 유지시키고 혈액 속의 중성지방을 억제하는 효과도 있다.

해물탕의 시원한 맛은 막걸리의 텁텁함을 부드럽게 해주고 속을 풀어 따뜻하게 하는 효과가 있어 막걸리 안주로는 그만이다.

해물탕 만들기

:: 재료 및 분량

대구 2~3토막, 꽃게 1마리, 새우 4마리, 모시조개 5개, 미더덕 10개, 무 50g, 양파 1개, 호박 1/4개, 청양고추 2개, 대파 1대, 미나리 100g, 쑥갓 100g, 멸치국물 5~6컵, 다진 마늘 2큰술, 생강즙 1/2작은술, 새우젓 1작은술, 소금 약간

양념(고춧가루 5큰술, 홍고추 1개, 간장 2큰술, 다진 마늘 1큰술, 청주 1큰술, 다진 생강 1/2큰술, 소금 1작은술, 멸치국물 2큰술)

:: 만드는 법

1 조개는 껍데기째 박박 문질러 씻은 뒤 묽은 소금물에 6시간쯤 담가 해감한다.

2 토막 낸 대구는 소금물에 씻어 건지고 새우도 소금물에 살살 흔들어 씻는다.

3 미더덕은 하나하나 이쑤시개로 물주머니를 찔러 물을 빼낸 뒤 소금물로 씻는다.

4 꽃게는 깨끗이 손질해 씻어 4토막으로 자른다.

5 무는 사방 3cm 크기로 썰고, 양파는 채 썬다. 호박은 반달 모양으로 썰고, 고추와 파는 어슷하게 썬다.

6 미나리는 잎은 떼고 줄기만 다듬어 6~7cm 길이로 썰어 담갔다가 깨끗이 헹구고, 쑥갓은 연한 줄기와 잎을 다듬어 씻어 물기를 뺀다.

7 냄비에 멸치국물을 붙고 손질한 해물과 무, 양파, 호박을 넣고 끓인다. 한소끔 끓으면 매운탕 양념을 풀어 넣는다.

8 해물과 채소들이 어우러져 맛이 우러나면 다진 마늘과 생강즙, 어슷하게 썬 고추와 파를 넣고 새우젓과 소금으로 간을 한다.

9 먹기 전에 미나리와 쑥갓을 듬뿍 얹고 한소끔 끓인다.

① 재료 손질하기

② 냄비에 해물, 채소 넣고 끓이기

③ 매운탕 양념 풀어 더 끓이기

④ 미나리, 쑥갓 넣고 한소끔 끓이기

세상 밖으로 나온 막걸리, 막걸리 칵테일

연암 박지원의 술 낚시 이야기

조선 후기의 유명한 실학자인로 연암 박지원은 정조4년1780년에 청나라로 가는 사신을 수행하며 기록한 유명한 《열하일기熱河日記》를 남겼다. 박지원은 《양반전》, 《호질》, 《허생전》과 같은 풍자소설의 작가로도 잘 알려져 있다. 수행군관의 자격으로 중국 사신을 따라갔다가 지은 《열하일기》[44]는 그 당시 조선 문단에 신선한 충격을 주었다. 연암은 누구나 당연한 것으로 믿고 있던 가치를 거부하고, 누구나 알면서도 입 다물고 싶어 하던 생각을 그는 서슴없이 말했던 시대의 자유인이었다. 《연암집》[45] 속의 수많은 글을 통해 그는 자신을 옭죄고 있던 시대의 질곡에 과감하게 도전했다.

우리의 전통막걸리도 어쩔 수 없는 시대의 흐름 속에서 색다르게 변신하여야만 할 것이다. 막걸리의 새로운 변신을 위한 스토리텔링을 연암이 가졌던 폭 넓은 생각으로 만들어 읽어 보고자 한다. 그 당시 거대한 중국을 다녀온 그의 경험은 변혁을 주도하는 데 중요한 역할을 하였다. 막걸리도 앞으로 그러한 변화를 통해야만 현대인들의 마음을 움직이고 또 세계 속의 술로 자리 잡을 수 있다는 생각에서 다양한 막걸리 칵테일을 제시하

박지원의 술 낚시

고 또한 한국의 전통 안주가 아닌 서양음식을 안주로서 제시해 보고자 한다. 이러한 발상을 한 것은 연암 박지원이 남긴 술에 관한 기록에서 스토리를 찾았다.

실제로 연암은 막걸리로 벼슬을 한 운 좋은 애주가였다는 일화가 전해지고 있다. 그는 가난에 쪼들려 좋아하는 술도 마음 놓고 마실 수 없었다. 그의 아내는 손님이나 오면 겨우 막걸리 두 잔만 내 놓는 어려운 형편이었다. 그래서 연암은 그럴듯한 외모의 나그네만 보면 으레 귀한 손님으로 꾸며 집으로 데려가 술을 마시는 핑계로 삼았다. 하루는 자기 집 앞을 지나가는 사인교四人轎: 네 사람이 메는 가마를 보고 술 생각이 나서 무턱대고 가로막고 말했다.

'누추한 집이나마 잠깐 들렀다가 가십시오. 여기가 저의 집입니다.'

나그네가 대답했다.

'나는 지금 입직(入直)하는 길이라 지체할 수 없소'

'그렇군요. 임금을 모시는 분이라 역시 거만하군요. 담배나 한 대 피고 가라는데 그렇게 거절할 것까지 없지 않소…….'

하는 수 없이 사인교를 탄 승지는 연암을 따라 방에 들어갔다.

'부인, 손님 오셨소. 술상 내오시오.'

탁주 두 잔과 안주로 김치가 나왔다. 연암은 술상이 나오자마자 목이 타는 듯 잔을 비우고 손님의 막걸리도 마셔 버렸다. 승지는 하도 기가 차서 입가에 미소를 머금고 연암을 멍하니 바라볼 뿐이었다.

'승지 영감, 오늘은 영감께서 내 술 낚시에 걸려든 셈이지요. 하하하'

'당신은 뉘시오? 술을 낚는다는 것은 또 뭐요? "

연암은 그때야 술 낚시의 내력을 말하였다. 늦게 입궐한 이 승지는 술 낚시에 대한 사연을 정조에게 아뢰었다. 정조는 선비가 누군지 모르고 말하는 승지에게 "그 술 낚는 사람은 연암 박지원이 분명하다. 제 재주만 믿고 술만 마시기로 소문이 나 벼슬을 주지 않았는데 그다지도 궁하다니 참 딱도 하군" 하며 연암에게 곧 안의현감安義縣監을 시켰다고 한다.

술 때문에 일을 망치는 경우가 허다하지만, 연암 박지원은 술로써 벼슬을 낚았으니 그만하면 주선酒仙의 경지에 가까이 이른 사람으로 평가할 수 있을 것이다.

오감으로 즐기는 '막걸리 칵테일'

현대에 들어 막걸리는 전통주이지만

최근 색다르게 변신하고 있다. 한식 세계화에서 중요한 숙제는 한식을 어떻게 세계인의 입맛에 맞게 가져가느냐는 것이다. 한식을 세계인의 입맛에 맞게 만들다 보면 어디까지를 한식으로 볼 것인가 하는 한식의 정체성 문제에 부딪히게 된다.

막걸리도 마찬가지이다. 막걸리도 다양한 현대인들에게 사랑받고 세계인들이 즐기기 위해서는 변신이 필요하지만 어려운 문제이다. 연암 박지원이 중국의 발달한 문물에 충격을 받고 새로운 시대를 열기를 원했듯이 막걸리에도 새로운 변신이 필요하다. 이미 막걸리의 변신은 시작되었다.

과일즙 등을 활용한 막걸리 칵테일이 그러한 시대의 흐름을 보여준다. 최근 막걸리의 열풍과 함께 전통 막걸리와 다양한 과일, 오곡, 수삼 등이 혼합된 칵테일 막걸리가 인기를 끌고 있다. 주문고객의 90%가 여성인 막걸리 칵테일은 계속적인 매출 상승을 보이고 있으며 최고의 창업 아이템으로 인기를 끌고 있다.

생生막걸리의 우유 빛깔과 부드러운 맛과 상큼한 생과일이 어우러지는 칵테일 막걸리는 투명한 잔에 즐기면 더욱 분위기를 더하여 젊은 층과 약한 도수를 즐기는 여성들의 마음을 사로잡고 있다.

막걸리 칵테일은 다음과 같은 장점이 있다.

첫째, 과일의 영양과 막걸리의 풍부한 유산균의 만남으로 영양이 뛰어나다. 과일에 속 풍부한 비타민, 식이섬유와 칼슘, 칼륨 등의 영양소가 요구르트보다 10배나 많은 막걸리의 유산균이 만나면 피부와 노화방지에 좋은 건강 막걸리가 만들어지게 된다.

둘째, 여러 가지 색의 아름다움으로 시각적 효과가 뛰어나다. 과일 천연의 색이 더해져 알록달록 예쁜 과일 막걸리는 칵테일이나 와인보다 화려

하여 연말 파티주로도 인기가 좋다.

셋째, 과일 시럽이 아닌 천연과일의 깔끔하고 신선한 과일을 넣기 때문에 입맛을 잡아당기는 장점이 있고 건강에 좋다.

생과일 막걸리 칵테일 만들기

:: 재료 및 분량

생과일(딸기 5개~6개, 키위 2개, 오렌지 1개, 포도 20알, 복분자 50g)
과일주스 50mL, 막걸리 200mL, 사이다, 꿀

:: 만드는 법

1 계절에 맞는 싱싱한 생과일을 준비하여 깨끗이 씻는다.

2 생과일을 믹서에 간다.

3 막걸리 100mL에 간 생과일이나 주스를 섞는다.

4 입맛에 따라 약간의 사이다, 꿀, 주스 등을 섞는다.

① 계절에 맞는 생과일 깨끗이 씻어 준비 ② 생과일 믹서에 갈기 ③ 막걸리에 간 생과일 넣기 ④ 기호에 따라 꿀, 사이다, 주스 등 섞기

막걸리 칵테일에 어울리는 색다른 안주

딸기막걸리와 가리비사과샐러드

가리비사과샐러드는 가리비에 사과를 넣어 만든다. 사과는 비타민 C가 풍부하고 껍질에는 생리활성물질도 많다. 사과의 비타민 성분과 가리비의 질 좋은 아미노산이 만나 영양적으로도 우수하다. 딸기막걸리와는 색감으로도 어울리고 상큼한 맛을 줄 수 있는 안주이다.

가리비사과샐러드 만들기

:: 재료 및 분량

가리비 4개, 사과 1/4개, 적양파 1/4개, 단호박 1/2개, 오징어먹물 1큰술, 버터 50g, 트레플마요네즈 소스 적당량

:: 만드는 법

1 사과와 적양파는 가늘게 채 썬다.

2 단호박은 기름을 바르지 않고 통째로 포일에 싼 후 오븐에 넣어 30분 정도 익힌다. 익은 단호박을 꺼내어 식힌다.

3 깨끗이 씻어 손질한 가리비는 달군 팬에 버터를 녹인 후 올려서 굽는다.

4 채 썬 사과와 적양파를 미리 준비한 트러플마요네즈 소스에 잘 버무린다.

5 오징어먹물은 붓으로 찍어 접시에 바른다. 여기에 소스에 버무린 4를 올린다. 접시 가장자리와 샐러드 위에 가리비를 4개 놓는다. 구운 단호박을 먹기 좋은 크기로 썰어 함께 올리면 완성된다.

6 만약 예쁜 장식을 곁들이고 싶다면 사과칩을 올린다. 사과를 0.1cm로 두께로 얇게 썬 후, 70℃로 예열한 오븐에 넣고 1시간 동안 말리면 바삭한 칩이 완성된다.

트러플마요네즈 소스

송로버섯 오일 200mL, 레드와인 소스 50mL, 마요네즈 300mL

볼에 분량의 재료를 모두 넣은 후 거품기로 잘 섞어서 완성한다.

① 단호박, 사과칩 오븐에 굽기 ② 가리비 버터에 굽기 ③ 사과, 적양파 소스에 버무리기 ④ 오징어먹물 접시에 바르기 ⑤ 접시 위에 예쁘게 담아내기

키위막걸리와 오리가슴살샐러드 오리고기는 다른 고기에 비하여 불포화지방산이 풍부해 건강에 좋다. 샐러드에 오리고기를 첨가하면 단백질을 보충할 수도 있다. 여러 가지 채소를 곁들이면 영양적으로도 우수한 효과가 있다. 게다가 키위는 소화효소가 풍부해서 오리고기 소화에도 좋다. 키위막걸리를 곁들이면 소화력을 높일 수 있어 효과적인 안주이다.

오리가슴살샐러드 만들기

:: 재료 및 분량

오리가슴살 2쪽, 오렌지 1개, 샐러드 채소 60g, 호두 오일 2큰술, 화이트와인식초 2큰술, 소금 · 후춧가루 약간씩, 발사믹 소스 적당량

:: 만드는 법

1 소금, 후춧가루로 간한 오리가슴살은 뜨겁게 달군 프라이팬에 올려 앞뒤로 표면을 익힌다. 이것을 200℃로 예열한 오븐에 넣어 8분간 익힌다.

2 깨끗이 씻은 오렌지는 1개 분량을 과육만 준비한 후 두껍게 자른다.

3 취향대로 준비한 샐러드 채소는 깨끗이 씻어 물기를 제거한다. 다른 재료들을 준비하는 동안 얼음물에 담가두면 아삭하게 즐길 수 있다.

4 물기를 제거한 채소와 오렌지 슬라이스는 각각 소금, 후춧가루로 간을 한다. 이들 모두 호두 오일과 화이트와인식초를 뿌려 맛을 낸다.

5 접시 한쪽에 감자튀김을 담고, 샐러드를 풍성하게 올린다. 적당한 크기로 썬 구운 오리가슴살을 샐러드 옆에 놓는다. 이때 오리가슴살 사이사이에 오렌지 슬라이스를 끼워 넣으면 한층 먹음직스럽다. 마지막으로 오리가슴살 위에 준비한 발사믹 소스를 뿌려 마무리한다.

발사믹 소스

발사믹 식초를 졸인 소스. 발사믹 식초를 1/2~1/3 정도로 끓여서 졸이면 신맛이 날아가는 한편, 달착지근하고 끈끈한 잼 상태가 된다.

① 간한 오리가슴살 오븐에 굽기 ② 오렌지 슬라이스하기 ③ 감자튀김 만들기 ④ 샐러드 채소 얼음물에 담가 준비 ⑤ 준비한 음식을 접시에 담고 소스 뿌려 완성

복분자막걸리와 연어샐러드

연어는 비타민 A와 비타민 D가 풍부하고 또한 두뇌건강에 좋은 DHA도 풍부한 건강한 생선이다. 연어샐러드는 채소의 비타민과 연어의 우수한 영양이 만나 건강에 좋은 효과가 있다. 또한 복분자에는 생리활성효과가 있는 항산화물질이 풍부해 막걸리의 영양 가치를 올릴 수 있다.

연어샐러드 만들기

:: 재료 및 분량

훈제연어 슬라이스 5조각, 오이라이타 소스 2큰술, 치커리잎 5g, 다진 적양파 · 케이퍼 · 레몬 드레싱 1작은술씩

:: 만드는 법

1 분량의 재료를 고루 섞어서 오이라이타 소스와 레몬 드레싱을 만든다.

2 접시 가운데에 오이라이타 소스와 치커리잎, 다진 적양파를 순서대로 넣는다.

3 훈제연어 슬라이스를 장미 모양으로 말아서 2의 가장자리에 돌려가며 놓는다.

4 3의 훈제연어 슬라이스에 케이퍼를 얹고 레몬 드레싱을 돌려가며 뿌린다.

오이라이타 소스

플레인 요구르트 100mL, 다진 오이 1/2개, 소금 · 후춧가루 약간씩

레몬 드레싱

레몬주스 1작은술, 올리브 오일 1 ½큰술, 소금 · 후춧가루 약간씩

① 드레싱 만들기 ② 치커리잎, 적양파 등 샐러드 담기 ③ 훈제연어 장미 모양으로 말아 담기 ④ 준비한 드레싱 뿌려 완성

오렌지막걸리와 게살샐러드

게살은 질 좋은 아미노산 그리고 타우린 성분도 있어 샐러드에 넣으면 영양소를 보충해 준다. 오렌지막걸리는 특히 비타민 C가 풍부하여 막걸리에 비타민 C를 보충하는 효과가 있다. 그리고 오렌지를 넣으면 상큼한 맛으로 막걸리의 텁텁한 맛을 보완하는 효과가 있어 맛과 영양의 궁합과 맛도 좋은 안주이다.

게살샐러드 만들기

:: 재료 및 분량

사과 1개, 게맛살 혹은 냉동게살 100g, 셀러리 1대, 소금 · 후춧가루 약간

:: 만드는 법

1 셀러리는 잘게 다지고, 게살은 잘게 풀어 셀러리와 함께 잘 섞는다.

2 30분 정도 향이 서로 배도록 두었다가 소금, 후춧가루를 뿌려 간을 한다.

3 사과마요네즈를 만든다. 분량의 양파와 사과를 곱게 갈아 마요네즈와 잘 섞는다.

4 게살과 채소 섞은 것에 사과마요네즈 소스를 넣어 버무린다.

5 채칼로 얇게 슬라이스한 사과 사이사이에 4을 넣어 접시에 담는다.

사과마요네즈 소스

양파 1/4개, 사과 1/4개, 마요네즈 1 ½컵
볼에 분량의 재료를 모두 넣은 후 거품기로 잘 섞어서 완성한다.

① 셀러리, 게살 잘게 다져 소금 간하기

② 사과마요네즈 소스 만들기

③ 게살, 채소를 사과마요네즈 소스에 섞기

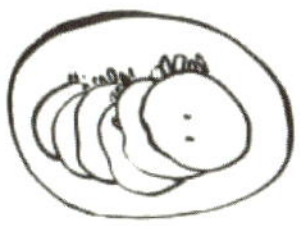

④ 슬라이스한 사과 사이에 샐러드 넣어 담기

포도막걸리와 새우샐러드 포도막걸리에는 포도 껍질과 씨에 레스베라톨이 풍부하여 항산화작용을 할 수 있는 효과가 있다. 그리고 비타민류도 풍부하여 막걸리의 기능성을 높일 수 있다. 새우샐러드도 새우의 아미노산과 타우린을 섭취할 수 있으며, 특히 건강식초인 발사믹식초와의 궁합도 좋다. 포도막걸리의 색감과 새우샐러드의 색감이 아주 잘 어울려 식욕을 돋우는 안주이다.

새우샐러드 만들기

:: 재료 및 분량

새우 8마리, 양상추 350g, 아보카도 1/2개, 브로콜리 50g, 오이 40g, 발사믹 드레싱 1/2컵, 미트시즈닝(소금 · 후춧가루 · 마늘가루를 1:1:1로 섞은 것) 2작은술

:: 만드는 법

1 깨끗이 씻어 손질한 새우는 껍질을 벗기고 내장을 제거하여 미트시즈닝을 앞뒤로 고르게 뿌린 뒤 오븐 그릴에 넣어 앞뒤로 각 2분 정도 굽는다.

2 양상추는 깨끗이 씻어 물기를 제거한 뒤 한 입 크기로 찢고, 아보카도는 껍질을 벗겨 세로로 6등분 한 후 한 입 크기로 썬다. 브로콜리는 끓는 물에 소금 약간을 넣어 살짝 데친 후 먹기 좋게 찢는다.

3 볼에 2를 한데 넣고 발사믹 드레싱을 뿌려 고루 버무린 다음 오목한 접시에 보기 좋게 담는다. 발사믹 드레싱은 시판용 제품을 구입해서 이용하면 가장 간편하며, 또는 발사믹식초와 올리브오일을 1:1로 섞고 다진 마늘, 설탕, 소금, 후춧가루로 간해서 직접 만들 수 있다.

4 3에 구운 새우를 가지런히 올린다. 먹을 때 토르티야에 싸서 먹어도 맛있게 즐길 수 있다.

① 새우 껍질 벗겨 오븐에 굽기

② 양상추, 아보카도, 브로콜리 준비

③ 발사믹 드레싱 만들기

④ 접시에 담아 소스 뿌리기

주註

1/ 이규보.《동국이상국전집》 제3권. 고율시(古律詩). 동명왕편(東明王篇) 병서(幷序).
한국고전번역원 DB http://www.itkc.or.kr/
錦席鋪絢明 金罇置淳旨 蹁躚果自入 對酌還徑醉 王時出橫遮 驚走僅顚躓 長女曰柳花 是爲王所止

2/《제민요술》 분국과 술 편. 하계명주. 한국고전번역원 DB http://www.itkc.or.kr/
秫米二斗煮作糜麴二斤擣合米和令調以水五斗漬之封頭今日作明旦雞鳴便熟

3/ 이성우.《한국요리문화사》. 교문사. 1985. p.180
송남잡식(松南雜識)에 의하면 송(宋) 태조(太祖)가 설야에 보(普)를 찾아가니 숯불에다 고기를 굽고 있더란 것이다. 그리하여 이것을 눈 오는 밤에 찾아갔다는 뜻으로 설야멱(雪夜覓)이라 하였다는 것이다.

4/ 1800년대 말엽 한글 조리서. 작자 미상. 적부(炙部). 이효지 외 편역. 신광출판사. p.196

5/ 1670년(현종 11년) 무렵. 장계향 원저. 한복려 외 편역 . 궁중음식연구원. 2004. p.88

6/ 1809년(순종 9년). 빙허각 이씨. 정양완 해제. 보신재. 2008. p.103

7/ 유암 홍만선(流巖 洪萬選, 1643~1715년).《고전국역총서》. 민족문화추진회. 1986. p.268

8/《조선무쌍신식요리제법》 이용기. 1924년 출간. '조선요리 만드는 법으로서는 이만한 것은 둘도 없다(無雙)'라는 뜻이다. 이성우 저.《한국고식문헌집성 고조리서(Ⅴ)》. 수학사. p.1731

9/ 이규보.《동국이상국집》 東國李相國後集卷第四. 古律詩. 家圃六詠
한국고전번역원 DB http://www.itkc.or.kr/

10/ 園苽不灌亦繁生° 黃淡花間葉間青° 最愛蔓莖無脛走° 勿論高下掛瑤甁° 右苽
浪紫浮紅奈老何° 看花食實莫如茄° 滿畦青卵兼赬卵° 生喫烹嘗種種嘉° 右茄
得醬尤宜三夏食° 漬塩堪備九冬支° 根蟠地底差肥大° 最好霜刀截似梨° 右菁
纖手森攢戢戢多° 兒童吹却當簫笳° 不唯酒席堪爲佐° 芼切腥羹味更嘉° 右葱
公儀拔去嫌爭利° 董子休窺爲讀書° 罷相閑居無事客° 何妨養得葉舒舒° 右葵
剖成瓢汲氷漿冷° 完作壺盛玉醑淸° 不用蓬心憂瓠落° 先於差大亦宜烹° 右瓠

11/ 이규보.《동국이상국집》. 동국이상국후집 제3권. 고율시(古律詩)
한국고전번역원 DB http://www.itkc.or.kr/
我昔浪遊時 所飮惟賢耳 時或値聖者 無奈易昏醉 及涉地位高 飮濁無是理 今者作退翁 俸少家屢匱 綠醑斷復連 簍飮亦多矣 滯在胷隔間 始覺督郵鄙 濁醪稱有妙 未會杜公意 迺知人之性 與習自漸漬 飮食地使然 何有嗜不嗜 爲報中饋人 有入愼輕費 無使樽中酒 不作澄淸水

12/ 홍만선.《산림경제(山林經濟)》 제2권. 치선(治膳).

한국고전번역원 DB http://www.itkc.or.kr/
梨花酒° 正月上亥日° 前期三日° 百洗白米° 浸水出細末細篩° 不用水捏作塊° 大如鷄卵° 於瓮中° 松葉作隔層°

13/ 서거정.《사가집(四佳集)》. 사가시집 제31권. 시류(詩類).
한국고전번역원 DB http://www.itkc.or.kr/
人情三刖足 世事九回腸 滿意梨花酒 薰心柏子香 少年迷出處 晩節半閑忙 春服今方試 猶存點也狂

14/ 정몽주.《포은집(圃隱集)》. 圃隱先生集附錄. ° 呼取酒來° 主嫗以梨花酒一大器進° 即盡飮°

15/ 신유한. 青泉先生續集卷之七. 海游聞見雜錄[上]. 飮食. 練酒如我國梨花酒° 醬則雜用豆麵而造成

16/ 신광수.《석북집(石北集)》. 石北先生文集卷之五. 驪江錄[上]. 洛陽東村梨花亭° 麻姑家賣梨花酒° 門前沽酒李仙來° 錯吠青毛千歲狗

17/ 안동장씨.《음식디미방(규곤시의방)》. 한복려 외 엮음. 궁중음식연구원. p.106

18/ 서긍.《고려도경(高麗圖經)》. 선화봉사고려도경 제23권. 잡속(雜俗).
한국고전번역원 DB http://www.itkc.or.kr/
館中° 日供食菜° 亦謂之沙參° 形大而脆美° 非藥中所宜用

19/ 정학유(鄭學游 著).《農家月令歌》. 漢陽歌. 朴晟義 校注. 교문사. 1984. pp.14-563

20/ 김종서 외.《고려사절요(高麗史節要)》. 무술 24년 (1298), 원 대덕 2년. 고려사절요 제22권. 충렬왕 4(忠烈王四) 王, 以歲凶民飢, 減膳, 命內廚, 進橡實而嘗之
한국고전번역원 DB http://www.itkc.or.kr/

21/ 홍석모.《동국세시기(東國歲時記)》. 이석호 역주. 대양서적. 1973. p.423

22/《시의전서》 1800년대 말엽. 작자 미상. 이효지 외 편역. 신광출판사. p.200.생숙채부(生熟菜部).

23/《국역조선왕조실록》 인조 10년 임신(1632, 숭정 5). 10월 6일(경오).
永昌甫八歲, 后常置諸懷中, 光海奪取殺之, 盧夫人栫棘于濟州° 爾瞻使其黨倡言
한국고전번역원 DB http://www.itkc.or.kr/

24/《대동야승(大東野乘)》 조선 개국 초부터 인조(仁祖) 때까지 역사 관계의 만록(漫錄) · 야사(野史) · 일기 · 전기 · 수필 · 설화 등을 총집한 책. 총 72권 72책. 편자 미상.

25/《朝鮮常識問答續編》. 崔南善(1890~1957) 著. 三星文化財團, 1972. p286

26/ 안동 장씨.《음식디미방(閨壼是議方)》. 한복려 외 엮음. 궁중음식연구원. 2004. p.82. 貧者

27/ 빙허각 이씨. 정양완 역.《규합총서》. 보신재. 2008. p.117. 餠子

28/《동국이상국집》 동국이상국후집 제4권. 고율시(古律詩).
한국고전종합 DB. http://db.itkc.or.kr/index

得醬尤宜三夏食 漬鹽堪備九冬支 根蟠地底差肥大 最好霜刀截似梨

29/ 한국 최고(最古)의 어류학서(魚類學書). 1814년(순조 15). 정약전(丁若銓, 1760~1816). 흑산도 근해의 수산생물을 실지로 조사하고 채집한 기록으로 수산동식물 155종에 대한 각 종류의 명칭 · 분포 · 형태 · 습성 및 이용 등에 관한 사실이 기록. 《현산어보를 찾아서》. 이태원 지음. 청어람미디어, 2003

30/ 이광려(李匡呂). 《이참봉집(李參奉集)》. 영조 38(1762, 乾隆) 〈書群芳譜後〉를 지어 고구마의 재배와 보급을 주장하다. 1763년에 일본에 통신사로 가는 趙曮에게 종자를 부탁하기도 하였으며 1765년 무렵에는 姜啓賢을 東萊로 보내어 종자를 구해오게 하였다.
한국고전종합DB. http://db.itkc.or.kr/index

31/ 서유구 저. 이효지 외 편역. 《임원십육지(林園十六志)-정조지(鼎俎志)》. 교문사. 2007. p.341

32/ 안동 장씨. 《음식디미방(규곤시의방)》. 한복려 외 엮음. 궁중음식연구원. p.90

33/ 이성우 저. 《한국요리문화사》. 교문사. 1985. p.129

34/ 허준. 《동의보감(東醫寶鑑)》. 1610년(광해군 2년)에 완성된 의학서. 예지원, 1990. p.244

35/ 홍만선(洪萬選, 1643~1715년). 《산림경제(山林經濟)》. 1718. 민족문화추진회. 고전국역총서. 1986. p.333

36/ (국역) 《신증동국여지승람》. 민족문화추진회 편. 1971. 고전국역 총서. p.186

37/ 고전번역서. 《동문선(東文選)》. 속동문선 제5권. 칠언고시(七言古詩). 渾沌酒歌 . 鄭希良
한국고전번역원 DB http://www.itkc.or.kr/
狂圖謬算坐濩落 半世倏忽成老翁 豈如飮我渾沌酒 坐對唐虞談笑中 渾沌有道人未試 此法遠自浮丘公

38/ 작자 미상. 《양주방》. 1837년. 《한국식경대전》. 이성우 역. 향문사. 1998. p.378

39/ 《朝鮮無雙新式料理製法》 이용기 저. 1920. 《한국고식문헌집성 고조리서(V)》. 이성우 역. 수학사. p.1674

40/ 홍선표(洪善杓). 《조선요리학(朝鮮料理學)》. 1940. 조광사. p.265

41/ 《해동죽지(海東竹枝)》 최영년(崔永年 著). 1925. 奬學社.
한국고전적 종합 DB. https://www.knowledge.go.kr

42/ 《朝鮮無雙新式料理製法》 이용기 저. 1920. 《한국고식문헌집성 고조리서(V)》. 이성우 역. 수학사. p1687

43/ 《鄕藥救急方》. 한국한의학연구원. 한의학지식정보자원. http://jisik.kiom.re.kr

44/ 《열하일기》는 조선 정조 때의 북학파인 박지원이 44세 때인 1780년(정조 5년)에 삼종형(8촌

형) 박명원(朴明源)이 청나라 건륭제의 만수절(萬壽節, 칠순 잔치) 사절로 북경(당시의 연경)에 갈 때 따라가서 보고 들은 것을 남긴 견문기이다.

45. 조선 후기의 실학자이며 소설가인 박지원(朴趾源)의 시문집. 신활자본 17권 6책. 한국고전종합DB http://db.itkc.or.kr/index

4부

막걸리, 그 효능성 이야기

막걸리는 우리가 주식으로 삼는 곡물인 찹쌀, 쌀, 보리, 밀 등을 주 원료로 누룩을 첨가, 발효시켜 물을 첨가하면서 그대로 막 거른 것이다.

막걸리는 곡물주로서 열량이 있기 때문에, 과거 고된 노동 후에 즐겨 마시며 몸과 마음에 힘을 주는 술이었다. 이러한 막걸리는 최근 열량 외에도 건강에 유익한 효과를 갖는 술로 재조명을 받고 있다.

보통 술에는 상당량의 칼로리가 있다. 대개 1g 당 7kcal를 낸다고 알려져 있다. 그러나 소주나 위스키 같은 경우 증류시켜 만들기 때문에 칼로리 외 다른 영양소는 없다. 그래서 우리는 술의 열량을 영양적이지 못하다는 의미로 빈 열량empty calorie이라고 부르고 비만을 유발하는 쓰레기 같은 열량으로 취급한다.

술은 건강에 백해무익하다는 견해가 지배적이었지만 이러한 개념을 바꾼 것이 바로 포도주이다. 포도주는 포도를 자연 발효시켜 만들므로 포도의 영양이 고스란히 들어 있고 또한 발효로 인해서 유용한 물질이 생겨난다. 특히 포도 중의 폴리페놀 계통 항산화물질인 레스베라톨resveratrol은 혈관 산화를 막는 유용한 물질로 규명되었다[1]. 그래서 술을 즐기는 프랑스인들이 심혈관계 질환이 낮은 이유를 식사 때마다 마시는 포도주 때문

이라고 보았다. 소위 '프렌치 파라독스'라는 것이다. 몸에 유익할 것 같지 않은 술을 마시면서도 건강을 유지하는 프랑스인들의 모순을 성립시키는 것이 바로 포도주다. 포도주가 현재 세계에서 인기 있는 술이 된 것도 포도주가 가지는 고급스러운 문화적 이미지에 건강까지 좋다는 사실이 더해졌기 때문이다.

막걸리는 어떠한가? 최근 막걸리가 인기를 끌면서 막걸리에 대한 많은 연구들이 이루어지고 있다. 특히 막걸리의 건강기능성에 대한 연구들이 현재 활발히 진행 중이다. 앞으로 많은 연구결과들이 발표되겠지만 현재까지의 연구결과를 보아도 막걸리는 포도주에 못지않은 건강주이다. 우유를 발효시킨 요구르트와 치즈가 풍부한 유산균 때문에 프로바이오틱스probiotics[2]의 대표물질로 세계인의 장수식품으로 알려져 있듯이, 곡물을 자연 발효시킨 생막걸리도 풍부한 유산균으로 주목받고 있다.

막걸리가 앞으로도 한국을 대표하는 술로 그 인기를 이으려면 막걸리에 대한 건강기능성 규명이 무엇보다 중요하다. 우리 조상들의 지혜로 빚어놓은 술, 막걸리의 건강기능성은 무엇이고, 어떻게 세계인들의 마음을 움직일 수 있을까?

막걸리, 영양성분과 효능에 대하여

막걸리는 찹쌀, 멥쌀, 보리, 밀가루 등을 찐 다음 누룩과 물을 섞어 발효시킨 우리 고유의 술이다. 서양의 포도주가 과일주라면 우리의 전통 막걸리는 곡물주이다. 곡물주가 익어 청주와 술지게미를 나누기 전에 막 거른 술을 말한다. 발효 후 증류 등의 다른 공정을 거치지 않고 막 걸러서 마시는 것이 특징이다.

그러니까 고두밥을 말린 후 누룩과 물을 넣어 발효시킨 술이 막걸리의 원형이라 볼 수 있다. 이것을 '원주' 혹은 '합주'로 나누기도 하여 맑은 부분을 걸러낸 탁한 부분이 좁은 의미의 막걸리 원료가 되는데 맑은 부분이 청주이고, 걸러낸 부분이 탁주이다. 이 청주의 알코올 도수는 대개 15% 안팎이고 우리가 흔히 마시는 막걸리는 여기에 물을 타, 알코올 성분을 5~6%가량으로 낮춘 것이다.

외양상 투박한데다 가격도 저렴하고 서민적인 이미지가 강해 모두가 선호하면서도 여타 다른 술에 비해 푸대접을 받기도 하는 이 막걸리는 영양학적으로 보아서는 포도주에 못지않은 건강음료에 속한다. 하지만 막걸리도 분명 술의 한 종류임이 분명한데, '과연 건강에 유익할 것인가?'라는 의 구심에 대하여 전문가들은 알코올 도수가 5~8% 안팎으로 맥주 수준에 불과한데다 식이섬유가 풍부하며 몸에 유익한 유산균 덩어리로 이루어져 있으므로 "과하지 않게만 마신다면 어떤 술보다 건강에 이로울 수 있다"고 말한다.

막걸리의 주요 영양성분 막걸리를 마시는 것은 알코올 성분만 제외하면 영양제를 먹는 것과 다름없다. 막걸리의 성분을 보면 물이 80%이다. 물을 제외한 나머지 20%는 알코올 6~7%, 단백질 1%, 탄수화물 3%, 지방 0.1%이며 나머지 10%는 식이섬유, 비타민 B · C와 유산균, 효모, 무기질 등이 혼합된 물질이다. 막걸리 100mL$\frac{1}{2}$사발에는 열량이 46kcal 정도 들어 있다[3]. 따라서 '영양의 보고寶庫'라고 불릴 만한 음료가 바로 막걸리이다. 포도주가 알코올과 물95~99%을 제외하면 약 1~5%만이 몸에 좋은 성분인 것에 비해 막걸리의 영양이 양적으로도 우위이다.

막걸리는 단백질 영양도 우수하다. 막걸리의 단백질 함량은 그리 높지 않지만100mL당 1.9g 발효과정을 거치면서 생리활성물질과 생효모가 만들어

막걸리 영양성분

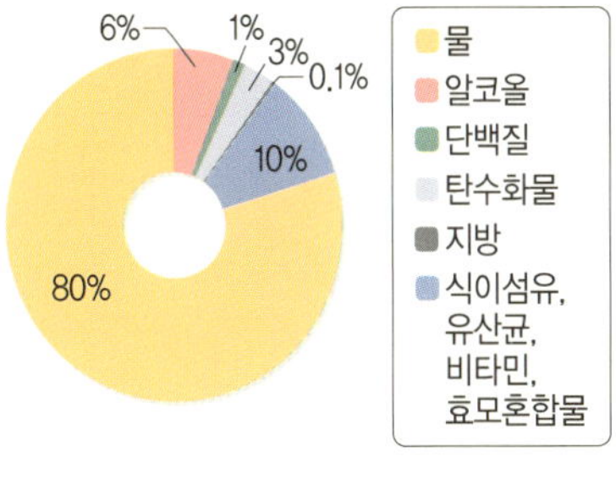

포도주 영양성분

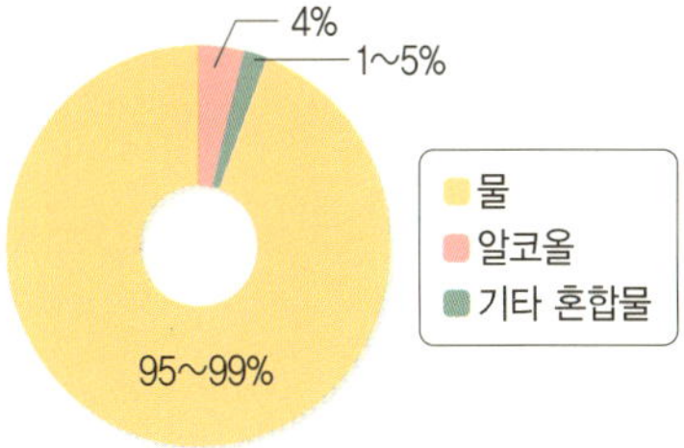

지기 때문이다. 또한 막걸리의 원료인 쌀 단백질의 단백가가 우수하기 때문에 막걸리의 단백가도 높아지는 것이다.

또한 막걸리에는 비타민 B군이 풍부하다. 막걸리 섭취가 인체에 미치는 영향에 관한 자료에 따르면 막걸리 200mL$\frac{3}{4}$사발에는 비타민 B_2이 약 68㎍, 콜린성분이 약 44㎍, 나이아신이 50㎍ 들어 있다. 비타민 B군은 특히 중년 남성들에게 도움이 되는 영양소로 피로완화와 피부재생, 시력증진 효과를 보인다. 콜린은 항지방간 인자로서 술 속 알코올 등에 의해 생기기 쉬운 지방간을 억제하는 효과가 있다[4].

한편 막걸리는 식이섬유 덩어리라고 해도 지나치지 않다. 막걸리 성분 중에서 물80% 다음으로 많은 것이 식이섬유10% 안팎이다. 막걸리 한 사발에는 일반 시판되는 식이음료들과 비교해 볼 때 100~1,000배 이상 많은 식이섬유가 들어 있다. 식이섬유는 대장운동을 활발하게 해 변비를 예방하는 것은 물론 심혈관질환 예방효과도 있다[5].

막걸리는 미생물에 의해 자연 발효된 식품으로 술인 동시에 건강식품이라 할 수 있다. 일반적인 술은 독할수록 간에 부담을 주고 혈당치를 올려 각종 생활습관병을 유발한다고 알려져 있다. 그러나 막걸리는 알코올 도수가 일반적으로 6~7% 정도로 낮고 아미노산 계통만도 무려 16종이 함유되어 있으며 이 중에는 필수아미노산류가 10여 종 포함되어 있다[6]. 많이 마시지만 않는다면 건강에도 괜찮다. 또한 단백질 함량도 종류에 따라 차이는 있으나 약 1.9% 정도인데 이는 우유단백질인 3%와 비교해 볼 때 상당한 양이다. 최근의 연구결과에 의하면 혈중 콜레스테롤을 떨어뜨리는 데도 효과가 있다. 이는 막걸리의 특성인 생효모가 혈청 속 콜레스테롤을 떨어뜨려 주기 때문이다[7].

소주 · 위스키보다 열량 훨씬 낮아

막걸리 열량은 그리 높지 않다. 농촌진흥청 영양분석 자료에 의하면 100mL당 46kcal로 콜라 · 사이다(40kcal)나 맥주(37kcal) 수준이다[8]. 같은 양의 포도주(70~74kcal), 소주(141kcal), 위스키(250kcal)보다 훨씬 낮다. 막걸리를 다이어트술로 여기는 사람도 있다.

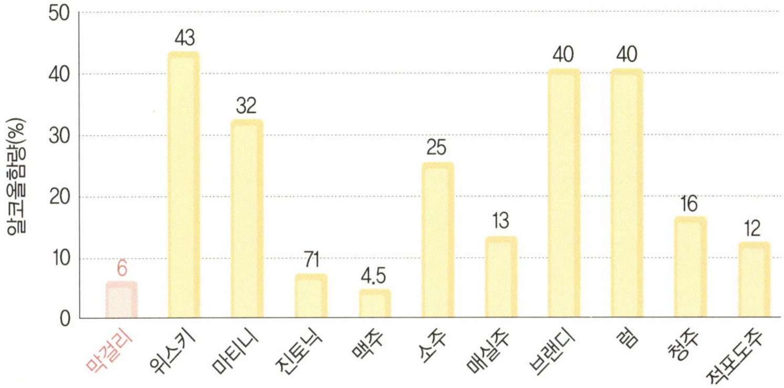

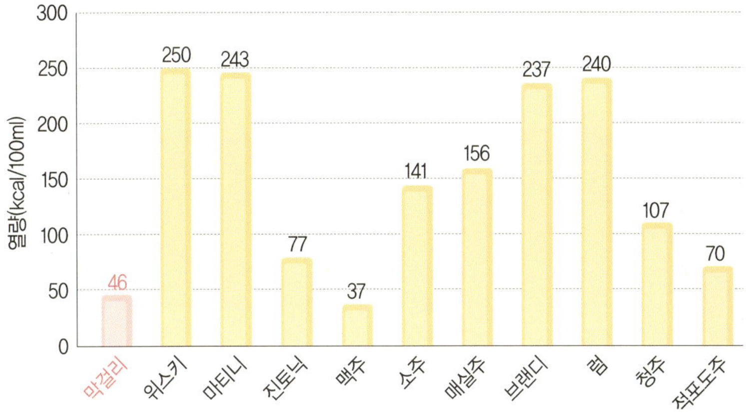

주류별 알코올 함량 및 열량 비교

풍부한 유산균과 효모

막걸리가 가진 건강기능성의 핵심은 무엇보다 발효에 의해 형성되는 유산균과 이로 인해 형성되는 다양한 유기산 그리고 효모이다. 막걸리의 기본은 곡물에다가 누룩을 첨가하여 발효시켜 만든다는 점이다.

따라서 먼저 누룩을 띄워서 만드는 과정을 거쳐야 한다. 누룩을 띄울 때 자연에서 부유생식하는 균 중 유산균이 제일 먼저 번식한다. 그러므로 누룩으로 술을 빚으면 유산균이 나타나는 것이 특징이다. 유산균은 번식력이 강하고 자기가 생성한 산酸으로 인하여 pH가 내려가 자연적으로 술을 담그는 배지조성이 이루어진다.

술 제조에 유해한 부패균 등 모든 세균은 대부분 산과 pH가 낮은 배지조성은 싫어하기 때문에 발육이 억제되고 도태되는 현상까지 일어난다. 이와 같이 누룩에서 생성되는 유산균이 막걸리를 만들 때에 중요하다는 사실을 옛 조상들은 이미 체험으로 터득해 알고 사용한 것이다. 또한 술 제조에 유용한 유산균은 젖산 생성력만 강할 뿐 아니라 효모가 번식하기 시작하면 산 생성력이 줄어든다. 이는 술을 빚는 데 매우 중요하다.

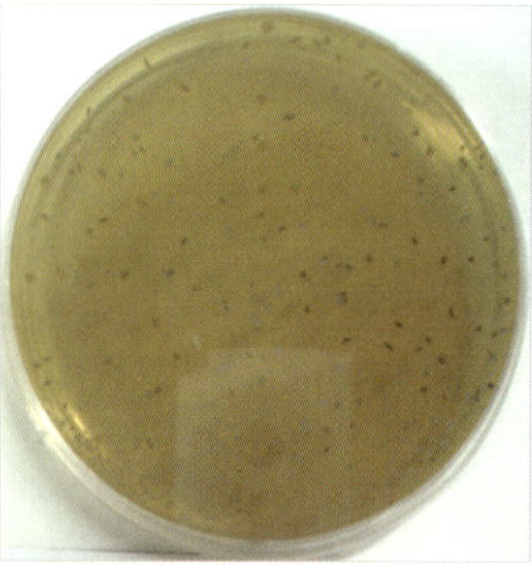

유산균 배양 사진
(배지: MRS agar, 호서대학교 실험실)

막걸리 1mL에 든 유산균은 1,000,000~100,000,000여 개에 달하는데 일반 막걸리 페트병이 700~800mL인 것을 고려하면 막걸리 한 병에는 700억~800억 개의 살아 있는 유산균이 들어있는 셈이며 이는 일반 요구르트 65mL1mL당 약 10^7마리 유산균 함유짜리 100~120병 정도와 맞먹는 놀라운 양이다[9]. 익히 알려진 바와 같이 유산균은 장에서 염증이나 암을 일으키는 유해 세균을 파괴하고 면역력을 강화한다고 하여 최근 중요한 건강물질로 인식되고 있다[10].

막걸리 속 유산균 수와 효모의 수

구 분	시험항목	단 위	결과(평균±표준편차)
생균 수	유산균 수	CFU/mL	$(1.75 \pm 0.32) \times 10^{11}$
	효모 수		$(2.36 \pm 0.45) \times 10^{10}$

전통막걸리에는 살아 있는 효모가 들어 있어 건강에 유익한 기능을 한다. 우리들이 흔히 증편이나 찐빵같이 발효되어 부풀어 오르는 떡이나 빵을 만들 때 막걸리를 넣어 반죽하면 발효가 잘 되어 부푸는 것도 이 효모의 작용이다. 자연효모 덩어리가 바로 막걸리라고 볼 수 있다. 효모는 술을 만들게 할 뿐 아니라 건강증진에도 큰 도움을 준다. 즉, 생명현상과 관계가 깊은 다양한 효소를 가지고 있다. 좋은 막걸리에는 단맛감, 甘, 신맛산, 酸, 매운 맛신, 辛, 쓴 맛고, 苦, 떫은 맛삽미, 澁味이 잘 어울리고 또 살아있는 효모가 들어 있어야 한다.

막걸리의 항암, 면역력 증강효과

막걸리의 식이섬유와 단백질 성분이 항암 효과가 있다는 실험결과도 있다. 2008년 한국식품영양과학회에 발표된 논문에 따르면 연구팀이 농축시킨 막걸리를 유방암, 간암, 대장암, 피부암 세포에 주입한 결과 암 세포 성장억제 효과가 나타났다[11].

이 논문에서 막걸리 농축물을 핵산, 메탄올, 부탄올 및 물로 나누어 암세포에 대한 성장 억제효과와 암 예방 지표인 QR활성 증가 효과를 측정하였다. 그 결과 메탄올 처리한 결과가 괄목할 만한 높은 암세포 성장 억제효과를 나타내었으며 4종의 모든 암세포주에서 암세포 성장 억제효과를 나타내었다. 따라서 앞으로 막걸리를 이용하여 항암관련 기능성식품을 개발

할 수 있는 가능성이 보이며, 이를 위하여 특히 메탄올 분획물에 대한 집중적인 연구가 요구된다고 하였다.

한경대 생명공학부 교수는 "막걸리는 효모 등이 장 속에서 발효돼 유해 세균을 억제하고 유익한 세균을 활성화시켜 면역력을 높이는 효과를 기대할 수 있다"고 했다. 경희대 동서신의학병원 사상체질과 교수는 "막걸리는 소화가 잘 안 되거나 손발이 찬 소음인에게 좋은 술"이라며 "한 잔 200~250cc 정도 먹는 것이 좋다" 말한다. 그리고 신라대 식품영양학과 교수는 막걸리의 암세포 성장억제 · 혈압강하 · 항산화유해산소 제거 효과 등을 밝혀냈다[12]. 또 막걸리가 혈중 콜레스테롤 수치를 낮추고, 간기능 개선에 유익하다고 발표한 논문도 있다.

최근 한국식품연구원 식품분석센터에서는 막걸리에서 항암물질인 파네졸farnesol 성분을 발견했다고 발표하였다. 파네졸은 미량으로도 항암 항종양 효과를 나타낼 수 있는 물질로 술의 주요 향기성분으로 알려져 있다[13]. 파네졸은 1L당 약 5~7mg 정도 미량으로도 항암 및 항종양 성질을 가진 물질이다[14]. 연구팀은 국내에서 시판되는 주류의 파네졸 함량을 분석한 결과 맥주에 포함된 15~20ppb보다 10~25배 가량의 150~500ppb 파네졸이 막걸리에 포함되어 있다고 한다. 파네졸은 막걸리의 혼탁한 부분에 많이 들어있으므로 마실 때는 막걸리가 우유 빛깔이 될 때까지 충분히 흔들어서 마시는 것이 좋다고 한다. 하지만 아직 초기 연구단계이며, 간 기능 개선 효과를 밝힌 연구의 경우 막걸리에서 알코올을 뺀 뒤 이를 갱년기 여성에게 제공한 결과이므로 '막걸리=항암술 또는 콜레스테롤 저감주' 등으로 등식화하기엔 다소 무리가 따른다.

다음은 최근 시판 생막걸리의 기능성분을 분석한 결과이다. 시판하는 생막걸리 6종을 채취하여 평균을 낸 값이다[15].

막걸리의 기능성

구 분	시험항목	단 위	결과(평균±표준편차)
항산화능	폴리페놀 함량	μg/mL	312.5 ± 52.37
	DPPH radical 소거능	%	57.92 ± 6.16
	SOD 유사활성	%	12.5 ± 3.26
무기질	칼 슘	mg/100g	4.78 ± 1.41
	철		0.12 ± 0.06
	칼 륨		15.44 ± 3.04
	마그네슘		5.42 ± 1.22
	나트륨		2.74 ± 1.54
비타민	비타민 B_2	mg/100g	0.15 ± 0.01
유기산	젖 산	mg/100g	60.14 ± 20.75

대표적인 항산화물질인 폴리페놀polyphenol이 막걸리 1mL당 312.5μg 정도로 다량 함유된 것을 확인할 수 있다. 폴리페놀은 열에 안정한 기능성 물질로서 항산화작용을 통하여 세포손상 보호효과에 의하여 암을 예방하는 효능이 있는 것으로 밝혀졌다[16]. 항산화활성물질의 항산화능 측정에 널리 쓰이는 DPPH radical 소거능력 역시 57.92%로 높게 나타났다. 이는 항산화물질이 노화와 많은 질병의 원인인 자유라디칼free radical을 얼마나 제거하는지를 보여주는 실험이다. 즉, 막걸리에 존재하는 기능성물질이 몸에 해로운 작용을 하는 자유라디칼을 60% 가깝게 제거한다고 볼 수 있는 것이다.

또한, 산소에 노출되는 거의 모든 세포에서 항산화 방어기작을 하는 것으로 알려진 SODsuperoxide dismutase와 유사한 물질들이 막걸리에 12% 이상의 활성 형태로 존재하는 것으로 밝혀졌다. 막걸리에는 우리 몸의 수분균형이나 골격구성을 비롯하여 에너지 대사의 보조인자, 신경계 기능, 세포과정 등의 중요한 역할을 하는 무기질이 함유된 것으로 밝혀졌다.

막걸리에는 비타민 B_2 역시 존재하는데 비타민 B_2는 체내 산화환원작용에서 보조효소의 구성 성분으로 중요한 역할을 하며 성장과 발육을 촉진한다. 만약에 비타민 B_2가 결핍되면 입 주위가 허는 구순구각염, 설염, 지루성피부염 등이 발생할 수 있다.

심혈관질환 예방 효과 하루 1~2잔 정도의 술은 혈관을 튼튼하게 하고 콜레스테롤을 낮춰 심혈관질환을 예방하는 효과가 있다는 사실은 많은 연구에서 입증되었다. 이런 효과는 포도주뿐 아니라 막걸리에도 있는 것으로 밝혀져 있다. 신라대 식품영양학과 교수팀이 실험쥐 42마리를 두 그룹으로 나눠 한쪽은 막걸리 농축액을 투여하고, 다른 쪽은 같은 양의 생리식염수를 투여했다. 시간대별로 혈중 중성지방과 콜레스테롤 수치를 조사한 결과 막걸리 농축액을 투여한 그룹에서 중성지방과 콜레스테롤 수치가 낮아졌다.

실험을 담당한 교수는 "알코올을 많이 섭취하면 혈중 중성지방과 콜레스테롤 수치가 높아져 동맥경화증, 고혈압 등의 심혈관질환 위험이 높아지는 것으로 알려져 있는데 막걸리는 정반대로 나왔다"며 "왜 중성지방과 콜레스테롤이 낮아졌는지는 더 연구해봐야 하겠지만 막걸리 발효성분들이 알코올의 작용을 억제하고 약리효과를 내는 것으로 보인다"고 말했다. 이 연구팀의 다른 연구에 따르면 막걸리를 거르고 남은 찌꺼기지게미에는 고혈압 치료제와 비슷한 정도로 혈압을 낮추는 물질인 펩타이드가 함유되어 있는 것으로 나타났다. 고혈압 치료제의 혈압강하 효과를 90으로 할 때 막걸리 지게미의 효과는 80쯤 된다. 고혈압 예방효과를 얻으려면 막걸리를 잘 흔들어 마셔야 한다.

음주 뒤 숙취는 문제

막걸리의 알코올 도수는 6~7%다. 한국인에게 인기 높은 5대 술 가운데 맥주(4.5%)보다는 약간 높지만 포도주(12%), 소주(25%), 위스키(43%)보다는 낮다. 일반적인 독주의 기준(알코올 20% 이상)에서 크게 벗어나는 순한 술이다.

그러나 음주 뒤 숙취가 생길 수 있다는 점이 막걸리 세계화의 최대 장애물이다. 거의 대부분의 술을 과음하고 나면 그렇듯이 막걸리도 많이 마시면 숙취가 문제인데 그 이유도 다양하다. 기본적으로 과음 때문인 경우도 있고, 발효가 잘못되어서 곡물발효의 부산물인 퓨젤유fusel oil 함량이 높은 경우에 그렇다는 설도 있다. 영남대 식품가공학과 한 연구실에서는 "막걸리 · 포도주 등 곡주 · 과실주는 소주 · 위스키 등 희석주 · 증류주에 비해 숙취가 상대적으로 심하다"며 "발효 균주에 잡균이 섞여 있을 수 있으며, 발효할 때 숙취성분이 생성될 수 있기 때문"이라고 지적했다[17]. 막걸리는 제조회사에 따라 숙취 유발 정도가 상당한 차이를 보이는 것으로 알려져 있다. 또한, 과거 일부 업자들이 빨리 발효하려고 카바이드를 섞었기 때문이라는 설, 적포도주를 마시고 생기는 두통red wine headache, RWH처럼 원인 미상이라는 설 등 다양한 숙취 원인에 대한 이야기가 설왕설래되고 있다.

막걸리의 기능성분

막걸리는 김치 · 청국장 · 된장 · 고추장 · 간장 · 젓갈 등과 함께 우리나라의 대표 발효식품이자 슬로푸드다. 그러나 웰빙 효과에 대한 연구는 아직 초기단계다. 막걸리의 웰빙 성분이 구체적으로 어떠한 성분인지 잘 모른다. 이는 레스베라트롤resveratrol이란 항산화 성분폴리페놀의 일종을 찾아낸 뒤 이를 대대적으로 홍보 중인 포도주업계와 큰 대조를 이룬다. 어떤 연구에서는 '막걸리의 단백질 성분인 펩타이드와 당지질'을, 또는 '생막걸리에 함유된 유산균'을 막걸리의 건강성분으로 추정했다. 또한, 최근 막걸리에서 항암물질인 파네졸farnesol 성분을 발견했다고 발표하였다. 또 다른 연구에서는 막걸리에 든 물질이 멜라닌의 생성을 억제해 피부 미백에 도움을 줄 것으로 기대하였다.

한식의 세계화와 발 맞춰 전통 건강주인 막걸리에 대한 생리활성 및 기능성분에 대한 활발한 연구가 진행 중이다. 가까운 시일 내에 구체적이고 분명한 생리활성물질 및 건강기능성분들이 과학적 검증을 거쳐 막걸리의 웰빙성을 입증할 수 있으리라 기대한다.

막걸리를 마시는 이유

1980년대까지만 해도 우리나라의 주류시장은 출고량을 기준으로 막걸리가 46.1%, 맥주 27.4%와 소주 24.3%로 막걸리 소비량이 가장 많은 대중적인 술이었다. 하지만 이후 경제적인 성장과 함께 소주, 맥주에 비해 그 소비량이 낮아져 2008년에는 맥주(56.1%)와 소주(27.9%)에 비해 매우 저조한 4.9%의 소비량으로 비인기 음료로 전락하였다. 하지만 최근 불기 시작한 막걸리 열풍으로 다시금 한국의 대표 전통주로서의 명예를 되찾아가고 있는 듯하다.

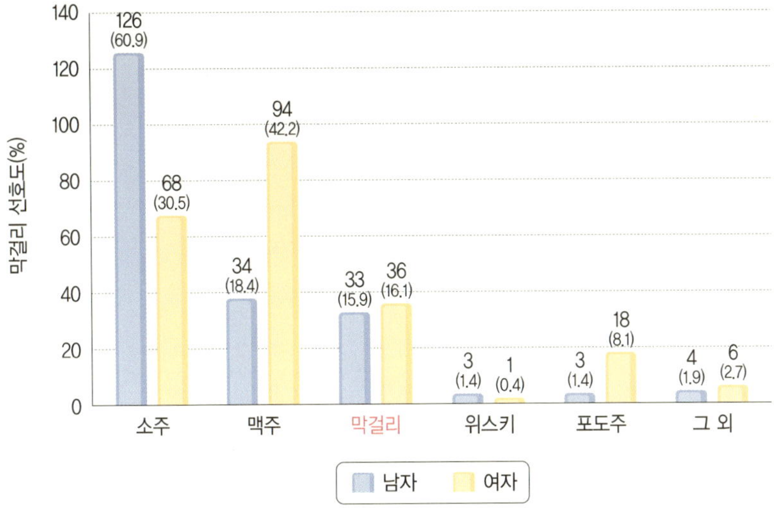

막걸리에 대한 선호도 조사(2010년)[18]

최근 막걸리에 대한 선호도를 조사한 연구에 의하면 소주 45.1%, 맥주 30.7%에 이어 세 번째로 선호하는 술로 조사되었으며 16.1%로 그 비중이 높아졌음을 알 수 있다. 막걸리는 성별이나 수입에 따른 차이는 없었으나 연령대가 높을수록 선호도가 증가하는 것으로 나타났다. 이는 젊은 세대들에게 막걸리는 아직도 '싸구려, 낡은' 느낌으로 인식되어 인기도가 낮다는 견해가 있으며 이에 따라 최근 외관을 고급스럽게 개선하고 효과적인 마케팅을 전개하는 등 저가주의 이미지를 탈피하여 막걸리 인지도를 개선하고 소비를 증진시키고자 하는 노력들이 일고 있다.

막걸리를 마시는 이유는 남녀 모두 '맛있어서(45.6%)'가 가장 큰 이유였다. 두 번째 이유부터 남녀의 차이가 보이는데 남자는 건강에 좋고(29.7%), 값이 싸서(10.4%) 좋아하는 반면, 여자는 분위기가 좋고(21.5%), 건강에 좋아서(18.2%)라고 하였다.

막걸리를 마시는 이유 (Lee HS et al., 2010)

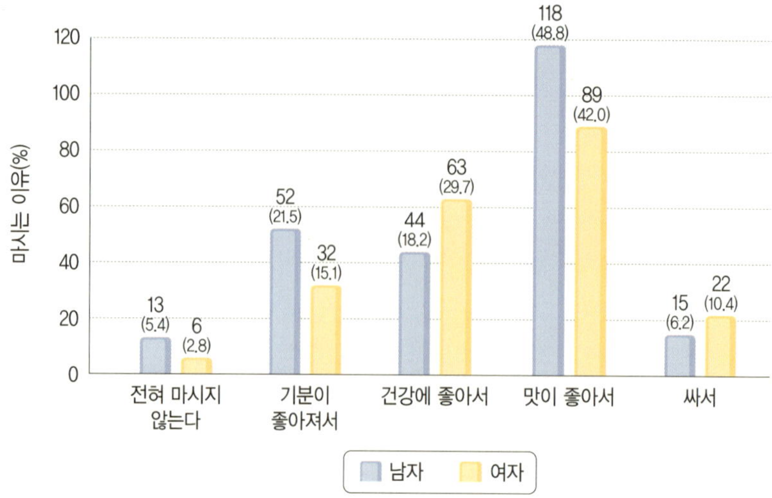

이와 같이 막걸리의 고급화 전략과 함께 맛있으면서도 건강에 좋은 술이라는 인식 때문에 선호도가 꾸준히 증가하는 것으로 보인다. 앞으로도 품질 개선과 건강기능성분의 강화뿐만 아니라 다양한 고객요구 분석 등을 통한 막걸리 차별화와 다양화가 이루어진다면 우리 민족 애환이 담긴 전통주 막걸리는 그 명성을 다시 회복할 수 있으리라 기대해 본다.

적절한 막걸리 섭취량

막걸리의 과음은 득보다 실이 많다. 하루에 남성은 360mL, 여성은 180mL 이하 마시는 것이 적당하다. 소주 · 맥주는 고유의 술잔이 이미 규격화돼 있다. 세계보건기구WHO는 남성은 하루 2잔, 여성은 하루 1잔 이하 마실 것을 권장한다. 그러나 막걸리 잔은 아직 통일되지 않아 잔 수로 적정 음주량을 설정하기 힘들다. 대개 막걸리 사발을 100mL로 본다면 남성은 3~4잔, 여성은 2~3잔 정도면 충분하다고 보인다. 여성에게 적은 양을 권하는 이유는 알코올분해효소가 남성보다 대체적으로 적다는 점과 술을 희석시켜 주는 체내 수분 양이 적다는 일반적인 이유이지 남녀 차별의 문제는 아니다. 알코올 분해 능력이 뛰어난 여성은 남성과 비슷하게 마셔도 상관없다. 그리고 신장결석이 있는 사람이 막걸리를 과다 섭취하는 것은 문제가 될 수 있다. 장기적으로 "과음은 신장결석의 원인이 되기도 한다"고 의사들은 경고한다.

막걸리 보관법 막걸리는 영양분·발효균이 풍부한 만큼 상하기도 쉽다. 따라서 구입 후 냉장고에 보관하되 가능한 한 빨리 마셔야 한다. 생막걸리는 1주일 내에, 열처리한 것은 한 달 내에 마시는 것이 바람직하다. 그러나 최근 들어 막걸리 제조기술의 발달로 한 달 이상 보관 가능한 생막걸리들이 생산되고 있다. 그래도 포도주의 보관을 위해 포도주셀러를 사용하듯이 우리는 집에 있는 냉장고가 최석의 보관용기이다. 그러니 막걸리는 냉장고에 보관하여 마시는 것이 좋다.

막걸리는 흔들어서 마셔야 막걸리는 세워 놓으면 위에 맑은 물질이 뜨고 아래 침전물이 생기는 것을 볼 수 있다. 원래 곡주를 빚은 후 위에 떠있는 부분을 청주라고 한다고 하였다. 그래서 위의 떠 있는 부분만을 마시는 사람들도 있다. 그러나 시중의 막걸리는 물을 타서 거르기 때문에 위에 떠 있는 성분은 청주 성분이라고 보기 어렵다. 오히려 여러 가지 유익한 성분들은 밑에 가라앉아 있다. 막걸리는 흔들어서 마셔야 술병 바닥에 가라앉은 귀한 성분을 섭취할 수 있다.

다양한 색의 막걸리

최근엔 막걸리 색깔이 컬러풀해졌다. 막걸리 제조 시 고구마, 단호박과 당근 등 다양한 부재료를 사용하기 때문이다. 자색紫色 고구마 막걸리, 백련초 막걸리(면역 강화), 함초 막걸리(변비 예방)·비트 막걸리(여성용)·단호박 막걸리(이뇨 촉진)·당근 막걸리(시력 보호) 등이 속속 개발되고 있다. 이러한 컬러 성분들은 대개 식물성 색소성분으로 항산화제 역할을 하므로 막걸리의 기능성을 높이는 데 기여할 수 있다. 또 색깔 막걸리의 매혹적인 색은 여성들에게 매력적으로 다가갈 수도 있다.

주재료 누룩은 '소화 돕는 한약재'

《동의보감》엔 막걸리에 대한 별도의 언급이 없다. 반면 막걸리의 주재료인 누룩은 한방에서 사용 빈도가 높은 한약재로서 '신곡'이라고 부른다. 《동의보감》[19]에 의하면 "신곡은 입맛이 나게 하고, 소화가 잘 되게 하며, 곽란·설사·이질을 멎게 한다"며 '위·장 기능을 도와주는 한약재'라고 하였다.

또한, 우리나라 최초의 식이요법서인 《식료찬요》[20]에도 밀누룩麪麯을 생강즙과 반죽하여 된장국물에 먹으면 기가 약하여 음식을 먹어도 소화시키지 못하고 몸이 마르고 힘이 없는 것을 치료한다고 하였다. 식사한 뒤 소화가 잘 안 될 때 막걸리 한 잔이 특효약이 될 수 있다는 것이다.

왜 막걸리가 건강식품인가?

막걸리에 대한 그동안의 연구결과들을 중심으로 살펴보면 다음과 같은 점이 건강식품으로의 가능성을 보게 한다.

- 살아 있는 활성효모가 많이 함유되어 인체에 필요한 소화 효소 및 무기물 공급이 원활하다.
- 저알코올 음료이므로 간에 부담이 적고, 적당량은 혈액순환을 촉진시키는 효과를 얻을 수 있다.
- 사람이 필수적으로 매일 섭취해야하는 필수아미노산 10여 종이 함유되어 있다.
- 장수지역의 식품 특성인 유산균이 풍부하고 유기산도 풍부한 식품이다.
- 각 종류의 비타민과 각종 영양소가 골고루 들어 있어 영양섭취에 의한 건강유지뿐만이 아니라, 성인병예방에 효능이 있음이 밝혀지고, 최근에는 막걸리의 인체 고기능성 연구에서 항암성 · 항종양성 · 면역성 등을 갖는 연구가 추진 중에 있나.

김치나 된장, 고추장 등의 발효식품도 숙성이 안 되었을 때는 발암물질이 있을 수 있으나 숙성이 잘 된 것은 항암물질이 있다고 말한다. 술을 먹게 되면 무엇보다 간에 손상을 줄 수 있으나 막걸리의 경우는 그 자체에 충분한 영양성분이 들어 있으므로 특별한 안주가 없어도 간에 손상을 주지 않는다.

막걸리에는 단백질 및 아미노산류가 풍부하고 유기산인 구연산과 젖산이 있어 청량감이 있는 상큼한 맛과 갈증을 면하게 해주고 여러 가지 종류의 비타민이 많이 함유되어 있다. 음료로도 적당한 저도의 알코올 함량은 혈액순환을 왕성케할 뿐 아니라 식욕증진과 피로회복을 도와주기도 한다. 막걸리에는 풍부한 영양성분 외에도 다른 술에는 찾아볼 수 없는 지방간 억제 효능이 인정되고 있는 콜린, 메티오닌, 엽산, 비타민 B_2, 비타민 B_1이 함유되어 있으니 좋은 식품으로 볼 수 있다.

막걸리, 발효과학의 진수

한 나라의 술은 전통성과 역사성을 지닌다. 그 민족 고유의 음식문화와 그 지역의 자연환경의 영향을 받아 형성되므로 전통성과 역사성을 갖는 것이다. 술은 그러한 여건 속에서 오랜 세월을 두고 누적된 경험과 지혜로부터 나온 것으로 그 민족의 식습관을 반영하고 있을 뿐 아니라 생존을 위해서도 필요하다.

우리 민족은 오래전부터 다양한 술문화를 발전시켜 왔다. 오랜 역사와 문화를 가진 민족답게 우리만의 독특한 전통술을 가지고 있었다. 지리적 · 문화적 차이로 인해 전통술은 서구의 술과는 크게 달랐고, 비슷한 문화권인 중국과 일본의 술과도 다소 차이를 보인다.

과실주, 맥주, 위스키와 같은 서양의 술은 누룩을 사용하지 않고 엿기름인 맥아麥芽로 녹말을 당화시킨 후 술을 만든다. 이에 반하여 우리의 전통술은 곰팡이를 이용하여 빚는 누룩술이 그 특징이다. 우리나라와 중국, 일본의 동양 3국은 누룩과 곡물을 사용하여 술을 만든다는 점에서는 공통점이 있다. 그러나 일본 술은 쌀누룩을 사용한 술이며, 중국과 우리나라는 밀누룩을 주로 사용한다. 그런데 술의 원료로서 중국은 찹쌀을 주로 쓰고,

일본은 멥쌀만을 사용하여 술을 빚는 데 비하여 우리는 쌀과 찹쌀, 잡곡 등을 다양하게 사용하여 술을 빚는 것이 그 특징이다. 누룩은 크게 나누어 밀을 껍질이 있는 채로 분쇄하여 메주처럼 덩어리로 만들어 찐 다음 띄운 막누룩과 쌀알에 곰팡이를 띄운 쌀알 흩임Koji누룩이 있다. 우리는 막누룩을, 일본은 쌀알 코지 누룩을 쓴다.

우리의 막누룩이 일본의 코지와 다른 점은 곡류를 조분쇄하여 살균하지 않고 생녹말을 그대로 사용하며, 일정 크기로 만들어 자연적인 발효상태에서 제조하기 때문에 곰팡이, 효모, 세균류 등 많은 종류의 미생물이 자라게 된다. 이는 곡류에 들어 있는 녹말을 당화시키기 위하여 곰팡이에 의하여 분비되는 당화효소의 역할과 효모에 의한 알코올 발효의 역할이 같이 이루어져 누룩만으로 전통술의 양조가 가능한 것이다. 이렇게 하여 만든 누룩과 쌀, 보리 등 곡물원료를 찐 다음 한꺼번에 버무려 물과 함께 옹기 독에 넣어 발효시킨 후 술독 표면에 떠오른 맑고 노른 물을 떠내면 알코올 함량이 16% 정도의 약주가 되고, 남은 찌꺼기에 물을 타서 체에 걸러 내면 탁주가 되고, 소줏고리에 증류해 내면 소주가 되는 것이다. 이것이 우리의 전통주이다.

그러면 술은 왜 그 품질이 다르게 나타나는가? 먼저 술은 원료에 따라 품질이 다르게 나타난다. 우리의 전통주는 우리가 주식으로 삼는 곡물을 주재료로 하는 것이 특징이다. 우리나라의 술은 쌀, 찹쌀, 보리, 밀, 조, 수수, 기장, 옥수수, 고구마, 감자, 메밀 등 주재료에 따라 각각 술의 종류가 다르다. 이들 곡주는 우리의 체질에 가장 맞는 것으로 나타난다. 곡주가 우리의 체질에 맞지 않고 또 우리의 기호나 식습관과 어울리지 않았다면 곡주는 사라졌을지도 모를 일이다.

또 같은 주원료라도 그 주원료를 어떻게 하여 빚느냐에 따라 맛과 향이 매우 다양하게 나타난다. 예를 들면 술을 빚을 때 주재료를 죽이나 백설기, 인절미, 구멍떡, 물송편, 범벅, 개떡, 고두밥 등 다양한 방법으로 처리할 수 있는데 그에 따라 맛이 달라진다. 주로 고두밥을 쓰는 이유는 가장 흔한 방법으로 그 과정이 간편하여 널리 이용되고 있기 때문이다.

누룩은 무엇인가 전통 주류를 제조하는 과정에서 당화과정과 발효과정을 동시에 유도할 수 있는 방법을 위하여 우리 선조들은 바로 누룩을 사용하여 왔다. 이는 전통 탁·약주가 곡물 전분을 당화효소 작용에 의하여 발효성 당류로 전환시키는 당화과정과 발효성 당류를 효모에 의하여 알코올로 전환시키는 발효과정에 의하여 빚어지기 때문이다. 바로 이 당화와 발효라는 두 과정을 동시에 진행하여 술을 만들어 주는 것이 누룩이다.

누룩은 술의 원료로서 술을 만드는 효소를 생산하는 곰팡이를 곡류에 번식시킨 것이다. 분쇄한 밀이나 쌀, 밀기울 등을 반죽하여 모양을 만들고 적당한 온도에서 숙성시켜 만든다. 누룩곰팡이는 그 빛깔에 따라 황국균, 흑국균, 홍국균 등이 있다. 막걸리나 양주에 쓰이는 것은 주로 황국균이다.

누룩은 어떻게 만드나 분쇄한 밀이나 녹두즙 등을 반죽해서 헝겊, 짚, 풀잎 등에 싸서 발로 밟거나 누룩틀에 넣어서 밟는다. 이것을 누룩방이나 온돌 또는 헛간에 적당히 배열하여 짚이나 쑥으로 덮어놓고 썩지 않게 골고루 뒤집으며 누룩곰팡이가 뜨기를 기다리는데 짧게는 1주일 길게는 40

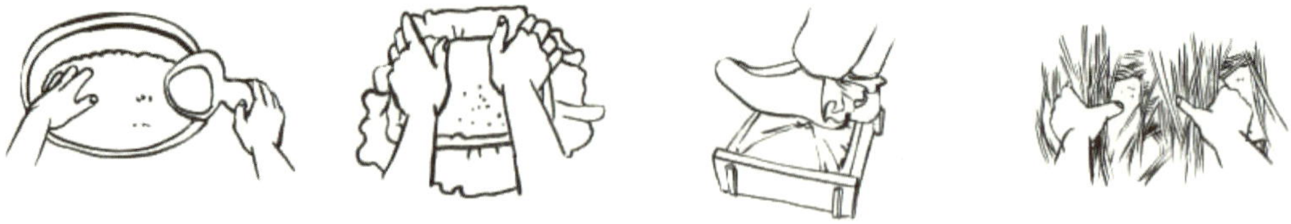

① 빻은 밀을 물과 함께 반죽한다. ② 누룩틀 안에 반죽을 단단히 다져 넣는다. ③ 발로 단단히 밟는다. ④ 볏짚이나 쑥으로 덮어 씌운다.

누룩 빚는 일반적인 방법

일 이상이 걸린다.

지방에 따라 모양이나 제조법에 차이가 있어 서울과 영남지방에서는 원료를 반죽하여 헝겊에 싸서 틀에 넣고 단단히 밟아 짚으로 싼 다음 온돌에 퇴적하여 만든다. 반면 호남이나 충청도에서는 퇴적하는 대신에 실내에 매달아 둔다. 형태도 서울과 영남지방의 것은 편원형이 많고 호남이나 충청도는 원추형이나 모자형이 많다. 보통 퇴적한 것은 4~5일, 매달아 둔 것은 10~30일 쯤 걸려서 만들어진다.

개량 누룩의 경우는 밀가루에 물을 섞어 원반 형태의 덩어리를 만들고 약 10일간 40℃에서 발효시킨 후 건조실에 옮겨서 서서히 건조시킨다. 이것은 재래방법에 비하여 시간을 단축시킬 수 있고 연중 만들 수 있다는 이점이 있다.

누룩은 사용되는 원료의 종류뿐만 아니라 형태가 품질에 영향을 미치고 있는데 누룩의 지름이 너무 짧으면 수분이 쉽게 발산되어 균이 잘 침투하지 않아서 숙성이 불량하고 너무 얇으면 단시일에 숙성되나 향미가 좋지 않고 주박이 많아 주량이 적어진다. 너무 두꺼우면 내부의 수분이 발산되기 어려워 내부 온도가 높아질 가능성이 있고 제조 후 건조도 어렵다. 이와 같이 제법이 까다로워 신미, 을미, 경자에 만들면 좋고 목일木日에 만들면 술이 시어진다는 금기가 있었다. 또한 누룩은 밟는 정도에 따라서도 질에 차이가 있으며 누룩의 질은 술맛과 직결된다.

누룩의 종류

술은 발효제인 누룩의 종류에 따라 그 품질이 달라진다. 예전에는 다양한 재료로 만든 누룩이 있었다. 쌀누룩, 보리누룩, 밀누룩, 녹두누룩 그 밖에 여러 곡물이 들어간 누룩이 있었다. 그러나 밀누룩이 주종을 이루었다. 이 밀누룩이 제대로 빚어지려면 습기와 온도와 바람과 곰팡이 포자균 들이 가담해야 한다. 그런데 가정마다 그 구성이 다르다. 습기가 다르고 곰팡이 포자균의 분포가 다르다. 이 때문에 지방마다 누룩이 달라지고 술맛이 달라진다. 보리로 만든 보리누룩도 많이 쓰인다. 특히 쌀로 만든 이화국梨花麴, 녹두로 만든 향온국香醞麴 등 특수 누룩으로 만든 고급술은 향취가 좋아 부유층에서 즐겨 마셨다.

또 지방마다 물맛이 다르니 같은 곡물로 같은 누룩을 써서 만든 약주라 하더라도 술맛이 달라질 수밖에 없다. 또 대개의 술 빚기는 누룩과 고두밥 들을 주재료로 일정한 온도와 기간을 거쳐 발효가 이루어지는데 이와 같은 과정을 몇 번 반복하느냐에 따라 단양주 외에 이양주, 삼양주 등 중양주가 있으며 12양주까지의 술 빚기가 있는데 이에 따라 술의 품질이 달라진다. 또 술을 익히는 기간에 따라 일야주를 비롯하여 일일주, 삼일주, 칠일주, 십일주, 스무주, 백일주, 일년주, 천일주 등이 있다.

다양한 누룩들

누룩 속에 살아 있는 미생물 누룩은 술 제조에 중요한 것으로 증자하지 않은 곡류 분쇄물, 밀기울 등에 수분을 30% 내외로 가한 다음 성형(원판형, 직경 24~130cm, 높이 4cm 내외), 숙성시켜 만든 것이다. 누룩 속에는 여러 종류의 미생물들이 모여들어 증식하고 이들에 따라 그 대사물질로서 갖가지 효소들도 생산하게 되었다.

우리나라 전통 주류 발효에는 미생물 및 효소원으로서 누룩이 필수적으로 사용되어 왔다. 이들 전통 누룩과 술덧 미생물에 대한 과학적인 연구는 일본 강점기에 일본사람들에 의하여 시작되었다. 즉, 1906년 이노우에가 3종의 무코르*Mucor*속의 곰팡이를 분리한 이래 해방까지 10여 편의 연구보고가 있었고, 1960년대부터 우리 누룩에 대한 연구가 많았다.

누룩에서 분리된 미생물들은 연구자, 누룩제조 지역, 제조원료, 누룩제조 숙성의 온도, 상대습도, 산도 요구성의 조건에 따라 분포가 차이난다. 우리나라 전통 주류인 약주, 탁주는 이들 누룩 미생물들과 그들이 생산한 여러 효소에 의하여 찹쌀, 멥쌀을 원료로 빚어졌으므로 가정마다 술도가마다 획일적 주질이 보장되기는 어려웠다. 그러나 각각 특이성을 가진 산미가 강한 약주, 탁주가 만들어졌고 이는 한국인의 기호에 맞는 전통주였다.

그리고 전통 누룩이 다 좋은 것은 아니다. 누룩 중에서는 곰팡이독mycotoxin을 생산하는 균주인 아스퍼질러스 플라부스*Asp. flavus*가 발견되기도 하였다. 전통 약주 · 탁주 제조에서 누룩 대신 누룩에서 분리된 우수 균주들을 선발하여 이들로 막걸리는 만드는 방법도 중요하다. 최근 막걸리는 대량 생산을 하고 고품질화를 기할 수 있는 발효공정으로 만들어지고 있으므로 걱정할 필요가 없다.

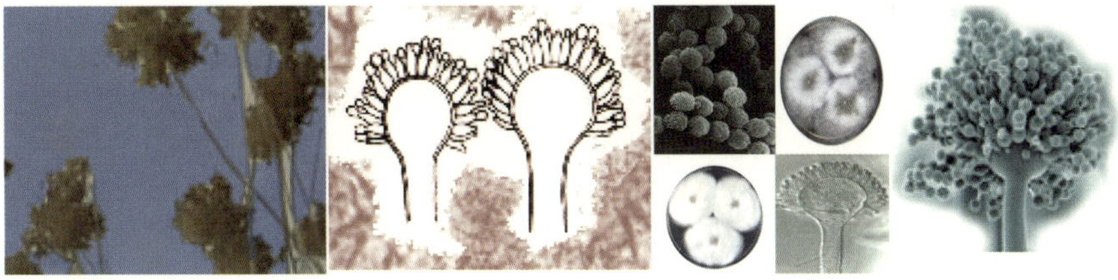

누룩곰팡이
(*Aspergillus*)

알코올을 만드는 미생물의 발효과정

우리나라 주세법에 따르면 알코올이 1% 이상 함유된 음료를 '술酒'로 정의한다. 미생물이 유기물을 분해하는 과정 중 인간에게 유용한 과정을 '발효'라고 하는데, 알코올 역시 미생물들의 발효 과정을 통해 만들어진다.

알코올 발효를 수행하는 대표적인 미생물은 효모yeast이다. 곡물즙에 효모를 넣고 밀봉하면 효모는 곡물 속에 포함된 당을 분해하여 살아가는 데 필요한 에너지를 얻는다. 포도당의 화학식은 $C_6H_{12}O_6$이다. 산소가 충분한 환경에서는 포도당이 완전히 분해되어 최종산물로 이산화탄소CO_2와 물H_2O이 생성되지만, 밀봉된 통 안에서는 산소가 부족하기 때문에 미생물은 포도당을 완전히 분해하지 못한다. 이 경우에는 포도당 분해 산물로 이산화탄소와 함께 알코올의 일종인 에탄올C_2H_5OH이 생성된다.

$$C_6H_{12}O_6 \rightarrow 2CO_2 + 2C_2H_5OH$$

효모를 비롯해 알코올 발효를 하는 미생물들은 과일이나 곡물 등에 포함된 당을 분해해 알코올을 만든다. 이때 곡물의 경우에는 다당류인 녹말의 형태로 당이

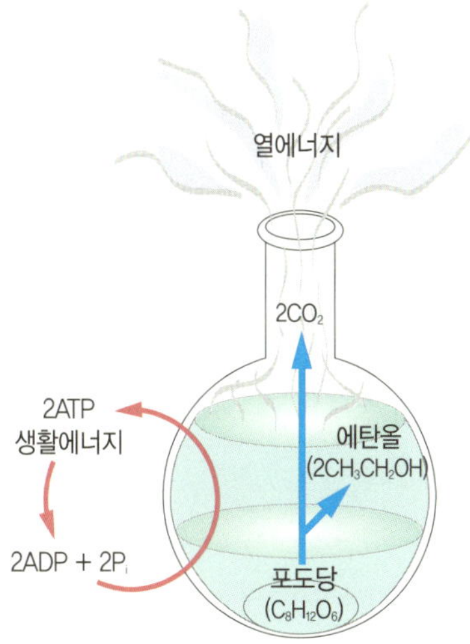

알코올 발효과정

저장되어 있기 때문에 발효에 앞서 녹말을 단당류로 잘게 자르는 당화糖化 과정을 거쳐야 발효가 잘 일어난다. 당화는 엿기름 속에 들어 있는 효소를 이용해 일으키기도 하고, 사람이 입으로 씹어서 일으키기도 한다. 밥을 여러 번 꼭꼭 씹다 보면 단맛이 느껴지는 경험을 해보았을 것이다. 이는 쌀에 포함된 녹말이 침 속에 들어 있는 아밀라아제amylase에 의해 당화되어 포도당으로 분해되기 때문에 일어나는 현상이다.

알코올 발효 미생물은 누가 발견하였나?

인류가 발효 미생물에 대한 아무런 인식도 없이 발효를 이용하기는 생활양식을 유목생활에서 정착생활로 바꾸어 곡물을 재배하던 것과 때를 같이한 것으로 생각된다.

발효를 일으키는 효모를 인정한 것은 1673년 네덜란드의 리벤훅Leewenhoek이 손수 만든 확대율 160배의 현미경으로 곰팡이와 효모의 존재를 관찰하여 경검의 효시가 되었다.

루이스 파스퇴르
(Louis Pasteur, 1822~1895년)

그 후 파스퇴르를 비롯한 많은 과학자들이 발효현상이 미생물에 의한 것이며 살균을 하면 부패나 발효를 막을 수 있다는 것을 밝혔다. 또한 1814년 게이-뤼삭Gay-Lussac은 처음으로 발효를 화학적으로 연구하여 포도당 주정발효의 방정식을 확립하였다.

1897년 부후너Buchner는 효모의 세포를 마쇄하여 만든 무세포 추출액cell-free extract이 발효력이 있음을 발견하고 당에서 에탄올과 이산화탄소가 되는 것은 효소의 작용임을 처음으로 밝혔다.

주정발효를 일으키는 미생물은 효모가 대부분이지만 오오스포라*Oospora*, 무코르*Mucor*, 리조푸스*Rhizopus* 속과 같은 곰팡이 또는 세균 무리에서도 주정발효를 영위하는 것이 있다. 그러나 이들 중에서 중요한 것은 역시 효모이다. 효모라 하더라도 특별한 배양 조건, 즉 공기를 다량으로 공급하면 에탄올의 생성이 매우 감소되며 당을 완전히 분해하여 CO_2와 H_2O를 생성시킨다. 곧 호흡만으로 생장에만 힘쓰게 된다.

발효 미생물의 발효에 관한 정확한 지식을 파악하려면 이를 미생물의 형태, 생태 그리고 생식 등 모든 성상을 밝혀야 한다. 미생물은 환경의 지배를 특히 잘 받아서 변종되기 쉬우며 또한 돌연변이로 변이균주가 되기 쉽다. 발효미생물 연구의 진전은 새로운 분야의 발효공업을 일으켜 산업 발전에 이바지하는 바가 크다 할 수 있다.

효모란 무엇인가?

전통적인 수류제조에 있어서 발효를 담당하는 효모는 누룩으로부터 유래되었다.

효모는 서양에서는 빵 · 맥주 · 포도주 등을 만드는 데 사용되는 미생물로, 곰팡이나 버섯 무리이지만 균사가 없고, 광합성능이나 운동성도 가지지 않는 단세포 생물의 총칭이다.

효모의 어원은 그리스어로 '끓는다'는 뜻을 가지며, 이것은 효모에 의한 발효 중에 이산화탄소가 생겨 거품이 많이 생기는 것에서 유래한다. 대부분 토양 속에 살지 않으며 꽃의 꿀샘이나 과일의 표면과 같은 당 농도가 높은 곳에 많이 생육하고 있다. 당을 발효시켜 에탄올과 이산화탄소를 생산하는 능력을 가진 것이 많다. 이 성질은 맥주의 제조나 빵의 발효에 이용되고 있으며, 기원전 수천 년경에 이미 상당히 완성된 형태로 행해졌던 것이 바빌로니아의 고도 발굴이나 로제타석石, 이집트의 유적 연구 등에서 확인되었다. 과일주와 같은 간단한 술은 더 일찍 만들어졌고, 부모로부터 자식에게 전승되었던 것으로 추정된다.

효모 자체는 값싼 지방 · 단백질원으로 사료에 사용된다. 비타민 B군을 풍부하게 함유하고, 또 비타민 D를 함유하는 것도 있으며, 의약품 공업에도 사용되고 있다.

효모의 발효현상은 부흐너Eduard Buchner에 의하여 1897년 치마아제zymase가 발견됨으로써 비약적으로 진전된다. 효모는 생화학적으로 가장 잘 해석된 미생물이 되어 생화학의 발전에도 큰 역할을 하였다. 효모의 세포벽은 주로 글루칸과 만난에 의하여 구성되며, 그 밖에 지질 · 단백질과 소량의 키틴질을 함유한다. 세포 내에는 핵 · 미토콘드리아 · 액포 · 글리코겐 과립을 가지며, 발효뿐만 아니라 호흡도 잘한다.

옛날부터 당에서 알코올을 생산하는 데에 효모가 사용되어 왔다. 그 중에서도 사카로미네스*Saccharomyces*속에 속하는 효모가 발효 속도가 빠르고 내당성, 내알코올성이 우수하고 10% 이상의 고농도의 알코올을 축적하고 알코올 생산에는 가장 잘 이용되고 있다.

현재의 음료용 알코올의 생산은 효모를 이용하고 있고, 20~25%의 당에서 10~13%의 알코올이 생성되고 있다. 효모에 의한 알코올 발효온도는 30~35℃가 최적이고 일반적으로 40℃ 이상에서는 알코올은 거의 생산되지 않는다.

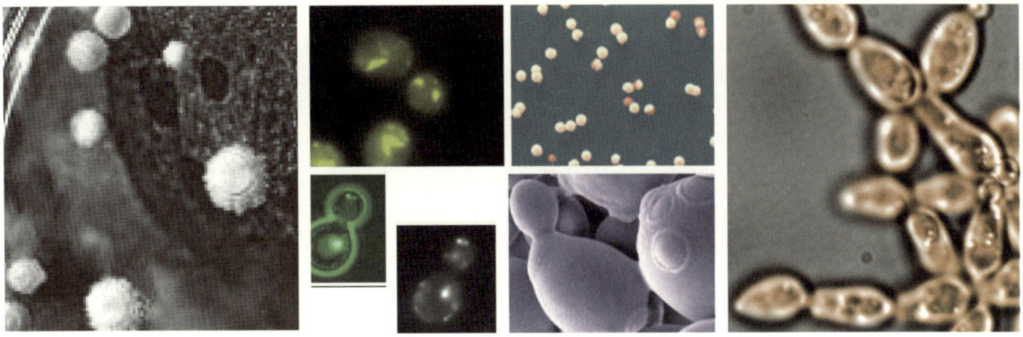

사카로미네스 세레비시아(*Saccharomyces cerevisiae*)

전통막걸리의 제조공정

막걸리의 제법은 지방에 따라 다소 차이가 있으나 전통적인 우리나라 막걸리는 누룩과 쌀 또는 찹쌀과 찬물로 만드는 것이 상례로 되어 있다.

누룩은 납작한 그릇에 천을 깔고 이 위에 밀을 분쇄하여 약 30%의 물을 첨가하여 반죽한 것을 약 2L 정도 넣고 천으로 덮어 발로 디뎌 짚 위에 배열하여 1~2개월 발효시켜 만든다.

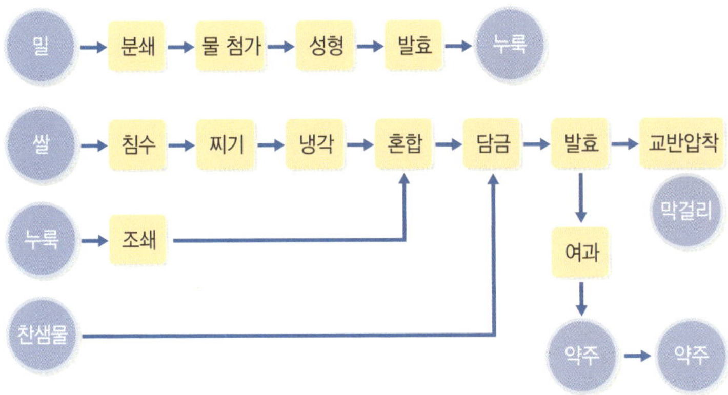

막걸리 제조 공정

막걸리를 만들 때는 ① 우선 쌀을 세척한 후 하룻밤 침지하고 다음날 아침에 고들고들하게 찐다(지에밥). ② 지에밥을 돗자리에 널어 식히고 ③ 독에 누룩과 찬 샘물을 함께 넣어 잘 주물러 담근다. ④ 담근 후에 따뜻한 방에서 약 5일간 발효시킨다. 이때 숙성 정도는 누룩의 양, 원료 쌀의 종류, 계절, 실온에 따라 차이가 있다. ⑤ 발효가 끝나서 체에 술덧을 넣고 손으로 주물러 걸러낸 것을 막걸리라 한다.

주註

1/ Wang, X., Huang, J., Zhu, L. 2009. Effects of resveratrol on activity of endothelial progenitor cells from human peripheral blood. *Jiangsu Medical Journal*, 35(8): 901-904
Cavallaro, A., Ainis, T., Bottari, C., Fimiani, V. 2003. Effect of resveratrol on some activities of isolated and in whole blood human neutrophils. *Physiological Research*, 52(5):5 55-562

2/ 프로바이오틱스(probiotics)는 대부분 젖산균을 가지고 있으며 잠재적으로 이익이 있는 박테리아 또는 효모를 포함한 식이 보충제이다. 요구르트와 같은 발효 유제품의 신맛을 제공할 뿐만 아니라, 성장을 위해 손상된 조직을 재건하기도 하며 pH를 낮추어 부식방지제로서 작용한다.

3/ 농촌진흥청 농촌자원개발연구소.《식품성분분석표》. 2006년 제7개정판.

4/ 한인규 · 원향례. 1988. Effect of choline deficiency on the lipid contents of plasma and liver in rats fed different dietary fat types and levels. *Korean Journal of Animal Nutrition & Feedstuffs*, 12(3): 147-154

5/ Plaami, S. P. 1997. Content of Dietary Fiber in Foods and Its Physiological Effects. *Food reviews international*, 13(1): 29-76

6/ 이동숙. 2008. 지역별 막걸리의 영양 성분분석. 전남대 교육대학원 석사학위논문. pp.1-29

7/ Hitomi, Y., Yoshida, M., Nakamura, T., Shirasu, Y. 2002. Effects of Brewer's Yeast Cell Wall on Serum Lipid Levels in Rats Fed a High Cholesterol and Fat Diet. *Journal of Oleo Science*, 51(2): 141-144

8/ 농촌진흥청 농촌자원개발연구소.《식품성분분석표》. 2006년 제7개정판.

9/ Seo, Dong-Ho, Jung, Jong-Hyun, Kim, Hyun-You. 2007. Identification of Lactic Acid Bacteria Involved in Traditional Korean Rice Wine Fermentation. *Food science and biotechnology*, 16(6): 994-998

10/ Roller, M., Femia, A. P., Caderni, G., Rechkemmer, G. 2004. Watzl, B. Intestinal immunity of rats with colon cancer is modulated by oligofructose-enriched inulin combined with Lactobacillus rhamnosus and Bifidobacterium lactis. *The British journal of nutrition*, 92(6): 931-938

11/ Mi-Ok Shin, Dae-Yeon Kang, Mi-Hyang Kim, Song-Ja Bae. 2008. Effect of Growth Inhibition and Quinone Reductase Activity Stimulation of Makgeoly Fractions in Various Cancer Cells. *Journal of the Korean Society of Food Science and Nutrition*, 37(3): 288-293

12/ Kim MH, Kim WH, Bae SJ. 2001. The effect of Makkoli on serum lipid concentration in male rats. *J Nat Sci Silla Univ*, 9: 73-84

13/ Sie Won Park. 2005. Effect of farnesol on the proliferation, O_2^-, ROS enzyme (SOD, GPx), RNS enzyme (iNOS) activities of macrophages. *The Journal of Natural Sciences*, 15: 1-22

14/ Sie Won Park. 2006. Cytotoxic and antioxidant enzyme activity induction of farnesol in HL-60 cells. Department of Chemistry, School of Natural Science, Sangmyung University. 1-22

15/ 충남지역 일반시판 생막걸리의 영양성분 분석. 분석기관: 에스지에스테스팅코리아(주), 2009. 03. 29

16/ Yan, Fengwei, Luo, Jieyou, Xue, Zhaohui. 2005. Antioxidation Effect of Polyphenol-1 from Rapeseed and the Antioxidation Mechanism. *Journal of the Chinese Cereals and Oils Association*, 20(5): 115-119

17/ 중앙일보. 2009. 11. 23 기사. 사회면

18/ Hyun Sook Lee, Hee Jung Kwak, Jae Young Kim, Woo Kyoun Cho, Soon Mi Kim. 2010. Original Articles: A Survey of Drinking Habits and Health Perception of Makgeolli. *Journal of the Korean Society of Dietary Culture*, 25(5): 544-557

19/ 보물 제1085호.선조 30년(1597) 임금의 병과 건강을 돌보는 어의 허준(1546~1615) 선생이 선조의 명을 받아 중국과 우리나라의 의학서적을 하나로 모아 편집에 착수하여 광해군 3년(1611)에 완성하고 광해군 5년(1613)에 간행한 의학서적. 총 25권 25책으로 금속활자로 발행.

20/ 전순의. 1460년(세조 6년). 조선시대 편찬된 한국 최고(最古)의 식이요법서(食餌療法書). 세조의 명에 따라 어의(御醫) 전순의(全循義)가 편찬. 2005년. 농촌진흥청 연구진 번역 한글본 출간.

5부

삶 속
막걸리 이야기

전통세대의 막걸리 이야기

근대화에 따른 양조장 이야기

'술 익는 마을마다 타는 저녁놀……'

박목월 시인의 '나그네'라는 시의 한 구절이다.

얼마 전까지만 해도 막걸리는 대부분의 가정에서 쉽게 빚는 술이었고, 어느 마을에서나 술이 익고 있었다. 곡물과 누룩 그리고 물 이 세 가지를 이용해 술을 담그면 발효의 과정을 거치는데 이를 조상들은 '술이 익는다'고 표현하였다. 흙으로 만든 옹기에 막걸리를 빚고 술이 익는 항아리에 귀를 대어 보면 막걸리의 숨소리를 들을 수 있었다.

그렇다면 현재까지도 막걸리가 살아 숨 쉬는 곳이 있을까? 막걸리에 대한 소중한 경험을 가진 분들이 아직도 계실까? 우리 주변에는 술이 숨 쉬고 익는 과정을 체험하신 분들이 아직도 생존해 있다. 우리는 이 분들을 '전통세대'라고 부른다. 막걸리에 대한 관심은 결국 막걸리를 만들고 마시는 사람에 대한 관심이다. 따라서 전통세대들과의 깊은 대화를 통하여 이들이 가진 막걸리에 대한 이야기를 풀어보고자 한다.

한편 근대화 이전 각 가정에서 담그던 막걸리는 일본 강점기 이후 양조장에서 담그는 술로 변모한다. 근대화 과정에서 산업화된 양조기술로 인해 막걸리는 상업화된 대중의 술로 변모하게 되는 것이다. 술도가라고 부르기도 했던 양조장은 각 고장마다 있었고 술도가를 운영하던 이들은 그 지방의 유지로 행세할 수 있었다. 하지만 각 고장마다 있던 그 많던 양조장은 다 어디로 갔을까? 지금 지역 양조장은 겨우 그 명맥만을 유지하고 있다. 최근 막걸리가 인기를 끌고 따라서 막걸리 시장이 기업화되면서 오히려 그 명맥을 유지하여 오던 각 지역 양조장은 사라질 수 있는 위기에 처해 있다.

막걸리의 역사는 우리 민족의 음식역사이다. 이번 장에서는 근대화 이후를 살아온 전통세대들과의 만남을 통하여 개개인의 삶 속에서 막걸리와 양조장은 어떠한 의미를 지니는지를 살펴보고자 한다.

전통세대의 막걸리 이야기

막걸리를 즐기는 젊은이들도 많아지고 있지만 그들은 막걸리를 우리의 전통술 정도로만 느낀다. 그리고 대다수 사람들도 이제 막걸리는 손쉽게 가게나 마트에서 사먹을 수 있는 술로 받아들인다. 아주 오랜 옛날부터, 아니 쌀 부족 때문에 밀주 단속이 심했던 1960년대까지도 막걸리는 가정에서 늘 담가 먹던 술이라는 사실을 잘 알지 못한다. 막걸리가 최근에까지 얼마나 중요한 음식이며 삶의 윤활유였는지를 모른다. 막걸리는 사서 먹는 술이기보다 집안의 중요한 음식이었다. 이러한 막걸리의 문화와 스토리는 아직도 전통세대들의 기억 속에 살아 있다.

전라도, 충청도, 강원도 등지의 농촌에 살았던 전통세대들의 삶 속 막걸리에 대한 이야기를 풀어내 보고자 한다. 더 많은 전통세대들을 만나 살아 있는 생생한 역사를 기록하고 싶었지만 여러 여건의 제약으로 직접 막걸리를 담가 먹었던 몇 분의 사례를 소개하고자 한다.

노인들에게 상시 봉양하는 '孝 음식'으로서의 막걸리

전라남도 한 종가댁의 며느리인 72세의 임씨에게 있어서 막걸리는 봉양의 의미를 가진 효도 음식이었다.

오랜 세월 막걸리는 시아버지의 '양식'이었다. "막걸리는 음료수이고 식사대용이다." 일찍 시아버지께서 지병으로 입병이 나셔서 입을 크게 벌리시지 못하시고 식사량이 적어 마실 수 있는 막걸리를 식사대용으로 항상 드셨다. 우리집 술은 다른 집 술에 비하여 물을 많이 타서 '삼삼했다.' 아버님의 식사대용으로 자주 드셨으며 독한 것을 싫어하셨기 때문이다. 이웃들이 우리집 술을 먹으면 싱겁고 맛이 없다고 하였다. 막걸리는 세 끼 반주로, 그리고 간식으로 2번 이상, 목이 마르면 수시로 물 대용으로 음료수처럼 상용했다. 시아버지께서 약주를 즐기셔서 19살 시집 온 이후 시어머님께 배운 술 빚는 방법으로 돌아가시기 직전까지 계속 술을 담았다.

막걸리는 곡주니까, 또 독하지 않고 순하니까 늘상 먹어도 몸에 좋은 것 같다. 시아버님은 80세까지 장수하셨다. 시아버님이 즐겨 드시던 술안주는 말린 해산물 꼬치였다. 전라남도 바닷가 근처라 조개류 말린 것, 새우 말린 것, 멸치 등을 상비하였다. 인근 해안에 개인 어장인 통발이 있어 제철 생선과 조개류 등이 풍성했다. 제철에 잡은 해산물은 꼬치에 꿰어 말려 두었다가 양념을 하여 무치거나 구워서 안주로 냈다. 전라도에서 막걸리는 '탁배기', '농주' 또는 '탁주'라고 불리기도 하였으나 그래도 역시 '막걸리'라 쉽게 불렀다.

전라도 지역에서 즐겨 먹던 해산물 안주

전라남도 김씨 종가댁 누룩 빚기와 술 담기: 1900년대 중반

누룩은 '밀'누룩이 맛있다. 밀누룩이 최고지! 보리누룩도 있지만 보리누룩으로 술을 하면 틉틉하고 맛이 없다. 집에서 기른 밀을 절구에 빻아 체에 쳐 가루는 국수 등을 해 먹고 체 위의 밀기울은 누룩을 빚는다. 누룩을 빚을 때 물 조절이 중요하며 질지 않게 해야 한다. 누룩이 질게 되면 검은 곰팡이가 나고 술이 좋지 않다. '누룩고지'(틀)에 담아서 무명 보자기를 깔고 발로 단단히 밟아야 한다. 남자들이 밟으면 맛이 더 좋다. 단단한 누룩은 아랫목에 볏짚을 깔고 누룩 한 켜 놓고 위에 볏짚을 덮어 뜨뜻하게 일주일 정도 띄운다. 메주 띄우는 것과 같은 방법이다. 누룩이 노랗게 잘 떠야 술맛이 좋다. 까맣게 되면 반죽이 무르거나 썩는 것이다. 누룩이 뜰 때는 열이 많이 난다. 7일 정도 뜨면 잘 뜬다. 다 뜬 누룩은 따끈한 햇볕, 바람이 잘 통하는 곳에 바짝 말린다. 절구에 빻아서 옹기 동이에 보관하면 2~3개월 정도 쓸 수 있다. 오래되면 나방이 나올 수 있기 때문에 자주 널어서 습기를 제거해야 한다.

술밥은 멥쌀, 보리쌀, 찹쌀을 주로 썼으나 멥쌀을 가장 많이 사용했다. 찹쌀은 귀하니까 생신, 명절, 제사 등의 특별한 행사일 때만 사용한다. 보리쌀은 여름에 이용하며 대부분은 멥쌀로 술을 빚는다. 쌀을 3~4시간 불려 시루에 찐다('고두밥'이라 한다). 고두밥을 쪄 한김 나가면 볏짚으로 엮은 둥근 전용 방석에 부어 너무 식기 전에 나무주걱으로 절구에 빻은 누룩을 섞어가며 젓는다. 쌀이 3되 정도면 누룩은 소승 3되이다. 즉, 누룩은 곡식 양의 1/2 정도 한다. 누룩양이 중요한데, 누룩양이 너무 많으면 술에서 누룩 냄새가 나고 적으면 술이 잘 익지 않는다. 누룩과 고두밥을 골고루 섞어 서늘하게 식으면 물을 부어 잘 친다. 이때 물을 조금씩 부어가며 잘 주물러야 하고, 섞어서 골고루 잘 쳐야 술이 잘 빚어진다. 잘 주무르면 누룩은 물에 녹아 국물이 뽀얗게 되고 밥알은 고두밥이기 때문에 살아 있다. 쌀 3되면 물을 2/3동이 정도 섞어 술을 안친다. 만약, 밥으로 술을 하게 되면 술이 너무 탁해서 좋지 않다. '민죽처럼 틱틱해져서 술맛이 없어'라고 한다. 골고루 친 술을 4~5일 정도 아랫목에 두어 발효시킨다. 겨울에는 아랫목에 이불을 덮어둔다. 4~5일이 지나면 술 익는 냄새가 나고 거품이 부글부글 올라온다. 이것을 '술이 괸다'라고 한다. 술이 다 익으면 더 이상 괴지 않고 위로 맑은 윗 국물이 뜬다. 그러면 다 된 것이다. 술이 다 익으면 한 바가지씩 떠서 체에 걸러 물을 섞으며 주무른다. 술지게미는 3번 정도 계속해 물을 조금씩 부어가며 주물러 안에 있는 알코올 기운을 다 뺀다. 다 짜낸 술은 모두 섞어 '맛을 조정'한다. 독한 술을 좋아하면 2배 정도의 물을 첨가하고 순한 맛을 좋아하면 3배 정도의 물을 넣는다. 시아버지는 순한 맛을 좋아하셔서 1대접을 떠 주무르면 4~5잔 정도 술이 나온다. 술은 그때그때 먹기 직전에 주물러 먹는다. 원주는 물을 섞지 않아 잘 상하지 않는다. 한번 술을 만들면 2~3주 정도까지 간다. 보통 술 3동이를 빚으면 일주일 정도 먹었다. 술이 1/3동이 정도 남으면 새롭게 술을 빚곤 했다.

술은 만드는 사람에 따라 맛이 달라진다. '술 해 넣는 사람'에 따라 맛이 다르다. '맛이 있는 사람이 있고, 맛이 없는 사람이 있다'. 이것은 누룩에 따라 맛이 달라진다는 말일 것이다. 술을 조금 더 빨리 먹어야 할 때는 속성주 만드는 법이 있다. 이는 앞서 먹다 남은 밑술로 다음 술을 만들면 술이 빨리 삭는다. 2~3일 정도면 익기 때문에 조금 빨리 먹을 수 있다.

밀주 단속과 양조장 막걸리 이야기

1960년대는 술 단속이 매우 심했다. 술을 늘 담았던 우리집은 늘 가슴을 졸이며 지냈다. 세무서 직원을 '술챙길'이라 불렀다. 술챙길이 뜨면 동네에는 신속히 소식이 전해졌고 술을 산 속에 숨기느라 모두들 바빴다. 누룩 만드는 것이 걸리면 세금이 더 많았다. 늘 긴장의 연속이었다.

막걸리는 시아버님을 위한 대용식이었지만, 농사일을 할 때도 많이 빚었다. 모내기, 보리타작 등이 이루어지는 늦봄과 초여름 농번기 때는 일손을 사서 일을 하기 때문에 막걸리를 더욱 많이 빚었다. 특히, 여름에 갈증이 많이 나기 때문에 필요하다. 다른 술은 양이 적고 배가 부르지 않아 일할 때는 막걸리가 최고다.

또한 막걸리는 회갑, 상례 등의 잔치 때도 많이 필요하다. 쌀 10가마도 더 있어야 한다.

하지만, 앞마을에 양조장이 있어 큰 잔치 때면 양조장에서 말통 술을 시켜서 먹었다. 집에서 만든 막걸리를 먹었을 때 머리 아프다는 이야기는 듣지 못했지만, 양조장 술을 많이 먹으면 '골이 친다'라고 하였다.

제사나 명절 때 쓰는 '의례용儀禮用 음식'으로의 막걸리

전라북도 임실에 사는 66세 송씨(35년생, 여)에게 막걸리는 특별한 의례용 음식이었다. 임실에서 막걸리는 '탁주'라고도 하지만 막 걸러서 '막걸리'라 흔하게 불렀다. 송씨가 살았던 마을은 송씨 집성마을이었으며 타성받이는 3~4가구밖에 되지 않았다. 그래서 기제사, 생신, 명절이 되면 사랑으로 손님들이 가득했다. 집안의 행사는 언제나 동네잔치로 이어졌다. 친정아버지께서 술을 많이 드시는 편이 아니셔서 제사나 명절 때를 제외하면 평소에는 술을 잘 빚지 않았다.

즉, 막걸리는 조상께 바치거나 의례에 참석하는 손님을 대접하기 위하여 주로 빚었다. 기제사가 끝나면 모든 손님들이 사랑채에서 새벽까지 술과 음식을 드시며 담소를 나누다 아침을 드시고 가신다. 손님들이 돌아가실 때 청주를 싸서 보내기도 했다.

막걸리는 일할 때, 특히 놉을 얻는 큰일을 할 때 많이 필요하다. 특히 '모내기' 때 막걸리를 많이 먹는다. 모내기는 품앗이로 하는데, 주로 마을 양조장에서 말통으로 사다 먹는다. 막걸리는 배도 부르고 기분이 좋으니까 좋은 술이다. 막걸리는 농주이며 잔치 때 빠져서는 안 되는 중요한 술이다. 즉, 사람들이 많이 모여 일을 하거나 행사를 할 때 막걸리를 나누며 마음을 나누고 정을 나누게 되는 것이다.

그런데 막걸리 하면 생각나는 것은 술 단속이다. 세무서에서 수시로 단속이 나와 술 담기가 더욱 어려웠던 기억이 있다.

전라북도 송씨 댁 누룩 빚기와 술 담기: 1900년대 초반

누룩은 밀누룩이 좋다. 생밀을 방앗간에서 타서 체에 걸러 가는 밀가루는 수제비 · 국수 · 개떡을 쪄 먹고, 체 위의 밀기울은 물을 타서 치대서 뭉친다. 틀에 꼭꼭 밟아서 아랫목에 짚을 깔고 띄우면 노랗게 뜬다. 하지만, '호밀누룩'을 빚기도 했다. 호밀은 밭에 심어 주로 삼베옷 등에 '풀'을 매길 때 쓰는 것이다. 주물러 녹말이 가라앉으면 말려서 가루를 낸다. 가루로 풀을 쒀 옷에 매긴다.

생밀을 체에 거른 밀가루로 만든 국수

술을 담그려면 먼저 밑술을 만들어야 하는데 찹쌀로 흰죽을 쑤어 밑을 잡고 누룩을 넣어 물은 손등에 올라올 정도로 밥을 하듯이 적게 붓는다. 3일 정도 발효시킨 후 찹쌀로 고두밥을 쪄 누룩을 섞어 먼저 해놓은 밑술을 붓고 4~5일 정도 더 발효시킨다.

밥알이 동동 뜨고 맑게 익으면 용수를 박아서 청주를 얻는다. 청주를 거르고 난 찌꺼기는 물을 섞어 잘 주물러 막걸리를 만든다. 막걸리는 먹다 남으면 시큼하게 시기 때문에 '식초'를 해서 먹는다. '앵병이(주둥이가 좁은 병)'가 있어 막걸리를 담아 두면 초파리가 생기고 시큼한 식초가 된다. 미나리무침이나 생채 같은 새콤달콤한 음식을 만들 때 좋다. 막걸리 식초를 두고 '생전 두어도 변치 않은 것이여'라고 하기도 한다.

이웃과 교제하는 '나눔情의 음식'으로서의 막걸리 강원도 정선에 사는 70세의 김씨(42년생, 여)에게 막걸리 하면 떠오르는 단어는 '아버지'와 '어머니'이며 고향 사람들이다. 아버지는 엄하지만 자애로우신 분이셨고, 어머니는 선하시고 친절한 분이셨다. 아버지에게 막걸리는 반주로 한 사발씩 늘 드시는 양식이었으며 목마를 때 먹는 음료수였다.

친정아버지께서 술을 좋아하셔서 늘 집에서 술을 담았다. 강원도 정선에서 막걸리는 흔히 '옥수수막걸리'를 뜻한다. 때로는 '좁쌀막걸리'를 막걸리라 한다. 생신날이면 친구 분들과 이웃들을 초대해 같이 나눴다. 약주가 과하신 날에는 어머니께서 수건에 물을 적셔 이마에 얹어 주시면 아버지는 조용히 주무셨다. 술을 드셔도 소란스럽지 않았다.

어머니께서 간식을 잘 만들어 주셨는데 고구마도 찌고, 호떡도 부치고,

부침개도 부치고, 감자도 삶아 주셨다. 동네 사람들이 마실을 자주 왔는데 그때면 여자들은 옥수수술에 사카린을 타서 나눠 마셨다. 사랑방에는 언제나 마을 어른들이 넘쳐나고 이른 저녁이면 이야기 꽃을 피웠다. 막걸리는 여자들의 소소한 일상에서 활력이었으며 사람 사는 재미를 더하게 해주는 나눔의 음식이었다.

강원도 김씨 댁 누룩 빚기와 술 담기: 1900년대 중반

밀을 디딜방아에 찧어 체에 쳐서 가루는 국수 해먹고 겉 밀기울은 물을 조금 넣고 반죽하여 틀에 넣고 밟아 누룩을 만든다. 누룩 가운데 마른 무거리(=밀기울)을 넣어야 누룩이 잘 뜬다. 아랫목에 삼 잎사귀를 깔고, 빚은 누룩을 넣고 삼 잎사귀를 덮는다. 5일 정도 아랫목에서 뜨면 노랗게 잘 뜬다.

강원도에서 막걸리 하면 당연히 옥수수막걸리를 생각한다. 쌀막걸리는 거의 없었다. 옥수수막걸리를 만들려면 먼저 멥쌀로 동동주를 만들어야 한다. 멥쌀 2되를 쪄서 1/3 정도의 누룩을 넣고 주물러 3일 정도 익힌 후 체에 거른다. 옥수수 1말을 하루 동안 불려 싹을 틔운 후 바구니에 건져 디딜방아에 찧어 껍질을 분리하기 위해 얼게미로 친다. 옥수수 술죽을 끓여 누룩 2개를 잘 빻아 술약을 조금 넣고 섞어 둔다. 여기에 익혀둔 동동주를 섞어 같이 발효시킨다. 부글부글 술이 잘 익으면 걸러서 먹는다.

좁쌀막걸리는 푸르스름한 차조로 막걸리를 빚는 것이다. 차조를 씻어 밥을 짓고, 누룩을 빻아 물에 개서 차조밥과 술을 안친다. 좁쌀막걸리는 색깔이 거무스름하고 푸르스름한 게 더 독하다. 옥수수술이 더 맛있고 좋다.

막걸리와 환상의 궁합을 자랑하는 술안주, 부침개

막걸리 안주의 추억

막걸리와 함께 먹는 안주에는 부침개가 최고다. '메밀 부침개'는 메밀을 씻어 말려 맷돌에 타서 얼게미로 치고 키로 까불러 가루를 낸다. 가루를 물에 개고 얼갈이배추, 고갱이배추 속을 소금에 절여 솥뚜껑을 뒤집어 들기름을 두른 후 배추를 넣고 메밀물을 얇게 붓는다. 배추 대신 파를 넣으면 파전이 된다.

'메밀총떡'은 두부소를 메밀전병으로 돌돌 말아 지진 전인데, 소금에 절여 익힌 갓김치를 송송 썰고 두부를 으깨 고춧가루, 깨소금, 들기름, 마늘, 파 등으로 양념한다. 솥뚜껑에 들기름을 두르고 멀겋게 갠 메밀가루를 얇게 두른 후 두부 양념소를 넣고 동그랗게 또르르 말아 양념장에 찍어 먹는다. 갓김치를 넣어 메밀전병으로 빚은 메밀만두도 강원도의 별미음식이다. 어린시절 강원도에서는 밀가루를 거의 먹지 않았고 거의 모든 음식에 메밀가루를 사용하였다.

막걸리하면 떠오르는 것은 뭐니 해도 가슴 조렸던 술 단속 사건이다. 술 단속이 나오면 소의 배설물과 풀을 섞어 거름을 만들기 위해 쌓아두는 '거름뜸' 속에 항아리를 묻어 두기도 하였다.

농사일에 힘을 주는 '농주農酒'로서의 막걸리 충청북도 보은에 사는 김씨(44년생, 여)에게 막걸리는 농사에 꼭 필요한 음식이었다. 실제로 어린 시절 막걸리를 '농주農酒'라고 불렀다. 어른들은 '우리 집에 농주 있다'라고 하였다. 일을 많이 하고 일할 때 배고프고, 갈증이 나 허기를 면할 수 있고 갈증을 면할 수 있다.

막걸리 하면 어린 시절의 추억이 떠오른다. 술지게미에 사카린을 타서 먹던 일이 생각난다. 간식이 없던 시절이라 달작지근한 술지게미는 맛있는 간식이었다. 그래서 한국인에게 막걸리란 제일 중요한 음식이며 힘든 노동의 노고를 덜어주며 지칠 때 힘을 준 특별한 술인 것 같다. 일할 때 먹으면 '요기'가 되고, 덥고 힘들 때는 '갈증 해소'가 되어 좋다. 막걸리는 일년 내내 담기는 하였지만 '모내기' 때, '보리타작'할 때 가장 많이 담는다. 최고의 막걸리 안주는 멸치 넣고 지진 '두부김치찌개'이다.

충청북도 김씨 댁 누룩 빚기와 술 담기: 1900년대 중반

'호밀'을 별도로 조금씩 심어 누룩용으로 썼다. 일반 밀은 밀가루용으로 재배하고 누룩용 '호밀'을 별도로 심었다. 호밀을 거칠게 빻아서 물 넣고 반죽하여 보자기를 깔고 누룩틀에 넣어 밟는다. 볏짚으로 둥글게 만든 바구니인 '둥기미'에 밀짚을 깔고 누룩을 얹어 통풍이 잘 되는 곳에 띄운다. 누룩은 음력 7월 말쯤 늦여름에 띄워 1년치를 만들어 보관한다. '하얗게 뜨고 노르스름한 꽃이 피면 좋은 누룩이다.' 누룩이 잘 떠야 술맛이 좋다.

막걸리는 멥쌀로 빚었다. 물에 불린 멥쌀을 장작불로 시루에 찌면 고두밥이 된다. 찐 고두밥을 볏짚으로 만든 방석인 '멧방석'에 쏟아 한김 나가면 씻은 솔잎(1/3 정도)과 빻은 누룩(1/2)을 손으로 골고루 비벼 섞는다. 항아리에 고두밥 만큼 정도의 물을 더 섞어 3~4일 정도 숙성시킨다. 3~4일 지나면 기포가 방울방울 올라오고 밥알이 위로 떴다 다시 가라앉고 '맑은 술'이 생기면 술이 완성된 것이다. 겨울에 제사용으로 용수를 박기도 하지만 봄, 여름, 가을 대부분은 농주로 쓰기 때문에 용수를 박지 않고 그냥 막 걸러 농주로 사용한다.

막걸리를 거를 때 물을 타지 않았다. 그래야 오래 보관할 수 있고 맛이 좋다. 10여 일 이상 보관할 수 있다. 술지게미는 소를 먹이거나 사카린을 타서 먹기도 하였다. 솔잎을 넣었기 때문에 솔향이 은은하게 난다. 보통 쌀을 1말 정도 담그면 막걸리 2말 정도 나왔다.

추억 속의 막걸리 에피소드

첫 번째 이야기, 양조장의 추억: 동네에 양조장이 있었다. 어린 시절 양조장 앞에는 고두밥을 쪄 식히고 있어 입 안에 침이 돌 정도로 구수한 냄새로 가득했던 곳이었다. 그 양조장에는 양조장을 지키는 아주 커다란 진돗개가 있었다. 어느 날 친정아버지의 심부름으로 주전자를 가지고 술을 받으러 갔었다. 진돗개가 없는 것을 확인하고 술을 한 되 받아서 나오다가 김이 무럭무럭 나며 구수한 향기가 물씬 풍기는 고두밥을 한 주먹 집어 먹으려 하는데, 어디선가 진돗개가 짖으며 달려 들었다. 너무 놀라 주전자를 버리고 울며 도망을 나왔다. 막걸리하면 그때 그 향긋하고 구수한 고두밥이 생각난다. "어디 그렇게 맛있는 게 있데유~"

두 번째 이야기, 시아버지의 추억: 술을 좋아하시는 시아버님은 하얀 두루마기를 차려 입으시고 윗마을 장, 아랫마을 장을 번갈아 도시며 주막에서 약주를 하고 오셨다. 또한 예식, 장례 등의 행사로 인해 출타가 잦으셔서 두루마기 다릴 시간도 없이 분주하셨다. 그때마다 얼큰하게 막걸리를 드시고 오셨다. 시아버님은 장날에 장 구경 핑계로 친구분들과 주막에서 마시는 막걸리를 즐기셔서 별명이 '장돌뱅이'라 불릴 정도였다.

세 번째 이야기, 술 단속의 추억: 어느 날 저녁밥을 짓기 위해 '퍼내기

(높고 둥근 오지그릇)'에 보리쌀을 데끼고 있었다. 누군가가 나무로 된 부엌문을 열고 들어오며 '세무소에서 나왔습니다.' 하였다. 너무 놀라서 아무 말도 하지 못하고 멍하니 서 있는데 세무서 직원이 여기저기 집 안을 뒤지러 다녔다. 그때 내 방에는 술을 빚어 익히고 있었는데 시아버지가 그 술단지를 들고 나오시더니 뜰 위에서 마당으로 술항아리를 던져 깨뜨렸다. 술을 깨뜨리면 벌금을 내지 않는다고 하여 하신 행동이다. 그때 너무 놀라서 지금까지 생생한 기억으로 남는다.

'기호嗜好음식'으로서의 막걸리

충청남도 아산에 사는 59세의 이씨(52년생, 여)에게 막걸리는 즐거움의 원천이었다. 막걸리는 '아버지가 즐겨 드시던 술'이다. 막걸리를 즐겨 드시는 아버지 별명은 '탁주백이'였다. 친정 아버지는 손재주가 좋으셔서 예부터 잔칫상의 고임음식을 만들어 주시던 전문가였다. 멀리 있는 다른 마을까지 잔치가 있으면 아버지가 가셔서 잔치음식 고임을 봐 주시곤 하셨다. 그럴 때면 어김없이 기분 좋게 막걸리를 한 잔 하시고 자식들을 주기 위해 밤, 대추, 빨간 사탕, 물들인 은행 등을 한아름 가져 오셨다. 또한, 평소에도 아버지는 막걸리 한 잔 하시고 기분이 좋아지면 나를 목마 태우시고 노래를 불러주시곤 하셨다. 또 때로는 딸들과 며느리를 불러다 놓고 용돈을 주실 때도 있었다.

아버지의 귀여움을 독차지 한 나는 아버지의 막걸리 심부름을 더욱 열심히 했다. 집에서 10분 정도 걸어가면 막걸리를 파는 집이 있었다. 집 술은 독했지만 양조장 술은 약했다. 어린 시절 사촌언니와 함께 막걸리에 사카린을 타서 마셨다. 달짝지근한 것이 맛있어 꽤 많이 먹었나 보다. 막걸리 먹고 얹혀서 배가 아파 뒹굴고 구토를 했던 기억이 난다.

또, 막걸리하면 모내기 할 때가 생각난다. '접두리(새참)'를 낼 때 한 사람은 밥을 한 소쿠리 이고 가고 다른 한 사람은 막걸리를 말통으로 가져간다. 갈증도 해소되고 허기도 메우고 좋았다.

고추장을 풀어 부친 부침개, 장떡

막걸리 안주는 고추장을 풀어 부추나 고추를 넣고 밀가루 부침개를 하는 '장떡'이 최고다. 또한, 두꺼운 파래김에 고추장을 발라 햇빛에 널어 말려 썰어 먹는 '파래 장각'도 좋다. 그리고 청죽나물 부각도 좋다. 옻나무와 비슷한 참죽나무 순을 삶아 널어 말린 후 고추장을 발라 말리는 방법과 말린 참죽나물을 기름에 볶아 소금을 뿌려 먹는 방법이 있다.

어린시절 어머니께서 술 빚는 모습이 기억에 남는다. 멥쌀을 불린 후 솔잎과 함께 시루에 쪄서 식힌 후 빻은 누룩을 비벼 항아리에 담았다. 시어머니께서는 배를 깨끗이 씻어 푹 곤 다음 배즙으로 막걸리를 담기도 했다.

'장수長壽음식'으로서의 막걸리

충청남도 당진에 사는 63세의 이씨(48년생, 여)에게 막걸리는 힘을 주는 장수음식으로 기억된다. 막걸리는 주로 '막걸리'라 불렀고 위에 뜨는 청주는 '맑은 술'이라 불렀다. 찹쌀로 빚으면 더 맑고 깨끗하다. 찹쌀은 귀해서 명절 같은 특별한 날에만 술을 빚었다.

막걸리는 '힘을 주는 음식이며, 부드러워 여자들이 먹기에 좋은 술이다.' 나도 한두 잔은 즐긴다. 친정할아버지, 시아버지, 친정아버지 모두 막걸리를 좋아했는데 식사 때마다 한두 대접씩 드신다. 취하지 않을 정도로 드시고 기분이 좋아지면 '허허' 하셨다. 모두 80세 이상 장수하셨다. 막걸리는 장수의 비결인 것 같다.

막걸리는 사시사철 담았다. 어린 시절 친정할아버지께서 술을 좋아하셔서 친정어머니는 늘 술을 담았다. 집에 막걸리는 늘 있어야 했다. '밥은 굶어도 술은 있어야 한다'라고 하셨다. 어르신들은 식사 때마다 한 대접씩 마신다. 여름에 일할 때 역시 취하지 않을 정도 한두 대접씩 먹는다. 술에 취해 술주정한 기억은 없었다. 친정집이 대종가였기 때문에 명절이나 기제사 때면 술을 많이 담았다. 기제사와 명절 때는 '맑은 술'이 필요했다. 사랑채에는 오신 손님들께 막걸리와 음식을 나르던 기억이 선하다.

막걸리가 맛있으려면 누룩이 좋아야 한다. 누룩을 잘 띄워야 한다. 방 윗목에 볏짚을 깔고 쑥을 말려 쑥을 덮고 맨 위에 짚으로 만든 가마떼기를 덮어서 띄운다. 누렇게 떠야 좋은 누룩이다. 밀을 초여름에 맷돌에 타서 주물러 밟아서 틀에 성형한다. 밀을 수확한 초여름에 누룩을 만들어 1년 동안 술을 빚어 먹는다.

막걸리를 빚는 법은 멥쌀을 불려 시루에 술밥을 찌고 솔잎을 뜯어 씻어 누룩, 술밥과 버무려 물을 붓고 손으로 저어 잘 섞은 다음 밥을 짓듯이 손등 위로 일정량 물이 오게 한 다음 베보자기로 주둥이를 막는다. 베보자기가 아닌 두꺼운 뚜껑을 덮으면 '숨이 막혀' 술이 시어진다. 한겨울에는 아랫목에 두고 보통 때는 윗목에 둔다. 4~7일 정도면 술이 익는다. 위에 '맑은 술'이 있어야 술이 다 된 것이다. 위에 '맑은 술'은 무척 독해서 병에 담아 제사 때 썼다. '맑은 술'을 떠내고 나머지는 체에 걸러 물을 섞어서 잘 주무른다. 적당한 간을 맞춰 완성한다. 막걸리를 만들다 잘못 만들어 막걸리가 시어지면 가마솥에 물을 붓고 솥뚜껑을 엎어 고운 등겨로 번을 붙여 막걸리로 소주를 내었다.

최고의 막걸리 안주, 김치

막걸리 안주는 김치가 최고다. 김치는 철따라 있는 대로 드리면 된다. 배추김치 · 열무김치, 겨울이면 무와 풋고추와 파를 넣고 담는 신건지(동치미)가 맛있다.

막걸리하면 또 기억나는 것은 '술 단속'이다. 옛날에 제일 무서웠던 것이 술 단속이었다. 세무서에서 수시로 검사를 나와 마음 놓고 술을 해 먹지 못했다. 술항아리를 대청마루 밑에 구덩이를 파묻어 놓고 단속을 피할 수 있었다.

지역민의 애환을 달래주던 '추억음식' 막걸리 충청남도 당진군에 사는 50대 남성과 막걸리에 대한 이야기를 나누어 보았다. 그의 표현대로라면 30대까지는 막걸리를 먹은 것 같다. 하지만. 한때 나일론을 좋아하고 월남치마를 좋아하듯이 소주와 맥주가 고급스러워 보여서 막걸리를 먹지 않았고 맥주와 소주를 찾았다. 맥주를 먹으면 있는 척하고 비싼 것이 좋았다. 그리고 무엇보다도 막걸리에 카바이트 등의 화학약품을 넣어 빨리 속성으로 발효를 시키려 해서 먹고 나면 속이 편하지 않고 쓰렸다. 머리가 아파서 잘 먹지 않게 되었다.

옛날에는 집에서 빚은 술 먹고 머리 아픈 일은 없었던 것 같다. 어린 시절 술지게미에 사카린을 넣어 달작지근하게 해 간식으로 먹곤 했다. 또, 잔치 때면 양조장에서 말통 술을 가져다 잔치를 치렀다. 초상이 날 때면 보통 10통 정도 쓰는데 어떤 집은 '20통을 먹었네, 40통을 먹었네' 하며 그 집안의 손님이 많고, 영향력이 있는 집안임을 자랑하곤 하였다. 말통으로 술을 시키면 자전거나 쌀가마니 배달하던 자전거로 배달하곤 하였다. 요즘에는 말통 술이 없다. 위생상 좋지 않아서이다.

막걸리는 역시 식사대용으로 좋다. 일할 때는 막걸리 이상이 없다. 든든하고 배에 힘이 생긴다. 옛날에는 집에서 술을 만들어 먹었다. 손님이 너무 많아 술이 부족할 때면 남은 막걸리에 소주를 타서 도수를 올려 빨리 취하게 하기도 했다. 그러면 술 깰 때 머리가 많이 아프다. 그러나 술을 먹으면 기분이 좋아진다. 친구와도 이야기를 나누기 좋다. 습관적으로 먹는다. 혼자 먹기도 한다. 조금 먹어도 취하고 기분이 좋아지면 좋은 술이다. 막걸리는 냄새가 나며 배가 불러 많이 먹을 수 없다. 맥주는 화장실 다녀오면 배가 꺼지지만, 막걸리는 배가 너무 부르다. 내가 소주 2병이 주량인데 막걸리 먹고 취한 적은 없다.

지금의 막걸리 붐은 유행인 것 같다. 옛날에는 막걸리를 배가 고플 때 먹었는데 지금은 호기심인 것 같다. 어른들은 향수로 먹는 것 같다. 최근 막걸리가 붐이라는데 시골에서는 잘 모르겠다. 아직도 시골에서 막걸리는 일하면서 먹는 술로 인식되어 있다. 실제로 일꾼들에게 일을 시키며 새참으로 다양한 술을 줘 봤더니 막걸리를 찾는 할머니는 1명 있었다. 대부분은 맥주가 더 좋다고 한다. 맥주는 갈증을 빨리 해결해 준다. 아직 막걸리는 제대로 된 술로 인정받지 못하고 있었다.

근대화에 따른 양조장 이야기

우리나라에서 주류 제조 면허를 갖고 있는 업체는 몇 곳이나 될까. 2010년 1월 국세청 조사에 따르면 탁주 780곳을 비롯해 약주 190곳, 청주 6곳, 맥주 6곳, 희석식 소주 17곳, 위스키 8곳 등 술을 만드는 업체는 모두 1,467개 업체에 이른다. 탁주 소비량에 비해 탁주제조장이 이렇게 많다는 것은 그만큼 영세하다는 뜻이다.

막걸리를 양산하는 기업 수준까지는 아니더라도 현재 전국적으로 유명세를 타고 있는 막걸리 양조장은 몇 군데로 요약된다. 즉, 국내 대표적인 막걸리(양조장)으로 국내 민속주 1호인 부산의 산성막걸리를 들 수 있다. 이 양조장은 16세기 금정산성 축성 때 군졸들이 먹기 위해 만들었던 쌀술, 즉 산성토산주(산성막걸리)를 1978년 박정희 대통령에 의해 지역 특산물로 양성화된 후 생산하였다는 긴 역사와 스토리가 있다. 현재까지 살아남아 명맥을 유지한 게 고마울 따름이다.

그리고 경기 고양의 능곡양조장이 있다. 이 양조장은 배다리막걸리로 일반인들에게 잘 알려져 있다. 이 양조장 역시 박정희 대통령이 좋아하였다고 하여 유명세를 타기도 했다. 1915년에 창업한 배다리술도가는 양조면허 계승을 5대째 가업을 잇고 있는 역사와 전통을 자랑하는 술도가이다.

'대한민국 근대문화유산'이라는 현판이 걸려 있는, 충북 진천의 덕산 양조장(현 세왕주조)은 1929년에 설립되어 3대째 명맥을 잇고 있는 전통기법 그대로 전통술을 빚고 있는 오래된 양조회사이다. 여전히 기계를 전혀 쓰지 않고, 모두 수작업으로 공정을 진행하고 있기 때문에 세월이 흘러도 변치 않는 맛을 자랑하고 있다. 효모에 음악을 틀어 주고 악조건 속에서 살아남는 효모만을 골라 술을 빚는 것으로 유명하다.

막걸리의 대명사로 불리는 포천 이동막걸리는 물이 좋은 포천지역 소규모 양조장들이 함께 설립한 회사로 (주)이동주조를 말한다. 막걸리가 사양길이었을 때 막걸리를 살리기 위한 돌파구로 일본 수출의 문을 두드렸다. 살균막걸리가 개발되기 3년 전인 1993년 생막걸리를 일본에 수출하기 시작한 것이다. 일본 수출 17년 만에 포천 이동막걸리의 중흥시대를 맞는다. '이동막걸리'는 이후 일본에서 큰 성공을 거뒀다. 한국 막걸리를 일본에 알리는 데 지대한 공헌을 한 양조장이다.

현재 전국 막걸리 판매량의 40%, 서울과 수도권 막걸리 소비량의 80%를 서울 장수생막걸리가 차지하고 있다. 2009년 10월까지의 누적판매량은 1억 병이 넘는다. 장수생막걸리는 오래전부터 막걸리를 대중화시키는 데 큰 역할을 하였다.

그리고 대학과 기업이 산학연 프로그램으로 참여하여 막걸리의 과학화와 현대화를 추구하여 설립된 참살이탁주 등의 양조장이 존재한다. 이외에도 전국 각지에 수 없이 많은 중소 양조장들이 막걸리에 사활을 걸고 막걸리를 제조하고 있다고 하여도 과언이 아니다.

막걸리의 산 역사, 한 지역 양조장을 찾아서

막걸리는 역사와 함께 부침을 거듭해 온 술이다. 막걸리를 대중적으로 만들어 팔아 온 양조장도 막걸리에 대한 사회의 관심과 함께 영욕의 세월을 함께 했다. 충남 한 지역의 양조장의 역사를 통하여 양조장 사람들의 삶을 들여다봄으로써 우리나라의 막걸리 양조장의 역사를 살펴보고자 한다. 여기에 소개하는 신평 양조장은 막걸리조차 대기업화되는 현 상황에서 영세한 지역 양조장의 역사와 발전 가능성을 보여주는 사례로 제시하고자 하며, 현실감을 위하여 그대로 실명을 사용함을 밝힌다.

당진 신평 양조장의 역사

충남 당진군의 신평면에는 현재까지도 5일장이 열리고 있다. 신평 양조장 공장 건물의 앞터가 장터이다. 신평 양조장은 일본 강점기에 일본에 의한 주류면허 허가제도에 의하여 설립되었다. 소위 일본의 근대화 정책의 일환으로 주류 면허권을 허가해 주는 법률이 만들어지고 이 법에 따라 세워진 것으로 보인다. 1933년 야은 김순식 거사는 당시 가난했으나 젊은 혈기 하나로 양조업을 시작하였다고 한다.

과거 77년간 이 장터는 서민들의 활력과 삶이 녹아 있는 축제의 공간이었다. 신평 양조장은 이 축제의 공간에 빠질 수 없는 술을 제공하여 왔다. 이 장터에서는 신평 양조장에서 제공한 술로 '막걸리 많이 마시기 대회'가 열리곤 했으며, 현재도 생존하고 있는 한 지역민이 총 10L 정도를 한 번에 마신 이후로 그 기록이 깨지지 않고 있다. 이렇듯 신평 양조장은 일본 강점기, 6.25전쟁, 군사정부 등을 거치는 동안에 시골 장터에서 서민의 삶과 함

1933년 신축한 신평양조장 막걸리 공장

현재 신평양조장 전경

께 호흡해 왔다. 양조장이 시장통 안에 있어 많은 사람들이 다녀가고 붐비는 곳이어서 내기 막걸리대회가 벌어지기도 하였다.

현재 이 양조장의 대표를 맡고 있는 김용세씨와 깊은 대화를 나눴다. 찾아간 양조장 사무실에는 많은 상장이 걸려 있었다. 물어보니 “선친 때 받은 것이 대부분이에요. 소화 14년1939년 5월 14일에 당시 관할 세무서인 예산군 예산조선주조협회에서 받은 것이에요.”라고 하였다. 그리고는 “막걸리는 안주가 없어도 되고 어떤 안주든지 잘 어울려요. 옛날에는 왕소금 몇

과거 신평양조장에서 술 만드는 모습

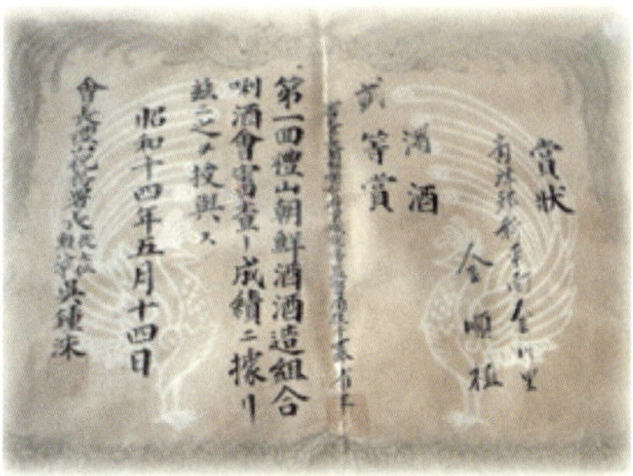
賞狀
濁酒
貳等賞
第一回禮山朝鮮酒酒造組合
品酒會審查ノ成績ニ據リ
茲ニ之ヲ授與ス
昭和十四年五月十四日

1939년 당시 지역 주류 관할 부서인 예산세무서에서 받은 탁주 우수상

종국 배양을 위해 사용했던 틀(좌)과 맑은 막걸리로 걸러내기 위해 사용된 재래식 여과기(우)

알을 놓고 막걸리 한 사발에 소금 몇 알을 오도독 깨물어 먹고 마실 만큼 서민과 함께 한 술입니다."

그렇다. 막걸리는 서민의 술이다.

2대 김용세 씨는 서울에서 경대학을 졸업한 후 가업을 이어 1972년에는 2대째 양조업에 입문하고, 1대 김순식 거사의 뒤를 이어 신평양조장 경영 일선에 나서게 된다. 대표자 김용세씨는 안동김씨 10대 종손으로 2녀 1남의 독자이다. 서울에서 공부를 마치고 아버님의 권유로 가업을 잇기 위하여 내려왔다. 증조할아버지 때 낙향하여 아산시 신창 근처에 터를 잡고 농토도 꽤 많았던 모양이다. 1대 선친은 다른 사업을 하다 20대 젊은 시절(일본 강점기) 양조장을 인수하게 되었다. 선친이 양조업을 하고 본인은 서울에서 공부하다 내려왔기 때문에 처음에는 술에 대하여 잘 알지 못하였다. 부인은 미술을 전공하는 사람이다.

막상 내려와 가업을 잇기 위해 술 만드는 법을 배워야 하는데 당시에는 특별한 교재도 없었으며 경험에 의한 것이었기 때문에 기술을 배우는 것이 힘이 들었다. 아버님한테 배우는 것보다 기술자에게 배우는 것이 더 나을 것 같아 주조협회에 기술자 소개를 부탁했다.

전국에서 최고의 기술자를 소개받아 배우며 종국실에서 밤을 세우기도 했다. 기술자를 서너 명 소개받았는데 다행인지 처음에는 실력이 별로인 사람에서부터 나중에 최고의 기술자를 만나 조금 더 쉽게 배울 수 있었다.

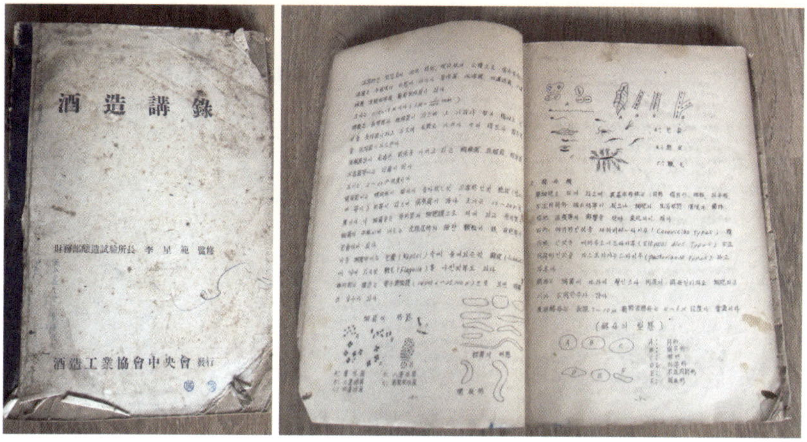

김용세씨가 독학한 《주조강록》

처음부터 최고의 실력자에게 배웠다면 아마 힘이 더 들었을 것이다.

"처음에는 이해가 안 갔지. 술은 사람하고 똑같아. 더울 때는 옷 벗고, 추울 때는 옷을 입는구나 생각해."

"많은 시행착오를 거쳤어. 술을 버리기도 많이 했어. 내버린 술이 무척 많아……."

옛날을 회상하시며 책장에서 낡은 책들을 꺼내 보여주었다. 당시에 혼자 독학한 책들이다. 《주조강록酒造講錄》, 《새로운 주조기술酒造技術》 등이다. 《주조강록》 책 안에는 효모며 균류에 대한 내용이 필사한 글씨와 손으로 그려진 그림으로 낡은 종이 위에 빼곡히 정리되어 있다.

"문학을 전공한 나로써는 이해가 가지 않고 매우 어려운 책이었다."

손때가 묻고 모서리가 낡은 책은 소중한 유산으로 보관되어 있었다. 간간히 책 사이사이에 메모지에 필기한 흔적들이 끼워져 있었다.

사양길로 접어든 막걸리산업, 제2의 도약을 준비하다 1980년대 이후 막걸리 제조업은 사양길로 들어섰으나, 2대 김용세씨는 어려운 환경 속에서도 전통의 술맛을 찾아 복원시키고자 고문헌을 연구하고, 과거로부터 이어지고 있는 전통주의 흔적을 좇아 전국의 산사를 방문하던 중 연꽃을 이용한 막걸리 제품을 구상하기에 이른다.

막걸리의 화려한 부활: 백련막걸리는 어떻게 개발되었나?

처음 선친은 밥에 재래누룩을 접목시킨 재래식 방법으로 술을 빚었고 나도 그것을 배웠다. 계속 연구하던 중 6.25전쟁 때 북한 개성 쪽에서 피난 내려온 양조 기술자를 만나는 계기가 되어 새로운 양조기술을 배우게 되었고 완전히 이해가 될 때까지 연구에 몰입하였다. 선친으로부터 빚어온 재래누룩도 좋았지만 이북에서 내려온 양조기술자에게서 '국균麴菌' 배양법을 배워 본인 나름대로 독자적인 발효기술을 발전시키게 된다.

신평양조장 백련 재배지

그러던 중에 사찰에서 전해 내려오던 연잎을 이용한 백련막걸리를 만들게 되었다.

"내가 차를 많이 좋아해. 옛날부터 스님들을 따라 다니며 야생차 마시기를 좋아했어. 야생차를 뜯어 즉석에서 덖어 차를 내어주시곤 했다고. 그리고 스님들에게 연잎으로 곡차를 빚으면 매우 향이 좋은 술이 된다는 이야기를 듣고는 했었지. 그래서 백련 연잎차를 길러 집에서 차로 즐겨 마시다 향이 좋고 건강에 좋은 것 같아 3년 전 부터 연잎으로 막걸리를 빚게 되었어."

"연잎은 직접 재배하지. 연은 백련이 최고지. 예부터 다른 지방은 수련으로 술을 담그지만 수련과 백련은 그 품질이 하늘과 땅이지. 최근에는 꽃잎으로 담그는 막걸리를 개발했어. 그것이 바로 플로라라는 술이야. 조만간 출시할 예정이야."

특히 연잎 막걸리는 2009년 8월 청와대 만찬장에 모인 전국 20여 개 지역 대표 막걸리 중 전시 및 시음 브랜드로 선정되면서 충남 당진지역에서는 '청와대 막걸리'로 불리기도 하였다. 또한, 같은 해 9월 전국 13개 명품 막걸리 중 하나로 '막걸리 트랜스포머' 전시회에 참가하여, 막걸리 전문가, 외국인, 젊은 여성들로 부터 큰 인기를 얻으며 '정말 맛있는 막걸리'로 입소문이 나기 시작했다. 2009년 11월에는 백련막걸리의 첫 해외 수출이 성사된다.

가족 집약적 산업, 막걸리 양조장

대부분의 막걸리 양조장은 가족들이 운영하는 영세한 형태이다. 신평양조장도 1대 창업주에 이어 선친이 돌아가신 1988년부터는 2대 대표가 운영하고 있다. 그리고 지금은 삼성에 다니는 아들이 마케팅 쪽을 도와주다가 이제 같이 운영하고 있다. 아들은 주로 바이어를 상대하여 해외 마케팅 쪽이나 서울에 분점을 내는 사업을 추진 중에 있다. 삼성에서 받는 연봉은 맞춰 줄 수 없지만 본인도 흔쾌히 허락하여 같이 하고 있다.

자녀들은 서울에 살고 있다. 미술을 전공한 딸이 술병을 디자인해 주고 홈페이지도 관리하고 있다. 김용세씨의 부인 신정자씨는 미대를 졸업하고 화가로 등단, 첫해에 출품한 작품이 국전 특선에 선정된다. 막걸리를 소대로 한 이 작품은 현재 용인 호암갤러리에 보존 중에 있다.

종업원은 2명에 불과하여 한 사람은 작은 기계에서 막걸리를 포장하고 1명은 택배로 여기저기 주문한 물건을 보내고 있었다. 사장님이 직접 술 제작에 관여하며 인터뷰 중간 중간에 전화로 주문되는 물량들을 소화하고 있었으며 커다란 돋보기를 비추며 작은 글씨를 읽고 또 그 주소에 맞게 택배 송장에 주소를 쓴다. 아직은 영세한 업장이었다. 기술자를 쓰지 않느냐는 질문에 직원들은 최근에 뽑은 직원들이다. 기술자를 쓰면 오히려 고집만 세고 일 시키기 어렵다. 그냥 잘 모르는 사람을 새롭게 가르치는 것이 낫다고 한다.

신평 양조장 모습

신평 양조장은 당진군의 신평 읍내 한가운데 위치하고 있으며 앞마당에는 꽤 오래된 향나무가 운치를 더하며 서 있었다. 또한 양조장 건물 옆에는 옛날 집이 그대로 보존되어 있고 두 건물 사이에 새로 지은 2층 집이 있다. 집터가 꽤 넓은 것으로 봐서 옛날 번창했던 양조장 모습을 상상할 수 있다.

낡았지만 역사와 전통을 느낄 수 있는 손때 묻은 멋스러운 고가구가 아직도 그대로 보존되어 있는 작고 소박한 양조장이었다. 벽에는 선친 때부터 수여 받은 표창장들이 액자에 담겨 신평 양조장의 역사와 전통을 이야기하고 있었다. 작지만, 곳곳에서 전성기의 옛 신평 양조장 모습을 상상하기에 충분한 흔적들이 많았다.

나무로 만든 '사무실 · 종국실 · 저장실' 간판들, 창호지를 바른 방문들, 잔잔한 벽타일들과 나무틀로 된 넓은 유리문 등은 일본 강점기 드라마 촬영 세트장을 보는듯한 착각에 빠지게 하였다. 또한 발효실에 있는 커다

신평 양조장의 내부(왼쪽부터 사무실, 저장실, 종국실)

란 독에는 〈탁(濁)4, 1963년 9. 13, 286*l*〉 〈濁5, 1963년 9. 13, 246*l*〉 〈濁10 1963년, 291*l*〉 등의 글씨가 보이는데 이는 1963년 9월 13일에 도량형 개혁 날짜를 표시한 것이다. 그 이전에는 종래의 관례에 따라 용적의 표준량을 승, 두, 석 등으로 표시하였으나 이때부터 리터(L)를 사용하였다. 탁주 4호 독은 286L의 용량인 것이다. 몇 번 증축이나 개축을 하려 하였으나 한옥을 그대로 보존, 재현하여 개축할 수 있는 한옥전문가를 만날 수 없어 차일피일 하다 보니 이렇게 낡았다.

현재 서울에 분소를 내려고 계획 중에 있고 양조장도 리모델링을 계획하고 있다. 현재 있는 고가구도 그대로 두고 옛날식으로 복원하려고 한다.

신평 양조장 술독(왼)과 독 안에서 익고 있는 백련 막걸리

리모델링을 제대로 하자면 20억 이상이 드는데 단독으로 추진하기는 어려워 지원을 받기위해 아들이 노력하고 있다. 국내 막걸리 시장은 현재 막걸리는 저가라는 인식이 있어 판로가 쉽지 않다. 국제식품전에 출품하고 다양한 행사 등에 출품을 한 덕분으로 거기서 막걸리를 먹어본 사람들이 주문을 하고 있다. 해외로의 수출도 지금 계약단계에 있다. 바텐더협회에서 운영하는 칵테일쇼에서도 반응이 좋아 우리 막걸리를 쓰려고 주문하고 있다. 한번 행사에 참여하면 몇 백만 원에서 몇 천만 원까지 비용이 소모되는 것이 현실이다. 한 부스 참석에 300~400만 원, 도우미 인건비 등이 들지만 행사 등으로 인하여 우리 막걸리를 접한 사람들이 주문하고 있다. 막걸리 바나 카페 등에서 맛을 보고 주문을 한다.

신평 양조장의 막걸리 만드는 법

원주는 알코올 도수가 높다. 10~18%까지 된다. 보통은 15% 이상은 되어야 좋은 술이라 한다. 쌀로 발효한 발효가 잘된 술은 18%까지 나온다. 백련막걸리는 6%이다. 다른 술은 11%까지 있고 어떤 사람들은 독한 술을 좋아하지만. 경험으로 먹어보면 사람에게 가장 적절한 도수는 6%인 것 같다. 몸에 가장 좋다. 직접 체험한 결과이다. 밀을 쓰는 이유는 밀을 쓰면 발효가 빨라 도수가 빨리 올라간다. 밀로 빚으면 약간 텁텁한 맛이 난다. 이 맛을 좋아하는 사람들도 있다. 쌀로 빚은 술이 조금 더 깔끔하다.

선친 때부터 술맛에는 원재료의 중요성을 강조하였다. 같은 밀가루라도 꼭 1등급을 고집하였다. 지금도 쌀 중에서 당진 해나루 쌀을 고집한다. 원료가 가장 좋아야 한다. 그래서인지 신평 양조장은 옛날부터 술맛은 알아주던 곳이다. 다른 곳보다 술맛이 좋았다. 카바이트를 넣지 않는다고 들었고 실제 신평 양조장 술은 머리가 아프지 않았고 주변에 술이 좋다고 소문이 났었다.

세계화를 지향하는 양조장의 고민 신평 양조장은 장인의 예술혼과 현대적 세련미를 갖춘 막걸리의 모던프리미엄주의를 지향한다고 한다. 신평 양조장은 단순한 주류제품으로서의 막걸리를 넘어, 한국인의 삶과 정신세계, 그리고 예술정신이 담겨 있는 막걸리를 만들고자 한다. 다른 문화와 인종을 가진 사람들에게도 한국의 맛과 문화가 어필할 수 있도록 막걸리를 한국의 대표적 문화 콘텐츠로 성장시키고자 한다.

> Modern Premium in Artistic Spirit
> 모던 프리미엄 막걸리, 살아있는 예술의 혼
>
> Life, spirit, and culture of Makgeolli shining in the Global market
> 한국인의 문화가 배어있는 막걸리를 세계 시장 속으로

이렇게 거창하게 이야기하고 있지만 실제 목표는 외국으로의 수출이다. 이는 비단 신평 양조장만이 아니고 현재 대부분의 양조장들이 지향하고 있는 목표이기도 하다. 이러한 이유로는 과거의 지역사회에서는 약주보다는 막걸리 수요가 많았다. 농업지대이기 때문에 농주로서의 수요가 많았기 때문이다. 하지만 농업인구가 줄어드는 현재는 농주로서의 막걸리 수요는 거의 없다. 그래서 다양한 제품을 만들고 제품의 질을 높이는 것이 막걸리의 살길이다. 또한 현지에서 다 소비하기에는 단가가 높아 판로가 원활하지 못하다. 그래서 해외로 진출 방법을 모색할 수 밖에 없는 지역양

조장들의 고민이 있다. 그러나 이는 개인 양조장들이 각자 진행하기에는 어려움이 많다.

지역 내 소규모 양조장의 미래는? 일본 강점기 이후 근대화의 과정으로 집에서 제조하던 막걸리는 도가라고 불리던 양조장에서 만들어진다. 각 지역별로 대부분의 지역을 대표하는 술도가가 있었고 이 술도가들은 부침의 과정을 거치면서 오늘날에 이른다. 최근 들어 막걸리 열풍으로 막걸리 시장에 대기업이 진출하면서, 지역에까지 기업 막걸리가 팔리고 오히려 소규모 지역 양조장의 사정은 더 어려워지고 있다.

지금 농촌 현실은 매우 어렵다. 계속 농민들은 줄어들고 앞으로 농촌의 미래에 대한 관심이 크다. 그래서 농촌을 발전시키고 농민을 보호한다는 수없이 많은 농업정책들이 쏟아져 나오고 있다. 그러나 실상을 들여다보면 농업이 기업화되어가면서 가족농은 해체되고 지역 농업은 오히려 살아남기 힘들다. 아직도 이렇게 양조장이 많다는 것은 역설적이게도 정부가 적극 개입하지 않은 소규모의 가족 집약적 시장이었기 때문이기도 하다. 막걸리시장을 증가시키기 위한 지원정책은 막걸리의 생산체계를 대기업화하고 유통구조를 장악하게 될 수도 있다. 그렇게 되면 지역에서 만들어서 지역에서 소비되던 막걸리는 더 이상 설 자리를 잃는다. 대기업 막걸리가 농촌 구석까지 들어가면서 지역민들도 대기업 막걸리를 손쉽게 사먹게 되는 것이다. 이렇게 되면 그나마 명맥을 유지하던 영세한 막걸리시장을 초토화시킬 수도 있다. 두려운 일이다.

지역 막걸리 명품화를 지향하며

그러면 어떻게 해야 하나? 별 뾰족한 답이 있는 것은 아니다. 그러나 유럽의 포도주업체들과 맥주 양조장들이 좋은 선례가 된다고 보인다. 유럽에는 각 지역마다 소규모의 포도주업체가 수대에 걸쳐 명맥을 유지하고 살아남아 명품 포도주를 생산해 내고 지역마다 포도밭을 가지고 포도주를 생산하는 와이너리winery가 있다. 이 와이너리에는 수많은 사람들이 포도주를 즐기기 위하여 찾아온다. 또 맥주도 마찬가지로 독일에 수많은 지역 맥주를 생산하는 소형 지역 양조장인 마이크로 브로우리microbrewery가 있어서 지역 맥주양조장에서 손님을 맞는다. 우리 막걸리도 그 지역의 토종 쌀과 누룩 그리고 천혜의 조건인 물로서만 빚어지는 지역 명품 막걸리를 생산해야 한다. 수대에 걸쳐 고유의 맛을 생산하는 지역 양조장이 살아남기를 바란다. 그래서 그 지역에 가야만

유럽의 와이너리

스토리가 있는 그 지역 막걸리를 마실 수 있도록 하여야 한다. 또 지역에서 생산되는 신선한 농·수·축산물로 만든 향토음식을 안주로 곁들여 먹도록 한다.

이렇게 지역의 향토 막걸리와 향토음식 안주를 즐기는 다양한 명품 막걸리 양조장이 탄생될 수 있어야 한다. 이는 궁극적으로 지역경제를 활성화시킬 수 있고, 농민을 살리고 지역관광과도 연계될 수 있다. 수입 농산물이 아닌 그 지역 농산물로 만든 다양한 명품 막걸리가 탄생하기를 기대해 본다.

부록

APPENDIX

막걸리(탁주)의 규격

• 규격번호 T023 •

1. 적용 범위 이 규격은 국내산 곡류와 누룩을 주원료로 하여 이에 물 등을 가하여 전통적인 방법으로 제조하고 감미료를 첨가하지 않은 막걸리(탁주)에 대하여 규정한다.

2. 용어의 뜻

2.1 국 전분물질 또는 전분물질과 기타 물료를 섞은 것에 곰팡이류를 번식시킨 것 또는 효소로서 전분물질을 당화시킬 수 있는 것을 말한다.

2.2 누룩(곡자) 곡류 등에 곰팡이와 효모가 번식하여 아밀라제 및 프로테아제 계통 효소와 효모의 급원이 되는 성형된 술의 발효제를 말한다.

2.3 살균막걸리(살균탁주) 막걸리를 65℃ 이상에서 30분 이상 가열하거

나 이와 동등한 효력이 있는 방법으로 살균하여 오염되지 않도록 밀봉 포장한 막걸리를 말한다.

3. 원료

3.1 주원료 곡류, 누룩

4. 종류

4.1 막걸리(탁주)

4.2 살균막걸리(살균탁주)

5. 품질

5.1 품질기준 탁주의 품질은 표 1의 품질기준에 적합하여야 한다.

표 1. 품질기준

항목	기준
성 상	고유의 외관과 향미를 가지며 이미 · 이취 및 이물이 없어야 하고, 표 2의 채점기준에 따라 채점한 결과 평균 3점 이상이어야 하며 1점 항목이 없어야 한다.
대장균	음성

5.2 표 1 이외의 요구사항은 관련법(「주세법」 및 「식품위생법」)에서 정하는 기준에 적합하여야 한다.

6. 시험 방법

6.1 성상　훈련된 패널의 크기는 10~20명으로 하여 KS H ISO 4121(관능검사-방법론-척도를 이용한 방법에 의한 식품의 평가)를 적용하되 표 2의 채점기준에 따라 평가한다.

표 2. 채점기준

항 목	채점기준
외 관	• 색택이 양호한 것은 5점으로 한다. • 색택이 대체로 양호한 것은 그 정도에 따라 4점 또는 3점으로 한다. • 색택이 나쁜 것은 2점으로 한다. • 색택이 현저히 나쁘거나 이물이 있는 것은 1점으로 한다.
향 미	• 향미가 양호한 것은 5점으로 한다. • 향미가 대체로 양호한 것은 그 정도에 따라 4점 또는 3점으로 한다. • 향미가 나쁜 것은 2점으로 한다. • 향미가 현저히 나쁘거나 이미 · 이취가 있는 것은 1점으로 한다.

6.2 대장균　시료를 강하게 진탕한 후 1mL씩 취하여 3개의 EC발효관에 각각 접종하고 44.5±0.2℃에서 24±2시간 배양한다. 배양 후 가스발생이 인정된 발효관은 추정시험 양성으로 하고, 가스발생이 인정되지 않은 발효관은 추정시험 음성으로 한다. 추정시험 양성인 경우 해당 EC발효관으로부터 1백금이를 EMB 평판배지에 획선접종하여 35±1℃에서 24±2시간 배양한 후 집락표면이 금속성 푸른빛을 띠며 중심부가 검붉은 색을 띠는 전형적인 집락을 취하여(이에 해당하는 집락이 없는 경우에는 이와 유사한 집락을 2개 이상 취한다) 유당부 이온발효관 및 보통사면한천배지에 각각 접종한다. 단, 전형적인 집락과 유사한 집락을 모두 취한 경우에는 서로 다른 배지에 접종한다. 유당부이온 발효관에 접종한 것은 35±1℃

에서 48±3시간 배양하고, 보통사면한천배지에 접종한 것은 35±1℃에서 24±2시간 배양한다. 유당부이온발효관에서 가스발생이 인정된 경우에는 이에 해당하는 보통사면한천배지에 접종하여 배양한 집락을 취하여 그람 염색을 실시하고 검경하여 그람 음성, 무아포성간균이 인정될 때에는 대장균 양성으로 판정한다.

6.2.1 배지

(1) EC발효관: 펩톤 20.0g, 유당 5.0g, 담즙산염 1.5g, 인산일수소칼륨 4.0g, 인산이수소칼륨 1.5g, 염화나트륨 5.0g에 증류수를 가하여 1,000mL로 만든 후 pH 6.9~7.1로 조정하고, 발효관에 분주하여 121℃에서 15분간 가압살균한다.

(2) EMB 평판배지: 펩톤 10.0g, 유당 5.0g, 자당 5.0g, 인산일수소칼륨 2.0g, 에오신Y 0.4g, 메틸렌블루 0.065g, 분말한천 15.0g에 증류수를 가하여 1000mL로 만든 후 pH 7.2로 조정하고 121℃에서 15분간 가압살균한 후 평판을 제조한다.

(3) 보통사면한천배지: 펩톤 5.0g, 쇠고기추출물 3.0g, 분말한천 15.0g에 증류수를 가하여 1,000mL로 만든 후 pH 7.0~7.4로 조정하고 121℃에서 15분간 가압살균한 후 사면배지를 제조한다.

7. 제조 · 가공기준

7.1 공장입지

7.1.1 주변 환경에 제품을 오염시키는 오염원이 없고 청결하게 유지되어 있어야 한다.

7.1.2 공장은 독립 건물이나 완전히 구획되어서 식품위생에 영향을 미칠 수 있는 다른 목적의 시설과 구분되어야 한다.

7.2 작업장

7.2.1 모든 설비를 갖추고 작업에 지장이 없는 넓이 및 밝기를 갖추어야 한다.

7.2.2 작업장의 내벽은 내수성자재이어야 하며 원재료처리장, 배합실 및 내포장실의 내벽은 바닥으로부터 1.5m까지 내수성자재로 설비하거나 방균 페인트로 도색하여야 한다.

7.2.3 작업장의 바닥은 내수성자재를 이용하여 습기가 차지 아니하도록 하며, 또한 배수가 잘 되도록 하여야 한다.

7.2.4 작업장 내에서 발생하는 악취, 유해가스, 매연 및 증기 등을 환기시키기에 충분한 창문을 갖추거나 환기시설을 갖추어야 하며 창문, 출입구 기타의 개방된 장소에는 쥐 또는 해충, 먼지 등을 막을 수 있는 설비를 하여야 한다.

7.2.5 원료, 기구 및 용기류를 세척하기 위한 세척설비와 청결한 물을 충분히 급수할 수 있는 급수시설을 갖추어야 한다.

7.3 보관시설 　보관시설은 원료 · 자재 및 제품을 적절하게 보관할 수 있고 내구력이 있는 시설이어야 한다.

7.3.1 원료 및 자재 보관시설원료 및 자재는 종류별로 구분하여 보관이 가능한 면적을 갖추어야 하며, 냉동 · 냉장을 이용한 보관 시는 정기적으로 일정시각에 온도를 계측하여야 한다. 그리고 보관 중 변질되지 않고 먼지 등의 이물이 부착 또는 혼입되지 않아야 한다.

7.3.2 제품보관시설제품 보관 중 품질의 변화를 막기 위하여 고온다습하

지 않아야 한다.

7.4 제조설비 제조·가공 중 설비의 불결이나 고장 등에 의한 제품의 품질변화를 방지하기 위하여 직접 식품에 접촉하는 설비의 재질은 불침투성의 재질이어야 하며 항상 세척 및 점검관리를 하여야 한다. 그리고 작업장에 설치하여야 할 주요 기계, 기구 및 설비는 표 3과 같다.

표 3. 주요 제조설비 사항

(1) 세척 및 침지설비	(2) 증자설비	(3) 담금 및 발효설비	(4) 포장설비

단, 제조공정상 또는 기능의 특수성에 의하여 제조설비를 증감할 수 있으며, 「주세법」상 제조장 시설기준에 합당하여야 한다.

7.5 자재기준

7.5.1 원료 및 자재

(1) 주원료는 국내산을 사용하여야 한다. 또한, 부원료라 하더라도 특정 원료를 제품명으로 사용하는 경우에는 국내산을 사용하여야 한다.

(2) 사용할 원료는 적정한 구매기준을 정하여 그 기준에 적합한 것을 사용하여야 한다.

7.5.2 용수: 「먹는 물 관리법」의 먹는 물 수질기준에 적합하여야 하며, 수돗물이 아닌 물을 음용수로 사용할 경우에는 공공시험기관에서 1년마다 음용적합 시험을 받아야 한다.

7.6 주요 공정기준

7.6.1 원료 곡류는 품질이 양호하고 변질되지 아니한 것을 사용하여야 한다.

7.6.2 원료 곡류는 충분히 세척되어야 하며 세척된 곡류는 오랜 시간 실온에 방치되지 않도록 관리하여야 한다.

7.6.3 막걸리(탁주) 제조에 사용되는 국에는 누룩이 반드시 포함되어야 한다.

7.6.4 원료 전처리, 담금, 발효 및 포장과정에서 이물 혼입을 방지하여야 한다.

7.6.5 제품특성에 따라 발효과정에서 품온 관리 및 발효기간에 대한 조건을 설정하고 이에 따른 관리를 하여야 한다.

7.6.6 발효가 끝난 술덧에 대한 후수 여부는 제품특성에 따르되, 후수를 하는 경우 제품특성 유지에 적절한 후수 비율에 대한 조건을 설정하고 이에 따라 실시하여야 한다.

7.6.7 공정에 대한 사용설비, 작업방법, 작업상의 유의사항 등을 규정하여 이에 따라 실시하여야 한다.

8. 포장 및 내용량

8.1 포장재　내용물을 충분히 보호할 수 있는 포장재를 사용하여야 하며 포장상태가 양호하여야 한다.

8.2 단위포장 내용량　「식품위생법」에서 정하는 기준에 적합하여야 한다.

9. 표시

9.1 표시사항　전통식품의 일반표시기준 3.(표시사항)을 용기 또는 포장의 보기 쉬운 곳에 표시하여야 하며 다음 사항을 추가로 표시하되, 인증규

격명은 '주류의 종류'로, 내용량은 '용량'으로, 그리고 제조연월일은 '용기 주입연월일'로 대체할 수 있다. 이 경우 '탁주'는 '막걸리'로, '살균탁주'는 '살균막걸리'로 표시한 것으로 본다. 인증규격명의 표기 시 살균막걸리의 표시는「주세법」에 따라 그 종류의 표시를 별도의 위치에 표시할 수 있다.

9.1.1 규격(알코올분)「주세법」에 따라 표시한다.

9.2 표시방법　　전통식품의 일반표시기준 4.(표시방법)에 따라 표시하여야 한다.

9.3 표시금지사항　　전통식품의 일반표시기준 5.(표시금지사항)에 따른다.

10. 검사

10.1 제품검사　　5.에 따라 시험하고 4.1 및 7.에 적합하여야 한다.

10.2 샘플링 및 시료채취

10.2.1 공장심사 또는 공장검사의 경우검사로트의 구성단위는 동일 종류하에 복수의 인증신청 제품이 있을 경우 원료조성이 현저하게 상이하면 각각을 검사로트로 할 수 있다. 각 검사로트별 채취시료의 크기(n)는 KS A ISO 2859-1(계수값 검사에 대한 샘플링 검사 절차−제1부 : 로트별 검사에 대한 AQL 지표형 검사 방식)의 특별검사 수준 S-2와 보통검사의 1회 샘플링 방식을 적용하여 결정하되, 시료채취방법은 검사로트별로 포장 단량의 구분 없이 KS A 3151(랜덤샘플링방법)에 따른다.

10.2.2 시판품수거 조사의 경우유통 중인 제품을 단일검사로트로 구성하여 포장단량의 구분 없이 KS A 3151(랜덤 샘플링방법)에 따라 채취하되, 시료의 크기(n)는 3으로 한다.

10.3 합격판정 기준시료별 합부 판정기준은 본 규격에 따르며, 검사로트의 합부 판정기준은 공장심사 및 공장검사의 경우 해당 샘플링 방식의 합격품질수준(AQL) 4.0을 적용하며, 시판품수거 조사의 경우 불합격 시료는 없어야 한다.

제 정 : 농림부

제정일 : 1994년 12월 31일 농림부 고시 제1994-75호

개정일 : 2010년 4월 27일 국립농산물품질관리원 고시 제2010-17호

원안 작성 협력자 : 한국식품연구원

연락처 : 국립농산물품질관리원 소비안전과(031-446-0160)

참고문헌

REFERENCE

고시문집

권근(權近). **양촌선생문집 제8권 시류(詩類)**. 신도팔경(新都八景). 1674

기대승(奇大升). **고봉집(高峯集)**. 5권 5책.고봉속집 제1권.1614

김상헌(金尙憲). **청음집(淸陰集)**. 40권 14책. 1861

김성일(金誠一). **학봉집(鶴峰集)**. 7권 4책. 부록 제4권 제문(祭文). 1649

김종서(金宗瑞). **고려사절요(高麗史節要)**. 제5권. 1452

김종직(金宗直). **점필재집(佔畢齋集)**. 시집 23권. 1640

목대흠(睦大欽). **다산시문집(茶山詩文集)**. 2권 2책. 1685

박태순(朴泰淳). **동계집(東溪集)**. 10권 5책. 1736

변계량(卞季良). **춘정집(春亭集)**. 12권 1책. 1825

서거정(徐居正). **동문선(東文選)**. 속동문선 제4권. 154권 45책.1478

서거정(徐居正). **사가집(四佳集)**. 63권 26책. 사가시집 제31권. 1489

서긍(徐兢). **고려도경(高麗圖經)**.선화봉사고려도경. 제17권.1124

신광수(申光洙). 석북집(石北集).16권 8책.1906

신흠(申欽). **상촌집(象村集)**. 63권 22책. 1630

안정복(安鼎福). **동사강목(東史綱目)**. 동사강목 부록 상권 상. 1778

이규경(李圭景). **오주연문장전산고(五洲衍文長箋散稿)**. 60권 60책. 19세기 중엽

이규보(李奎報). **동국이상국집(東國李相國集)**. 全集 41권 · 서울대학교규장각. 1251

이산해(李山海). **아계유고(鵝溪遺稿)**. 6권 3책. 제2권 기성록(箕城錄). 1539-1609

이색(李穡). 목은집(牧隱集). 55권 25책. 목은시고(牧隱詩藁) 제25권. 1626
이수광(李睟光). 지봉유설(芝峯類說). 20권 10책. 1614
이행(李荇). 용재집(容齋集). 11권7책.1589
장유(張維). 계곡집(谿谷集). 36권 18책. 계곡선생집(谿谷先生集). 1643
정몽주(鄭夢周). 포은집(圃隱集). 7권 4책. 1439
정약용(丁若鏞). 목민심서(牧民心書). 48권 16책. 1818
정학유(丁學游). 농가월령가(農家月令歌). 13장. 1,024구. 조선시대
최립(崔岦). 간이집(簡易集). 갑인자체훈련도감자본(甲寅字體訓鍊都監字本). 9권 9책. 1631
최익현(崔益鉉). 면암집(勉菴集). 합 48권. 제1권 시(詩). 조선 말기
편자 미상. 대동야승(大東野乘). 총 72권 72책. 편자 미상
한치윤(韓致奫). 해동역사(海東繹史). 제47권. 예문지(藝文志). 조선 후기

문헌

국립중앙박물관 편저. 조선시대 풍속화. 한국박물관회. 2002
김종서. 고려사절요(高麗史節要). 제22권. 1298
민족문화추진회 편. 신증동국여지승람. 고전국역총서. 1971
빙허각이씨. 규합총서(閨閤叢書). 정양완 역. 보진재. 2008
서유구. 임원십육지(林園十六志)-정조지(鼎俎志). 이효지 외 편역. 교문사. 2007
안동장씨. 음식디미방(閨壼是議方). 한복려 외 엮음. 궁중음식연구원. 2004
이성우. 한국고식문헌집성. 수학사. 1992
이성우. 한국식경대전. 향문사. 1998
이성우. 한국요리문화사. 교문사. 1985
이용기. 조선무쌍신식요리제법(朝鮮無雙新式料理製法). 1924
작자 미상. 시의전서(是議全書). 1800년대 말엽. 이효지 외. 신광출판사. 2004
작자 미상. 양주방. 1837
장지현. 한국외래주유입사 연구. 수학사. 1996

전순의(全循義). 식료찬요. 1460년. 농촌진흥청. 2005.

정학유(鄭學游). 농가월령가(農家月令歌). 한양가(漢陽歌). 박성의. 교문사. 1984

정혜경. 천년한식견문록. 생각의 나무. 2007

최남선(崔南善). 조선상식문답(朝鮮常識問答). 삼성문화재단(三星文化財團). 1972

최영년(崔永年著). 해동죽지(海東竹枝). 장학사(奬學社). 1925

허준. 동의보감(東醫寶鑑). 1610년(광해군2년). 예지원. 1990

홍만선(洪萬選). 산림경제(山林經濟). 1718. 민족문화추진회. 고전국역총서. 1986

홍석모. 동국세시기(東國歲時記). 이석호 역주. 대양서적. 1973

홍선표(洪善杓). 조선요리학(朝鮮料理學). 조광사. 1940

논 문

Cavallaro, A., Ainis, T., Bottari, C., Fimiani, V. 2003. Effect of resveratrol on some activities of isolated and in whole blood human neutrophils. *Physiological Research*, *52*(5): 555-562

Hitomi, Y., Yoshida, M., Nakamura, T., Shirasu, Y. 2002. Effects of Brewer's Yeast Cell Wall on Serum Lipid Levels in Rats Fed a High Cholesterol and Fat Diet. *Journal of Oleo Science*, *51*(2): 141-144

Hyun Sook Lee, Hee Jung Kwak, Jae Young Kim, Woo Kyoun Cho, Soon Mi Kim. 2010. Original Articles: A Survey of Drinking Habits and Health Perception of Makgeolli. *Journal of the Korean Society of Dietary Culture*, *25*(5): 544-557

Kim MH, Kim WH, Bae SJ. 2001. The effect of Makkoli on serum lipid concentration in male rats. *J Nat Sci Silla Univ*, *9*: 73-84

Mi-Ok Shin, Dae-Yeon Kang, Mi-Hyang Kim, Song-Ja Bae. 2008. Effect of Growth Inhibition and Quinone Reductase Activity Stimulation of Makgeoly Fractions in Various Cancer Cells. *Journal of the Korean Society of Food Science and Nutrition*, *37*(3): 288-293

Plaami, S. P. 1997. Content of Dietary Fiber in Foods and Its Physiological Effects. *Food reviews international*, *13*(1): 29-76

Roller, M., Femia, A. P., Caderni, G., Rechkemmer, G. 2004., Watzl, B. Intestinal immunity of rats with colon cancer is modulated by oligofructose-enriched inulin combined with Lactobacillus rhamnosus and Bifidobacterium lactis. *The British journal of nutrition*, *92*(6): 931-938

Seo, Dong-Ho, Jung, Jong-Hyun, Kim, Hyun-You. 2007. Identification of Lactic Acid Bacteria Involved in Traditional Korean Rice Wine Fermentation. *Food science and biotechnology*, *16*(6): 994-998

Sie Won Park. 2006. ***Cytotoxic and antioxidant enzyme activity induction of farnesol in HL-60 cells***. Department of Chemistry, School of Natural Science, Sangmyung University. 1-22

Sie Won Park. 2005. Effect of farnesol on the proliferation, O_2^-, ROS enzyme (SOD, GPx), RNS enzyme (iNOS) activities of macrophages. *The Journal of Natural Sciences*, *15*: 1-22

Wang, X., Huang, J., Zhu, L. 2009. Effects of resveratrol on activity of endothelial progenitor cells from human peripheral blood. *Jiangsu Medical Journal*, *35*(8): 901-904

Yan, Fengwei, Luo, Jieyou, Xue, Zhaohui. 2005. Antioxidation Effect of Polyphenol-1 from Rapeseed and the Antioxidation Mechanism. *Journal of the Chinese Cereals and Oils Association*, *20*(5): 115-119

이동숙. 2008. 지역별 막걸리의 영양 성분분석. 전남대 교육대학원 석사학위논문. pp1-29

자오롱광. 중국 술문화 연구에서 주의해야 할 몇 가지 문제, 일본양조학회. 제5회 국제 식문화 학술세미나 논문집. 2004년 4월 도쿄. 중국 음식문화 연구. 동방미식출판사. 홍콩, 2003

전경수. 保存과 接种의 醱酵文化論: 통합 과학의 시행 모델을 지향하며. 2009

한국의 대표적인 술 관련 문헌

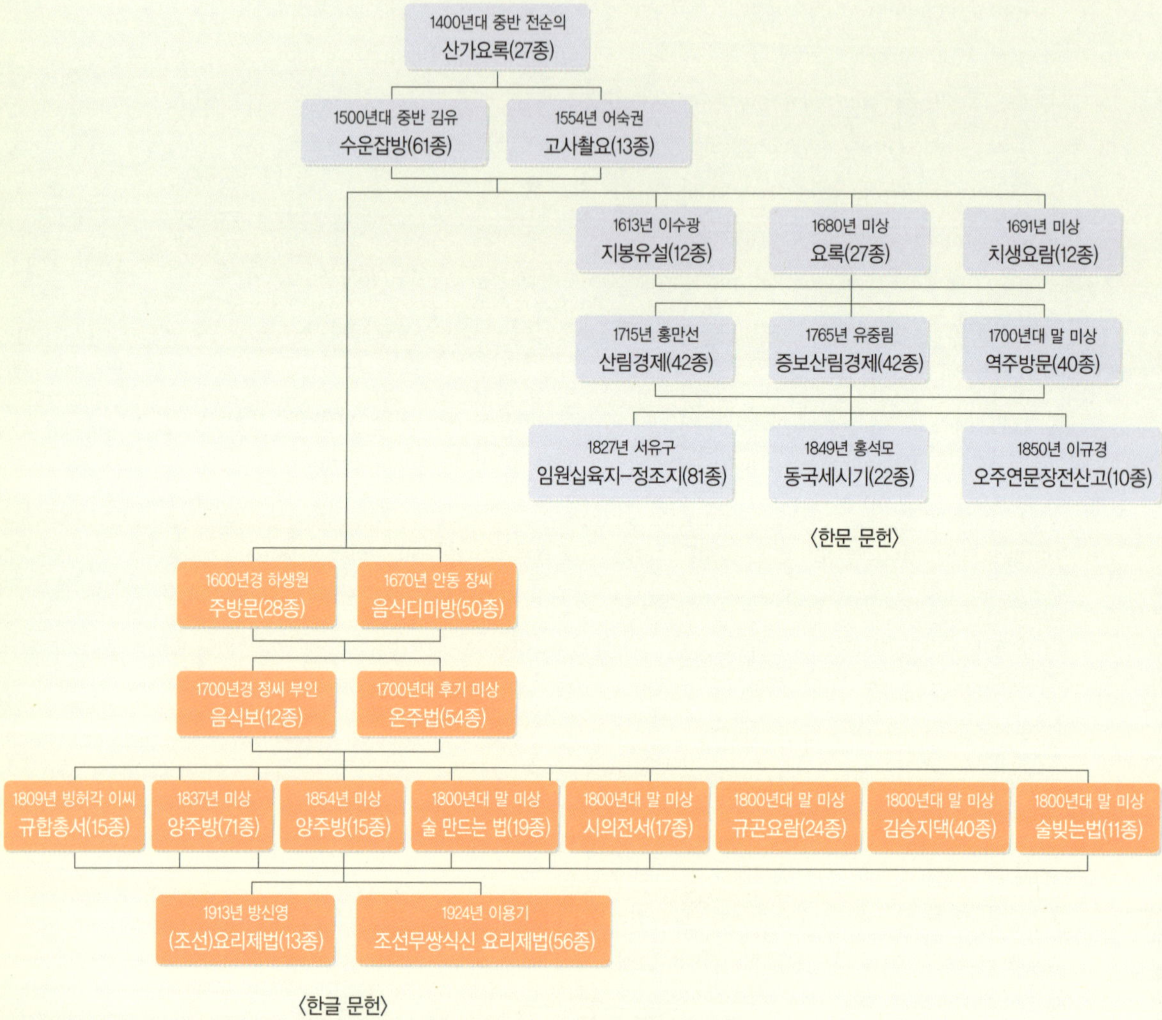

※ 문헌에 등장하는 술의 종류 수량은 견해에 따라 약간의 차이가 있을 수 있음.

찾아보기

INDEX

{ ㅇ }

저자 소개
PROFILE

정혜경

이화여자대학교 식품영양학과를 졸업하고 동대학원에서 이학박사 학위를 받았다. 미국 미시간 주립대학교의 방문 교수를 지냈으며, 호서대학교 식품영양학과 교수로 재직 중이다. 서울시의 '자랑스러운 한국 음식점' 선정위원, 한국영양학회 이사 등을 역임하였고, 현재 한국식생활문화학회의 회장 및 농촌진흥청의 겸임 연구관, 농림수산식품부의 식품산업진흥심의위원으로 한식 세계화를 위해 노력하고 있다. 한식을 과학화하기 위한 노력으로 김치 품질 측정기, 기능성 솔잎 맛김, 한방 맥주 등의 제품 특허를 받았으며, 지은 책으로는 《천년 한식 견문록》, 《서울의 음식 문화》, 《한국음식 오디세이》, 《정혜경 교수가 들려주는 우리음식이야기》, 《한국인에게 밥은 무엇인가(공저)》, 《지역사회 영양학(공저)》 등이 있다.

김미혜

호서대학교 식품영양학과를 졸업하고 동대학원에서 이학박사 학위를 받았다. 현재 호서대학교 에코푸드연구소 교수로 재직 중이며 한국식생활문화학회의 이사이다. 그동안 조선시대 음식문화를 주로 연구하였다. 지은 책으로는 《파이토뉴트리언트 영양학(공저)》, 《건강하고 맛있는 한식이야기(공저)》, 《녹색식생활을 위한 친환경 건강 간식 레시피(공저)》 등이 있다.

한국인에게 막걸리는 무엇인가

2012년 2월 20일 초판 인쇄 · 2012년 2월 25일 초판 발행

지은이 정혜경 · 김미혜 ▪ 펴낸이 류제동 ▪ 펴낸곳 (주)교문사

편집 북큐브 ▪ 디자인 신나리, 이혜진 ▪ 제작 김선형 ▪ 영업 정용섭 · 이진석 · 송기윤
출력 현대미디어 ▪ 인쇄 동화인쇄공사 ▪ 제책 과성제책
주소 413-756 경기도 파주시 교하읍 문발리 출판문화정보산업단지 536-2 ▪ 전화 031-955-6111(代) ▪ 전송 031-955-0955
등록 1960. 10. 28 제406-2006-000035호 ▪ 홈페이지 www.kyomunsa.co.kr ▪ 이메일 webmaster@kyomunsa.co.kr ▪ **값 20,000원**
ISBN 978-89-363-1238-1 (03590) *잘못된 책은 바꿔 드립니다. *저자와의 협의하에 인지를 생략합니다.